GÜTERSLOHER
VERLAGSHAUS

Gütersloher Verlagshaus. Dem Leben vertrauen

Konrad Ringl gewidmet, dem katholischen Priester, der mich, einen Protestanten, vor vierzig Jahren religiös aufgeklärt, mir von der Freiheit eines Christenmenschen erzählt und mich mit einer protestantischen Theologie vertraut gemacht hat, von der mir weder im evangelischen Religions- und Konfirmandenunterricht, noch im Gottesdienst, noch in der evangelischen Jugendgruppe je erzählt worden war.

Christian Nürnberger

Jesus für Zweifler

Gütersloher Verlagshaus

Bibliografische Information der Deutschen Nationalbibliothek
Die Deutsche Nationalbibliothek verzeichnet diese Publikation
in der Deutschen Nationalbibliografie; detaillierte bibliografische Daten
sind im Internet über http://dnb.d-nb.de abrufbar.

FSC

Mix
Produktgruppe aus vorbildlich
bewirtschafteten Wäldern und
anderen kontrollierten Herkünften

Zert.-Nr. SGS-COC-1940
www.fsc.org
© 1996 Forest Stewardship Council

Verlagsgruppe Random House FSC-DEU-0100
Das für dieses Buch verwendete FSC-zertifizierte Papier *Munken Premium*
liefert Arctic Paper Munkedals AB, Schweden.

1. Auflage
Copyright © 2007 by Gütersloher Verlagshaus, Gütersloh,
in der Verlagsgruppe Random House GmbH, München

Umschlaggestaltung: schwecke.mueller Werbeagentur GmbH, München
Umschlagmotiv: »Mann mit Spazierstock« von Quint Buchholz aus: Quint
Buchholz, BuchBilderBuch, 45 Bilder mit 45 Texten von Herbert Achternbusch
bis Paul Wühr. Mit einem Vorwort von Michael Krüger ©1997 Sanssouci im
Carl Hanser Verlag, München
Satz: Katja Rediske, Landesbergen
Druck und Einband: GGP Media GmbH, Pößneck
Printed in Germany
ISBN: 978-3-579-06967-8

www.gtvh.de

Inhalt

D Neue Heimat

Der Göttinger Theologe Gerd Lüdemann behauptet, Jesus sei in seinem Grab verwest wie jede andere Leiche. Damit behauptet Lüdemann mehr, als er wissen kann, aber ich fürchte, er hat Recht.

Und wenn er Recht hätte – könnten wir noch Christen sein?

Ja, sagt Lüdemann. Christen könnten Christen bleiben, auch wenn sie »nicht an die Wiederbelebung eines Leichnams glauben«. Dem Christen helfe, »wenn er fortan vom Wenigen lebt, was er wirklich glaubt, nicht vom Vielen, was zu glauben er sich abmühen musste«.

Von diesem Wenigen handelt dieses Buch. Und davon, wie aus diesem Wenigen für mich seit ein paar Jahren immer mehr wird.

Vor rund drei Jahrzehnten, während meines Theologiestudiums, hatte ich gedacht, der kümmerliche Rest, der übrig bleibt, wenn man die Auferstehung und überhaupt die ganze Mythologie aus der Bibel streicht, hilft keinem Menschen mehr. Ich war überzeugt: Die Auferstehung, das zentrale Wunder des Neuen Testaments, ist der Eckstein des christlichen Glaubens. Wenn Theologen ihn zertrümmern, fällt das ganze Gebäude zusammen. Das hat schon Paulus gesagt: *Ist aber Christus nicht auferstanden, so ist unsre Predigt vergeblich, so ist auch euer Glaube vergeblich.*

Darum erschien mir der damals von Dorothee Sölle geprägte Begriff *atheistisch an Gott glauben* als eine Absurdität, die damit zusammenhängende *Tod-Gottes-Theologie* als eine theologische Spinnerei, und auch mit dem von Dietrich Bonhoeffer geprägten *religionslosen Christentum* wusste ich nicht viel anzufangen. Das alles hielt ich für einen untauglichen Versuch, das unrettbar verlorene Christentum der Antike und des Mittelalters in die Neuzeit und in die Moderne hinüber retten zu wollen. Und auch als Ausdruck einer Feigheit vor dem letzten Schritt.

Dieser hätte darin bestehen müssen, dass die atheistischen Tod-Gottes-Theologen ihren Beruf aufgeben. Weil aber ihre wirtschaftliche Existenz davon abhing, haben sie sich trickreich ein Konstrukt zurecht interpretiert, das es ihnen erlaubte, trotzdem weiter Theologie zu betreiben, dachte ich.

In diese Verlegenheit wollte ich gar nicht erst kommen. Darum habe ich mein Theologie-Studium an den Nagel gehängt und beschlossen, mich fortan als fröhlicher Agnostiker durch das Leben zu wursteln und die ewigen Fragen für den Rest meines Lebens als unbeantwortbar auf sich beruhen zu lassen.

Mir war, als ob man eine schöne antike Skulptur in ein Säurebad gelegt hätte, um zu sehen, was übrig bleibt. Und übrig geblieben ist ein amorpher Klumpen, von dem die Säure der Aufklärung alles weggeätzt hatte, was mir an der ursprünglichen Figur als schön und wertvoll erschienen war.

Ich war mit diesem Torso fertig, trauerte noch eine Zeit lang und versuchte, ihn zu vergessen. Scheinbar gelang das. Von Zeit zu Zeit hörte ich in diverse Rundfunkpredigten hinein, verfolgte von ferne das bunte Treiben auf den Kirchentagen, las mal hier ein Traktätchen, mal dort ein Hirtenwort, gelegentlich auch theologisches Schrifttum, aber kam jedes Mal zu dem Schluss: Sie beschwören noch immer die alten Formen ihrer antiken Skulptur und beschweigen den Torso. Verhüllen ihn sogar. Versuchen, ihn vor sich und der Gemeinde zu verbergen. Er erscheint ihnen selber als trostlos. Ich versäume also nichts, wenn ich den Kirchentag schwänze, die Gottesdienste meide. Es ist vorbei. Das Christentum ist nur noch Gerede und Geschwätz, Religionsausübung für die, die das noch brauchen. Es hat sich erledigt. Jesus ist in seinem Grab verwest. Das wird wohl das letzte Wort gewesen sein.

War es jedoch offenbar nicht. Jedenfalls nicht für mich, denn seit einiger Zeit betrachte ich den Torso mit neuen Augen. Er erscheint mir noch immer als amorphe Masse. Aber schimmert er nicht wie ein Klumpen Gold?

Heute sehe ich: Je mehr unhaltbares Zeug aus der schönen antiken Skulptur weggeätzt wird, desto weniger bleibt zwar übrig, aber desto deutlicher tritt tatsächlich die eigentliche Gestalt der christlichen Botschaft hervor. Sie erscheint uns nur deshalb als amorph und unansehnlich, weil unser Sehen so lange von der Schönheit der antiken Skulptur geprägt war. Wenn wir aber unseren Blick lösen von dieser Figur und uns innerlich für neue Seh-

Erlebnisse bereit machen, bekommen wir etwas aufregend Neues zu sehen, das näher an der Wahrheit ist, der Aufklärung standhält und keine intellektuellen Opfer von uns verlangt.

Daher denke ich heute: Die Tod-Gottes-Theologen hatten recht. Auferstehung ist gar nicht der Eckstein des christlichen Glaubens. Die Christenheit hat diesem Pauluswort eine viel zu hohe Bedeutung beigemessen. Durch eine Relativierung des Auferstehungsglaubens kommt die eigentliche Botschaft der Bibel erst richtig zur Geltung.

Vom Christentum bleibt dann nur noch wenig übrig, eigentlich fast nichts, hatte ich jahrzehntelang gedacht. Heute denke ich: Es mag wenig sein, aber es könnte die Welt retten.

Darin steckt das für mich aufregend Neue, um dessentwillen ich dieses Buch schreibe, mit dem ich Atheisten, Agnostikern und kirchlich Randständigen sagen möchte: Dieses Neue wird auch Euch einleuchten, die Ihr nicht an Wunder, Jungfrauengeburt, Auferstehung und die Unfehlbarkeit des Papstes glauben könnt. Ihr haltet es mit dem Philosophen Ernst Tugendhat, der die Ansicht vertritt, Religion sei ein anthropologisches Grundbedürfnis, dem nachzugeben aber intellektuell unredlich sei.

Er hat Recht. Aber an einem durch das Säurebad der Aufklärung gegangenen, von allen Mythen gereinigten Christentum zielt seine Kritik vorbei, denn dieses Christentum ist keine Religion mehr. Es ist zwar noch ein Glaube, vielleicht die von Sölle gemeinte atheistische Form des Glaubens und gewiss die von Bonhoeffer intendierte religionslose Form des Christentums, aber eben nicht mehr jene Art von Religion, welche ein bestimmtes anthropologisches Grundbedürfnis befriedigt, sondern die einzig noch redliche, mit dem geistigen Stand des 21. Jahrhunderts vereinbare Form des Glaubens, von der ich früher dachte, sie sei überflüssig und absurd, von der ich heute denke, sie sei nötiger denn je.

Und dabei handelt es sich nicht, wie ich lange dachte, um den gut gemeinten Versuch, eine überholte Weltanschauung neuzeitkompatibel zu machen, sondern um den Versuch, unter heutigen Bedingungen besser zu verstehen, was die alten Texte meinen, und genau dieses bessere Verständnis führt zu der Entdeckung, dass der Unterschied zwischen Religion und jüdisch-christlichem

Glauben schon von Anfang an da war und bereits im Alten Testament angelegt ist. Dieser Unterschied scheint auf in dem beständigen »Murren« des Volkes Israel über seinen Gott. Die anderen »Völker dienten ihren Göttern gern«, sagt der Neutestamentler Gerhard Lohfink. »Die Ägypter, die Assyrer und Babylonier, die Griechen und Römer, sie alle … feierten mit Lust ihre religiösen Feste.« Dagegen Israel: Ein Teil seiner Geschichte kann gelesen werden als ständige Rebellion gegen seinen Gott. Warum ist das so?

Lohfink sagt: Israel wollte religiös sein, wie die anderen Völker auch, und die ganze Bibel erzählt davon, dass Gott etwas ganz Anderes wollte. Religion frage nach den großen Rätseln des Daseins. Alles, was dem religiösen Menschen als Geheimnis begegne, ihn erschüttere, fasziniere, erschaudern lasse, mache er zu seinen Göttern: das Schicksal, den Tod, die Liebe, den Rausch, die Fruchtbarkeit, den Krieg, die Sehnsucht, die Macht, die Schönheit – all das werde als göttlich erfahren und deshalb vergöttlicht und angebetet. Das aber sei nicht schwer. Im Gegenteil. Den Göttern der Macht und der Liebe zu dienen, sei sogar eine Lust.

Israel aber bekommt es mit einem Gott zu tun, dem zu dienen eine Last ist. Sein fremder Wille kommt den natürlichen Bestrebungen des Menschen immer wieder in die Quere und ruft dessen Widerwillen hervor. So einen Gott, der einem nicht zu Diensten ist, sondern einen in Dienst nimmt, projiziert man nicht in den Himmel. Darum muss es sich um den wahren Gott handeln. Darum kam mit dem jüdischen Glauben eine erste Religionskritik, eine erste Aufklärung in die Welt. Schon in seinen Ursprüngen war der jüdisch-christliche Glaube religionslos. Und genauso wurde er von den religiösen Völkern empfunden. Für diese waren die Sterne Götter, für Israel waren es Lampen – in den Augen der anderen eine Blasphemie. Dafür wurden die Juden von den religiösen Völkern gehasst.

Religion geht vom Menschen aus, von seinen Wünschen, seinen Sehnsüchten. Israels Glaube geht von Gott aus, fragt, was er will, und die Antwort gefällt dem Menschen nicht. Israels Glaube – das sehen wir heute schärfer als frühere Generationen – verlangt von Anfang an, dem anthropologischen Grundbedürfnis nach Religion zu widerstehen. Deshalb zielt Tugendhats Religionskritik am Judentum und Christentum, sofern sie aufgeklärt sind, vorbei. Deshalb kann man auch heute weiterhin Christ sein, muss es aber auf eine religionslose Weise sein.

Wie und warum ich heute anders denke als früher, wie es zu dem Sinneswandel kam, und warum ich heute überzeugt bin, dass der aufgeklärte christliche Glaube näher bei sich selbst, an Jesus und den Propheten ist als die christliche Religion vor der Aufklärung, versuche ich in diesem Buch verständlich zu machen.

Ich versuche es, indem ich meine eigene Glaubensgeschichte erzähle. Bewusst verzichte ich auf eine intellektuelle Auseinandersetzung mit Tugendhat und der ganzen philosophisch vorgebrachten Religionskritik. Bewusst erzähle ich einfach nur, so schlicht wie möglich, was aus meinem Kinderglauben im Lauf meines Lebens geworden ist. Das hat vier Gründe:

Erstens erscheint von mir, fast zeitgleich mit diesem Buch, ein zweites mit dem Titel »Das Christentum«. Darin versuchte ich, den von allen Mythen gereinigten christlichen Glauben in seinen Grundzügen zu erläutern. Als ich mit diesem Manuskript fertig war, hatte ich das Gefühl, das Buch sei unvollständig. Ich war der Meinung, es hätte mit einem persönlichen Bekenntnis des Autors enden müssen. Das aber hätte den Rahmen des Buches gesprengt. Darum reiche ich dieses Bekenntnis in Form meiner Glaubensbiografie gewissermaßen im vorliegenden Buch nach.

Zweitens schreibe ich nicht für die Philosophen und das Universitäts-Personal, sondern für »normale« Menschen. Von ihnen möchte ich verstanden werden. Dass ich mich um dieses Zieles willen unter die Wahrnehmungsschwelle der Oberseminare und strenger Sachbuchrezensenten begeben muss, versteht sich von selbst.

Drittens erscheint es mir nicht mehr sehr sinnvoll, den unendlichen theoretischen Diskurs der universitären Oberseminare mit weiteren Anmerkungen und Fußnoten zu befeuern, wenn doch nach allgemeiner Übereinkunft dieser Seminare die Moderne am Ende, das Projekt der Aufklärung gescheitert, die Zeit der großen Entwürfe, Theorien und Programme vorbei und Wahrheit eine bloße Konstruktion sei. Eher als die Frage nach der Religion stellt sich unter diesen Prämissen die Frage nach Philosophie und Wissenschaft: Wie sinnvoll und intellektuell redlich sind denn deren

Bemühungen eigentlich noch, wenn doch von vornherein feststeht, dass sie immerzu nur um die Wahrheit kreisen, ohne ihr je einen Schritt näher zu kommen?

Viertens ist die Grundlage des jüdisch-christlichen Glaubens, die Bibel, kein Sachbuch, sondern ein Geschichtenbuch. Dieser Glaube beruht nicht auf Theorien, sondern auf Geschichten. Sie entwickeln sich, ergänzen einander, widersprechen einander und verlangen von den Lesern, sie miteinander in Beziehung zu setzen und Bezüge zu ihrem eigenen Denken und Leben herzustellen. Und über alle Widersprüche hinweg sind sich die Geschichten in einem Punkt völlig einig: Glauben ist kein Wissen und kein Denken, keine Theorie, keine Lehre und erst recht kein Dogma, sondern ein kollektives Tun, ein Erleben, ein Erleiden, ein Hören, Staunen und Sehen, und die gemeinsame Reflexion darüber verdichtet sich in Geschichten. Glaube ist eine Wahrheit, die nicht durch Wissenschaft, sondern nur durch existenzielle Erfahrung vieler Einzelner gewonnen werden kann und dann erzählt werden muss.

Weil das so ist, erzähle ich von meinen existenziellen Erfahrungen, riskiere ich, vor den Hintergrund einer großen Erzählung meine eigene kleine Erzählung zu setzen und mich damit vielen denkbaren Vorwürfen auszusetzen, unter anderen auch dem, der mir schon einmal gemacht wurde: Als ich zu Beginn der Jahrtausendwende mein Buch »Kirche, wo bist du?« veröffentlichte, bin ich in einer Rezension der Süddeutschen Zeitung zwar einigermaßen gut weggekommen, aber scharf gerügt wurde mein *heftiger Bekenntnisdrang*.

Diesem Drang erneut nachzugeben ist nun in diesem Buch praktisch unvermeidlich, denn ich gehöre nicht zu denen, die ihren Glauben für eine Privatangelegenheit halten, mit der man die Öffentlichkeit nicht belästigen sollte. Nicht nur, weil ich als Spät- und Halb-Achtundsechziger noch immer denke, das Private sei politisch, rede und schreibe ich öffentlich über Privates, und darum eben auch über meinen Glauben, sondern vor allem, weil sich in diesem Punkt die zerstrittene Christenheit ausnahmsweise überwältigend einig ist: Der christliche Glaube ist eine öffentliche Angelegenheit, die davon lebt, dass jeder Gläubige mit allen anderen öffentlich und gemeinsam bekennt: »Ich glaube …«

Und wenn einer zweifelt, gehört auch das in die Öffentlichkeit. Der ungläubige Thomas hat vor allen anderen eingestanden, dass er zweifelt, und wurde dafür von Jesus gerade nicht geschurigelt, sondern durfte seine Wundmale berühren.

Wer getauft ist, wurde öffentlich getauft. Wer heiratet, wird öffentlich getraut. Wer stirbt, wird öffentlich begraben. Den Glauben für die Privatangelegenheit jedes Einzelnen zu halten, ist darum ein Missverständnis, das dazu führt, dass außer den eigens dafür angestellten Glaubensbeamten, den Pfarrern, kaum noch jemand öffentlich über seinen Glauben spricht, und selbst viele Pfarrer erzählen heutzutage oft nicht mehr, was sie persönlich wirklich glauben, sondern was zu sagen sich halt so ergibt, wenn man die auf der Universität gelernten exegetischen Methoden auf einen Bibeltext anwendet. Dass unter diesen Umständen die Gläubigen aussterben und neuer Glaube kaum noch nachwächst, braucht einen dann nicht mehr zu wundern. Glaube setzt Glaubende voraus, die öffentlich ihren Glauben bekennen.

Darum gehört in ein Buch, das vom Glauben handelt, das persönliche Bekenntnis samt aller Zweifel des Autors hinein. Darum erzähle ich hier öffentlich meine Glaubensgeschichte. Und auch die zugehörige Unglaubensgeschichte.

Ich hoffe, diese Geschichte wird anderen Zweiflern, Atheisten, Agnostikern und kirchlich Randständigen helfen, ihre eigenen Glaubensfragen zu klären. Noch schöner wäre es, wenn die Geschichte die Gleichgültigen und Indifferenten aus ihrer Gleichgültigkeit hervorlockte. Am schönsten wäre es, wenn diese Geschichte in irgend einer Form dazu beitragen würde, dass wir eine Welt gestalten, in der die Generation meiner Kinder einmal, wenn sie so alt ist wie ich und auf ihr Leben zurückblickt, sagen kann, wie ich, nie etwas Anderes kennen gelernt zu haben als Frieden und Freiheit und Wohlstand, denn die sechzig Jahre Frieden, Freiheit und Wohlstand, die meine Generation hat genießen dürfen, hängen enger mit dem jüdisch-christlichen Glauben zusammen, als viele sich träumen lassen. Auch das versuche ich in diesem Buch zu zeigen.

Mainz, im Sommer 2007   *Christian Nürnberger*

A

Heimweh,
ein Phantomschmerz

01 – Unglaubensbekenntnis

Vorweg ein Eingeständnis: Ich gehe schon lange nicht mehr in die Kirche, nicht einmal an Weihnachten. Ich bete nicht, nicht mal in der größten Not, meditiere nicht, faste nicht, feiere weder Ostern noch Pfingsten, singe keine Choräle und bin nicht kirchlich getraut. Ich kann nicht glauben, dass Jesus auf dem Wasser gelaufen ist, Wasser in Wein verwandelt hat und auf einer Wolke in den Himmel gefahren ist, aber aus Gründen, die in diesem Buch noch zu erörtern sind, wünsche ich trotzdem, dass es die Kirche auch in 2000 Jahren noch gibt und das Christentum in der Welt künftig wieder eine stärkere Rolle spielt als gegenwärtig.

Ich bin kein religiöser Mensch. Spiritualität und Mystik sind mir fremd. Reliquien, Weihrauch und kultische Handlungen brauche ich nicht. Wallfahrten und Prozessionen kommen in meinem Leben nicht vor. Fundamentalisten aller Religionen sind mir ein Gräuel. Den Jakobsweg werde ich nicht gehen, solange ich noch allein den Weg ins nächste Wirtshaus finde.

Ich schwänze die Kirchentage, empfinde die Sprache von Theologen und Pfarrern als gewöhnungsbedürftig, reagiere oft genervt auf kirchliche Events und geistliche Profilschärfer, schalte ab, wenn mir im Radio und Fernsehen die von der Kirche dazu Beauftragten in ein paar besinnlichen Minuten verständnisinnig kleinste Häppchen ihres politisch-korrekten Gott-ist-die-Liebe-Instant-Christentums zu verabreichen versuchen.

Außerhalb der Kirche sein Heil zu suchen, erscheint mir aber auch nicht erfolgversprechender, denn wenn ich schon zweifle, dann an allem. Wer auf hohem Ross daherreitend sich als Skeptiker rühmt, stürzt leicht vom Pferd, wenn er vergisst, gelegentlich seiner eigenen Skepsis mit Skepsis zu begegnen.

Solche Halbskeptiker ziehen flink das Wort *finsteres Mittelalter* aus der Tasche, wenn sie angesichts islamischer Fundamentalisten den 500jährigen Vorsprung *europäischer Aufgeklärtheit* gegenüber dem Islam betonen. Und haben offenbar schon vergessen, dass vor gerade mal einem halben Jahrhundert die Kamine von Auschwitz noch rauchten. Über ganz Europa lag der Geruch verbrannter Judenleichen, und der europäische Boden ist getränkt mit dem Blut der in zwei Weltkriegen verheizten Soldaten und Zivilisten. Beide Kriege waren genährt von fanatischem Fundamentalismus, Rassenhass, blindem Nationalismus und einem kollektiven Wahn der Völker, vor allem der Deutschen.

Es gab auch einen kollektiven Wahn der europäischen Intellektuellen, und dieser Wahn nannte sich Kommunismus. Der hoch geachtete Pariser Intellektuelle Jean-Paul Sartre hatte, wie viele andere, noch Ende der siebziger Jahre des vergangenen Jahrhunderts so blind an den Kommunismus geglaubt, dass er die Millionen Opfer des Stalinismus einfach übersah.

Dann fiel die Mauer, und es erwuchs das Internet, und der Kapitalismus wurde global und digital. Auftrat der postmoderne Gewohnheits-Nihilist, der die Sache mit dem Ende der Ideologien längst rezipiert und auch Aufklärung und Humanismus als frommen Kinderglauben durchschaut zu haben glaubte. Er wähnte sich nun endgültig bar jeglicher Illusion, hielt sich für den ersten wirklichen Skeptiker der Weltgeschichte – und wurde das erste Opfer jener Regentänzer und Schamanen, die sich Medienphilosophen, Internetaktivisten, Charttechniker, Aktienanalysten, Chef-Volkswirte oder Börsengurus nannten und die Mär verbreiteten, die neuen Technologien verfügten über das Potential, uns einen Boom ohne Ende zu bescheren und jeden über Nacht reich zu machen. Ein neuer kollektiver Wahn namens New Economy ward geboren, und wieder war es ein rein westlicher Wahn, gespeist aus chiliastischen Naherwartungs-Hoffnungen und kindlichem Vertrauen in die neuen Autoritäten aus der Welt von Markt und Technik. Unbekannte Software-Klitschen, die – wie einst der Kommunismus – außer der Verheißung einer großen Zukunft nichts zu bieten hatten, waren plötzlich mehr wert als General Motors. Eine neue Priesterkaste aus Volks- und Betriebswirten hatte die Macht übernommen, ihre Religion verbreitet und stieß auf Gehorsam, Gefolgschaft und Wundergläubigkeit.

Zwei Gläubige aus Deutschland mussten nicht bekehrt werden. Sie standen schon immer fest im Glauben, hießen Kohl und Waigel und haben nach dem Fall der Mauer, also noch vor Ausbruch des New-Economy-Wahns, wie die Kinder an den Weihnachtsmann an die *Selbstheilungskräfte des Marktes* geglaubt und daher aller Welt verkündet, ein sich selbst tragender Aufschwung in den neuen Bundesländern werde dort automatisch *blühende Landschaften* hervorbringen, und die Kosten der deutschen Einheit würden sich aus der Portokasse bezahlen lassen.

Dass sich das alles als *blühender Unsinn* erwies, hat dem neuen Glauben nicht geschadet. Im Gegenteil. Wenn der Glaube, also der Markt, nicht hilft, dann brauchen wir eben noch mehr Glauben, also noch mehr Markt, lautete die Parole. Und so kommt es, dass heute jene Manager, Betriebswirte, Volkswirte und Wirtschaftspolitiker, die sich für die hartgesottensten Realisten halten und sich gern als *religiös unmusikalisch* bezeichnen, nach den Islamisten zu den gläubigsten Menschen zählen, die auf der nördlichen Halbkugel herumlaufen.

Voller Glauben waren auch George W. Bush, seine Minister und deren mediale Nachbeter, als sie begannen, ins Irak-Desaster zu marschieren. Geglaubt wurde, im höheren Auftrag zu handeln. Geglaubt wurde, die Probleme im Nahen Osten mit einem begrenzten Militärschlag ohne eigene Opfer so lösen zu können, wie einst Alexander der Große mit einem einzigen Hieb den Gordischen Knoten durchschlagen hatte. Geglaubt wurde und wird noch immer, das Heil aller Völker liege im *american way of life*, und dieser lasse sich mit Hilfe von Lügen, Bomben und Folter exportieren. Und geglaubt wurde all den Experten, promovierten, habilitierten, exzellent ausgebildeten Harvard-Absolventen, Spin Doctors und Bewohnern der amerikanischen Thinktanks, die dem Präsidenten und der Welt eingeflüstert hatten, dass man nur den Irak kaputtbomben und Saddam fangen und hängen müsse, und danach werde der Terror aus der Welt verschwinden, der gesamte nahe Osten werde sich in eine demokratische Zone des Friedens, der Freiheit und des Wohlstands verwandeln, und das Ganze werde die Amerikaner keinen Cent kosten, weil es sich aus den irakischen Öleinnahmen werde finanzieren lassen.

Inzwischen kostet dieser Glaube den amerikanischen Steuerzahler jede Woche zwei Milliarden Dollar. Die Kosten des gesamten Krieges werden auf 500 Milliarden Dollar geschätzt. Der Wirtschaftsnobelpreisträger Joseph E. Stiglitz rechnet mit Folgekosten, die sich auf bis zu zwei Billionen Dollar addieren könnten.

Dass in Harvard massenhaft exzellente Wissenschaftler ausgebildet werden und in amerikanischen Thinktanks die geballte Intelligenz des Landes versammelt ist, wird trotzdem weiter geglaubt. Und unter den ehemals meinungsführenden Bellizisten, die uns den Bush-Krieg einst als weiteren Beweis für den *Optimismus und die visionäre Kraft der Amerikaner* schmackhaft zu machen versuchten, gibt es immer noch ein paar Unentwegte, die an den Endsieg glauben und dafür nur mehr Soldaten, also mehr Krieg brauchen, koste es, was es wolle.

Eine ganz andere Art wollüstiger Glaubensbereitschaft zeigt der moderne Lifestyle-Konsument. Die Orientierung im Großen hat er schon vor so langer Zeit verloren, dass er sie inzwischen gar nicht mehr vermisst und sich mit jenen Anweisungen von oben begnügt, die ihm die im Orbit stationierten Navigationssatelliten liefern. Umso dringlicher vermisst er die Orientierung im Kleinen. Untertänig unterwirft er sich den Päpsten, Kaisern, Königen und Gebietern des modernen Lebens, die von den Trendredakteuren der Medien täglich neu ausgerufen werden. Gläubig nimmt er das Urteil des Literaturpapstes entgegen. Sehnsüchtig erwartet er die Empfehlungen einer Matriarchin des Lesens. Dem Klavierkaiser, dem Fußballkaiser und dem Modezaren lauscht er in Demut, und die jeweils neuesten Ernährungs- und Bewegungspläne seines Durchhalteblättchens für Fitness und Fun studiert er mit großem Eifer. Er hört auf seinen Weinguru, den Schamanen des Laufens und den Propheten des stillen Wassers. Er kasteit sich in Fitnesstempeln genannten klösterlichen Verliesen gemäß der Regeln seines Exerzitienmeisters, und sogar für das Gehen mit Stöcken bedarf er der Führung durch eine eigens dafür ausgebildete oder selbst ernannte Autorität.

Die alten Ablasshändler der mittelalterlichen Kirche sind auferstanden als mediale Werbeumfeld-Gestalter, die sich fälschlicherweise als Redakteure oder Journalisten bezeichnen. Sie bauen ganz neue Kirchen und Gemeinden auf und binden ihre autoritätshörige Klientel, wie einst die Agenten Roms, dauerhaft an sich, indem sie ihr ständig neue Sünden und Probleme einreden, die dafür nötigen Ablässe und Problemlöser aus ihren Hüten zaubern, zum Kauf anbieten und mit immer neuen Anweisungen das Volk so auf Trab halten, dass es nicht mehr zur Besinnung, sondern nur noch zur Zerstreuung kommt.

Je länger man dem Treiben dieser Verkäufer heißer Luft zuschaut, desto stärker wächst die Sehnsucht nach dem Original. Und ich für mein Teil neige deshalb schon aus Trotz dazu, lieber an die heilige Jungfrau und die Auferstehung von den Toten zu glauben als etwa an die Behauptung der Astrologen, dass das sinnlose Gekreisel irgendwelcher Schrottkugeln weit draußen im All irgendetwas mit meinem Leben zu tun habe.

So, wie es mir ein Rätsel ist, im Jahre 17 nach der deutschen Einheit und dem Versprechen blühender Landschaften noch an das unsichtbare Händchen des Marktes zu glauben, das alles so herrlich regiert, so ist es mir ein Rätsel, wie man als gebildeter Europäer die eigene Tradition so verachten kann, wie es viele tun, und sich statt dessen der Esoterik, Ufo-, PSI- oder Bermudadreieckgläubigkeit hingibt oder gar bis nach Indien und China trampt, um sich dort erleuchten zu lassen. Und jene akademisch verbildeten Europäerinnen, die sich plötzlich unter den Tschador begeben und dort das Reich von Freiheit und Abenteuer zu entdecken meinen, bleiben mir auf ewig ein Rätsel und lassen mich etwas wehmütig an das viele Geld denken, das für ihre christlich-abendländische Ausbildung verschwendet wurde und für die Bildung der Kinder in den Armutsvierteln dieser Welt fehlt.

Im Katholizismus ist doch alles schon da, was des Sinnsuchers Herz begehrt: Kult, Ritus und Mystik, Reflexion und Aktion, Wasser, Weihrauch und Wein, Kunst und Handwerk, Logik, Rationalität und Irrationalität, Musik und Theater, Philosophie, Askese und Genuss, Tremendum und Faszinosum, Welterklärung, Weltbejahung und Weltverneinung, Aufklärung und Volksfrömmigkeit, Vernunft und Spiritualität, revolutionäre Arbeiterpriester und reaktionäre Opus-Dei-Missionare, Benediktiner, Franziskaner und Jesuiten, Mönche und Nonnen, Arbeiter, Bürgerliche, Adlige, Bettler und Könige – einfach alles und auch das Gegenteil. Und wem das noch immer nicht reicht, der hat zusätzlich die Wahl aus den tausend Varianten des Protestantismus. Die Orthodoxie ist auch noch da. Sogar die alten Griechen leben fort im Christentum, und gegenwärtig beginnen ein paar Theologen das Alte Testament, die Bibel der Juden, neu zu entdecken und zu betonen, dass Jesus Jude war. Und damit entdecken sie das Jüdische am Christentum. Der christliche Glaube ist wirklich ein ganzer Kosmos, nur auf höherem Niveau, komplexer, tiefer und größer als die tausend Spielarten des Sektenglaubens, und auf einer 4000 Jahre alten durchreflektierten Erfahrungsbasis ruhend.

Diese sich in 4000 Jahren herausgebildeten Erfahrungen und Reflexionen, Korrekturen und Erweiterungen, die wir die christlich-abendländische Tradition nennen, hat von Beginn an bis heute die größten Geister herausgefordert, die besten Künstler inspiriert und eine weltverändernde Kultur hervorgebracht, deren Dynamik historisch beispiellos ist. Je älter ich werde, desto weniger verstehe ich daher, wie man den christlichen Glauben als unzeitgemäßen Quatsch entsorgen oder ihn schlichtweg ignorieren und die sich einstellende Leere mit Esoterik, Fundamentalismus oder plätscherndem Allerwelts-Atheismus füllen kann. Das ist, wie antiquarische Möbel auf den Sperrmüll zu werfen und sie mit Plastikmöbeln vom Discounter zu ersetzen.

Natürlich, auch ich verstehe oft den Papst nicht, auch mir sträuben sich die Haare, wenn mal wieder eine weltfremde Direktive aus Rom erschallt, aber ich bin trotzdem froh, dass es den Papst gibt, zuweilen ist er mir sogar sympathisch, und im Vergleich zu islamischen Religionsführern wie auch zu den meisten Staatsoberhäuptern, Partei- und Wirtschaftsführern dieser Welt erscheint mir der Papst geradezu als Ausbund an Weisheit, Güte, Vernunft, Anstand und Besonnenheit, ganz abgesehen davon, dass der oberste Repräsentant jenes Reichs, das nicht von dieser Welt ist, oft genug einfach weltfremd sein muss. Und dabei kann man sich gelegentlich auch mal vertun, sogar dann, wenn man eigentlich unfehlbar ist. Eine Kirche, die der Welt nur noch nach dem Munde redete, wäre überflüssig, und Bischöfe und Theologen, die sich die Botschaft von der *Torheit des Kreuzes* so lange zurecht vernünfteln, bis sie mit der jeweils angesagten Wissenschafts-Scholastik kompatibel ist, kann man in der Pfeife rauchen.

Ich zahle meine Kirchensteuer und habe meine Kinder taufen lassen, aber muss mich der Ehrlichkeit halber als protestantischen Agnostiker bezeichnen, der vor circa einem Vierteljahrhundert beschlossen hat, sein Leben unter der Prämisse zu führen, dass die absolute Wahrheit lautet, dass es keine absolute Wahrheit gibt. Und wenn es sie doch geben sollte, ist kein Sterblicher in ihrem

Besitz, auch nicht der Papst, keine Kirche, keine Wissenschaft und keine Religion.

Nachdem dies so beschlossen war, musste ich zwangsläufig die Frage, ob ein Gott sei, endgültig als unentscheidbar aus meinem Leben drücken und dafür sorgen, von dieser Frage nicht mehr behelligt zu werden. Aber vor etlichen Jahren hat mich aus Gründen, die noch zu erörtern sein werden, die Frage wieder eingeholt, hält mich seither auf Trab und ruft allmählich den Verdacht hervor, dass etwas in mir in all den Jahren und Jahrzehnten wider besseres Wissen und alle Vernunft einfach unbeeindruckt weitergeglaubt, ja gegen mich angeglaubt hat. Zwar weiß ich noch immer nicht, ob es einen Gott gibt, aber inmitten dessen, was ich alles nicht glaube, erfahre ich mich als einen, der offenbar in irgendeinem Glauben steht, sonst könnte er ja das Glaubwürdige vom Unglaubwürdigen gar nicht unterscheiden. Das ist stark erklärungsbedürftig, und eben deshalb folgt diesem Kapitel ein ganzes Buch.

Der subversive Untergrund-Glaube in mir lässt mich inzwischen vermuten, dass das Schicksal der Welt davon abhängt, ob der Kirche nach zweitausendjährigen Fehlversuchen doch noch das Unwahrscheinliche gelingt: ihren Glauben als wahr zu erweisen. Ja, ich neige neuerdings wieder zu der Ansicht, dass die Botschaft des Juden Jesus vielleicht doch – unterm Strich – für die Welt ein Segen war, ist und bleibt, und dass diese Botschaft auch in der Zukunft verkündet, aber besser verstanden und praktiziert werden sollte.

Vor allem: Diese Botschaft ist viel zu wichtig, als dass man sie den Gläubigen allein überlassen dürfte, und schon gar nicht dem Lutherischen Weltbund, dem Papst, den feministischen Theologinnen, dem Zentralkomitee der deutschen Katholiken, der Fürstin Gloria von Thurn und Taxis oder gar dem Opus Dei. Diese Botschaft geht alle an, auch die Ungläubigen, und darum ist es höchste Zeit, sich mal wieder mit diesem Jesus Christus zu beschäftigen, gerade für die Ungläubigen. Für die Gläubigen natürlich auch. Für die Zweifler sowieso.

02 – Meine Beziehung zu Gott? Oh Gott!

Ein Mann, an dessen Haus über der Eingangstür ein Hufeisen hängt, wird von einem Besucher gefragt: »Glaubst du etwa an diesen Quatsch?«

»Natürlich nicht«, antwortet der Hausbesitzer, »aber ich habe mir sagen lassen, dass es auch dann hilft, wenn man nicht daran glaubt.«

An diese Anekdote, erzählt vom Physiker Niels Bohr, berichtet vom Physiker Werner Heisenberg in seinem Buch »Der Teil und das Ganze«, musste ich denken, als ich Anfang des Jahres 2006 eine Mail von der 15jährigen Freundin meiner Tochter bekam. Die 15jährige schrieb:

Lieber Christian,

ich hab' eine Hausaufgabe in Reli auf, bei der mir meine Eltern nicht helfen können. Wir sollen ältere (verzeih) Menschen nach ihrer Beziehung zu Gott fragen. Da bist Du doch genau der Richtige. Kannst Du mir ein paar Zeilen dazu schreiben? Das wäre ganz lieb!!

Deine Michelle

Spontan wollte ich ihr antworten: Du irrst, liebe Michelle. »Dafür« bin ich genau der Falsche! Zwar hast du mich ganz richtig der Zielgruppe der älteren Menschen zugeordnet, aber zur Gruppe der Gläubigen gehöre ich nicht. Darum kann ich dir auch nichts über »meine Beziehung zu Gott« erzählen.

Das aber hätte Michelle nicht verstanden. Sie wäre enttäuscht gewesen und würde gedacht haben, der Kerl ist nur zu faul zu antworten und schreibt vermutlich nur gegen Honorar, denn schließlich hat er doch ein Buch über die Bibel geschrieben und eins über die Kirche. Also ist er sehr wohl der Richtige.

So einfach werde ich also nicht davonkommen. Ich werde ihr wohl erklären müssen, warum einer über Bibel und Kirche schreibt, obwohl er über deren Gegenstand, nämlich Gott, gar nichts weiß. Das wird schwierig werden, denn im Grunde bin ich jenem aufgeklärt-abergläubischen Hausbesitzer ähnlich, der angeblich nicht an die glücksbringende Wirkung des Hufeisens glaubt, aber »weiß«, dass es trotzdem »hilft«.

Als bekennender Zweifler und Agnostiker erzähle ich in Vorträgen, Zeitungsartikeln und Büchern immer, dass mir die Bibel heilig, das Christentum wichtig ist und ich das Verschwinden der Kirche aus der Weltgeschichte für einen großen Verlust hielte. Ich möchte nicht, dass die Kirche nur noch als museales Erbe denkmalschützerisch gehegt und gepflegt wird, sondern möchte in ihr eine frische Kraft erleben, die aktiv und segensreich in die Weltgestaltung eingreift.

Aber warum? Das erkläre mal jemand einer Fünfzehnjährigen. Mein überwiegend erwachsenes Publikum tut sich ja auch schwer, diesen höchst erklärungsbedürftigen Zustand zu verstehen. Und bin ich sicher, dass ich mich selber verstehe? Als Kind wollte ich Missionar werden, um den Heiden die frohe Botschaft von Jesus zu bringen. Jetzt ist aus mir ein komischer Missionar geworden, der getauften und ungetauften Alt- und Neuheiden erklärt, woran einer glaubt, der nicht glaubt, und warum sie wenigstens das auch glauben könnten und sollten.

Kein Wunder, dass so einer nicht einmal in seiner eigenen Familie richtig ernst genommen wird. Meinen beiden Kindern habe ich immer nur gesagt: Ich weiß nicht, ob es einen Gott gibt, aber es ist wichtig, darüber zu reden. Meiner Ehefrau habe ich das Gleiche komplizierter gesagt: Ich weiß nicht, ob dem, was wir mit der Vokabel Gott bezeichnen, irgendeine Form von Sein oder Realität zukommt. Kann sein, dass alles nur Fiktion ist, kann sein, dass es diese Realität namens Gott wirklich gibt. Aber wenn es sie geben sollte, ist noch lange nicht sicher, dass sie tatsächlich genau so ist, wie sie in der Bibel beschrieben und von den Christen geglaubt wird. Ich weiß es einfach nicht, obwohl ich mich – weiß Gott! – lange um eine Klärung dieser Frage bemüht habe. Leider ohne Ergebnis.

Sollte man dann nicht einfach die ganze Sache auf sich beruhen lassen und schweigen? Ja, das sollte man. Habe ich auch getan.

Man kann Gott nicht ewig suchen. Wer immer weiter sucht, ohne je fündig zu werden, verpasst sein Leben. Daher beendete ich irgendwann die Suche und beschloss, die Frage als unentscheidbar auf sich beruhen zu lassen und künftig als Agnostiker durchs Leben zu gehen. Das tue ich mit wachsender Fröhlichkeit seit mehr als fünfundzwanzig Jahren, aber zu meinem Erstaunen ließen die in die Ecke abgeschobenen Fragen sich diese Abschiebung nicht gefallen.

Seit ein paar Jahren kommen sie mir wieder in die Quere und verlangen, wenn schon keine endgültige Beantwortung, eine neue Beachtung, und wenn ich versuche, ihnen auszuweichen oder sie in ihre Ecke zurückzuschieben, zwängen sie sich durch einen dünnen Kupferdraht in den Prozessor meines Computers und erscheinen als Email von Michelle auf dem Monitor meines Schreibtisches und rufen eine Art Phantomschmerz hervor, so etwas wie Heimweh nach einer verlorenen Heimat.

Ich antwortete der Freundin meiner Tochter:

Liebe Michelle,

da hast Du dem älteren Menschen aber eine ganz schwierige Frage gestellt. Aber gut, ich werde versuchen, sie so kurz wie möglich und so präzise wie nötig zu beantworten.

*Die Frage nach Gott gehört für mich zu den wichtigsten Fragen des Lebens. Nein, sie **ist** die wichtigste Frage überhaupt, denn ob es einen Gott gibt oder nicht, macht einen unendlichen Unterschied.*

Gibt es nämlich keinen Gott, dann gibt's auch keine Schöpfung und keinen dahinterstehenden Willen, dass dieses Weltall, unsere Erde, die Menschen auf diesem Erdball, Du, Deine Eltern und ich existieren. Wir sind dann eine bloße Laune der Natur. Es ist einfach nur ein kurioser Zufall, dass es uns gibt. Irgendwann, spätestens dann, wenn der gesamte Wasserstoff der Sonne zu Helium verschmolzen ist, die Sonne sich aufbläht und anschließend kollabiert, wird das gesamte Leben auf diesem Erdball vernichtet sein, und dass zu diesem Leben auch wir Hirn-Tiere einmal gehört haben, wird das gleichgültig weiter existierende Weltall nicht interessieren. Es wird so sein, als ob nie etwas gewesen wäre. Die ganze Entwicklung des Lebens, die Milliarden Jahre dauernde Evolution von toter Materie zu Geist, die Millionen kluger Gedanken und erhabener Ideengebäude der Menschen, ihre Sehnsüchte, ihre Leidenschaften, ihr Glück, ihr Leid, ihre Lust, ihre Vernunft, ihre Taten, ihre Kunst, ihre Kultur sind dann von Anfang an sinnlose Unternehmungen gewesen. Die Natur hätte es ebenso gut dabei belassen können, dass wir als Affen auf den Bäumen sitzen geblieben wären. Es hätte letztlich keinen Unterschied gemacht.

Noch später, viele Milliarden Jahre nach dem Untergang unseres Sonnensystems, wird das ganze Weltall mit seinen gigantischen Galaxien und Milliarden Sonnen, Planeten, Kometen, Monden und schwarzen Löchern untergehen, wird entweder den Kältetod erleiden oder kollabieren oder sich in Nichts auflösen. Und es wird erst recht so sein, als ob nie etwas gewesen wäre, und niemand wird jemals wissen, wozu der gigantische Aufwand gut gewesen sein soll.

Einen Sinn ergibt das nicht. Eigentlich ist, wenn wir Zufallsprodukte sind, die ganze Welt und Dein Leben und mein Leben absurd. Wir werden geboren, um zu sterben, und was wir dazwischen tun oder lassen, was wir uns über unsere Stellung im Kosmos einbilden oder nicht, ist letztlich egal.

Nun gibt es Menschen, die das Verlangen nach einem letzten Sinn und einer gottgewollten Existenz für maßlos eitel, maßlos anspruchsvoll und letztlich für den Wunsch unfreier, unmündiger Gesellen halten, die sich davor fürchten, selbst für sich Verantwortung zu übernehmen. Ein ehrenwerter Standpunkt. Die Absurdität stoisch auszuhalten, der Sinnlosigkeit mit erwachsenem Mut ins Gesicht zu sehen, die eigene Vernunft zu bemühen, um aus freien Stücken dem Zufall einen Sinn zu geben, das ist ein heldenhaftes Unterfangen. Ich achte und bewundere es. Aber ich glaube nicht an seinen Erfolg.

Natürlich können wir herauszufinden versuchen, wie wir vernünftigerweise leben sollen. Aber dabei machen wir die Erfahrung, dass unserer Vernunft nicht immer zu trauen ist, jeder zu einem anderen Ergebnis kommt, jedes Ergebnis kritisierbar und hinterfragbar ist und dass wir dazu verdammt sind, uns irgendwie zu einigen.

Aber das, worauf wir uns einigen, ist unser eigenes Konstrukt und wurzelt nicht in einem letzten Grund, sondern in vorletzten

Gründen und ist relativ, kann daher von x-beliebigen anderen auch wieder beseitigt und zerstört werden. Wir können zwar fordern, dass alle Menschen gleich und frei sein und eine Würde haben sollen. Aber wenn einer kommt und zynisch fragt, »Würde, was ist das?«, wenn er sagt, es sei ihm ziemlich egal, was wir da unter uns ausgekungelt haben, für ihn gelte das nicht, und darum nehme er sich die Freiheit, die anderen zu knechten und auszubeuten und auszutricksen, und wenn es sein muss, auch zu töten – wer will ihn widerlegen? Mit welchen Argumenten?

Es gibt ein paar Philosophen, die sich damit plagen, die Würde des Menschen, die Demokratie, die Menschenrechte und den sozialen Rechtsstaat so in der Vernunft zu verankern, dass sie auf die Hypothese Gott verzichten können, aber erstens kann man diesen Philosophen nur folgen, wenn man selber Philosoph ist, zweitens können auch die Philosophen die Unvernünftigen nicht zur Vernunft bringen, und drittens ist es einfach eindrucksvoller, einleuchtender und für alle unmittelbar verständlich, wenn es heißt: Moses hat auf dem Berg Sinai von Gott das Gesetz empfangen, und darum gilt es.

Gibt es einen Gott, kann es sein, dass er tatsächlich dem Gott Abrahams, Moses' und der Propheten ähnelt. Ähnelt er diesem Gott der Bibel, der auch der Gott Jesu ist, also unserer, können wir uns, auf ihn berufend, sagen: Vor Gott sind alle Menschen gleich, und darum hat keiner das Recht, sich über andere zu erheben und sie zu knechten. Gott hat die Existenz jedes Einzelnen gewollt, und daher verfügt jeder über eine von Gott selbst verliehene Würde. Niemand kann sie uns streitig machen, auch der wahnsinnigste Diktator nicht.

Gibt es den Gott der Bibel, hat er sich höchstwahrscheinlich etwas dabei gedacht, als er die Welt schuf, hat wahrscheinlich auch einen Plan und ein Ziel für diese Welt und will die Geschichte der Menschheit irgendwann irgendwie zu einem glücklichen Ende bringen. Dann liegt der Grund, dass Du existierst, möglicherweise nicht nur bei Deinen Eltern, sondern auch bei ihm, bei Gott. Dann hat er wahrscheinlich nicht nur mit der Welt als Ganzes einen Plan, sondern auch mit Dir und allen anderen Menschen, und der Sinn Deines Lebens bestünde darin, diesen Plan herauszufinden und ihn zu realisieren.

Existiert Gott, müssen wir damit rechnen, dass er sich uns auf eine für uns undurchschaubare Weise irgendwie bemerkbar macht und uns etwas mitteilen möchte. Wenn wir uns für diese Möglichkeit öffnen, unsere Ohren spitzen, alle Sinne auf Empfang stellen, hören wir vielleicht, was dieser Gott uns sagen möchte, teilt er uns vielleicht mit, was wir tun und lassen sollen. Wir könnten herausfinden, wie wir miteinander, mit dem anderen Geschlecht, mit Angehörigen anderer Rassen und Kulturen umgehen sollten. Wir könnten herausfinden, wie wir unsere Zeit einteilen sollen, was der Sinn der Ehe ist, wie wir es mit der Liebe, dem Eros und der Sexualität halten, wie wir unsere Kinder erziehen sollen, wie man in Würde altert und stirbt und wie wir das Zusammenleben der Menschen auf diesem Erdball organisieren sollen. Wir könnten sogar herausfinden, wie wir unsere Wirtschaft gestalten sollen, wie wir mit der Gentechnik, der Informatik, überhaupt mit der gesamten Wissenschaft umzugehen haben und wie wir die Ressourcen unserer Erde nutzen sollen. Wir wüssten, worauf es im Leben ankommt und wie diese Welt am besten zu gestalten ist.

Und wir wären frei. Wir wären niemandem untertan außer Gott, niemandem Rechenschaft schuldig außer Gott. Wir müssten nichts und niemanden fürchten, und was auch immer passiert, wir wüssten in jeder Situation: Er sieht es. Es geschieht nicht ohne seinen Willen. Angst, Krieg, Leid, Krankheit, Armut, Elend, Katastrophen – all das hätte einen verborgenen Sinn, und sehr wahrscheinlich wäre nicht einmal der Tod das letzte Wort, wenn es Gott gäbe. Es wäre in diesem Fall nicht auszuschließen, dass Gott weiß, wie das geht, Menschen aus ihrer irdischen Existenz in eine andere zu überführen, und dass er von diesem Wissen Gebrauch macht.

Gibt es keinen Gott, dann bedeutet der Tod tatsächlich das endgültige Aus. Dann fühlen wir den Drang, aus diesem Leben das Maximum an Macht, Geld und Lust für uns herauszupressen. Die Ansprüche an unser irdisches Dasein werden ins Unendliche wachsen. Lebensgier, Lebensangst, Genuss-Sucht und Hass auf all jene, die uns einen Platz an der Sonne streitig machen, werden unsere ständigen Begleiter sein. Das raubt uns Kraft, Gelassenheit, Humor, Lebensfreude und den Frieden. Das nährt den Frust, den Neid, die Gewalt und die Depression. Krankheit, Schmerz, Leid, Behinderung, das Alter und den Tod können wir dann nur als Katastrophe erleben.

Es macht also einen gewaltigen Unterschied, ob Gott existiert oder nicht. Das Problem ist nur: Nie hat je ein Mensch Gott gesehen. In der Bibel steht zwar immer wieder, dass Gott zu Abraham, zu Moses, zu den Propheten und zu Josef und Maria gesprochen hat, aber das sind alte Texte, in der Sprache der Mythen und Legenden geschrieben. Was da wirklich geschah, wissen wir nicht.

Es gibt Menschen, die haben sich entschlossen, für wahr zu halten, dass Gott existiert und die Bibel stimmt, und das halten sie für Glauben. Ist es aber nicht. Was Glaube seinem innersten Wesen nach wirklich ist, weiß ich auch nicht genau. Ich ahne nur, dass es irgendwas mit Vertrauen zu tun hat, mit einem Grundvertrauen in die Sinnhaltigkeit der Welt und in einen letzten Grund. Glaube ist das, worauf wir letztlich bauen, was uns bei jeder unserer Entscheidungen und Handlungen im Letzten bestimmt und antreibt. Daher können wir gar nicht nicht glauben, selbst wenn wir es wollten. Von irgendetwas müssen wir uns in unserem täglichen Denken und Tun leiten lassen. Daher kommt in der Summe dessen, wofür und wogegen wir uns entscheiden, zum Vorschein, woran unser Herz wirklich hängt. Und das ist unser Glaube.

Manchmal habe ich das Vertrauen in die Sinnhaltigkeit der Welt und manchmal nicht. Ich schwanke wie ein Strohhalm im Wind. Dennoch beschäftigt mich diese Frage seit meiner Kindheit bis heute. Und sie wird mich vermutlich bis an mein Lebensende nicht mehr loslassen, und danach kommt entweder das große Nichts oder jemand, der sagt: Dummes Menschenkind, warum hast du mir so wenig vertraut? Aber gut, wenigstens bemüht hast du dich, du hast es dir nicht leicht gemacht, komm rein, du kleiner Idiot.

Zur Zeit halte ich eher diese Variante für die wahrscheinlichere. Aber sicher bin ich nicht.

*Herzlichst
der ältere Mensch aus der Oberstadt*

B

Alte Heimat

03 – Kinderglaube

Meine Glaubensgeschichte beginnt damit, dass mir meine Mutter, eine einfache Bäuerin, in meiner Kindheit drei Sorten von Geschichten erzählt hat: unwahre, halbwahre und wahre. Die unwahren, das waren die Märchen. Sagen und Legenden zählten zu den halbwahren, und die biblischen Geschichten, die konnte man glauben, denn das in ihnen Berichtete ist wirklich passiert.

Ich hörte alle drei Sorten gleichermaßen gern. Die Märchen waren am unterhaltsamsten. Aber es ließ sich im Leben nicht viel mit ihnen anfangen. Die Sagen und Legenden schärften den Geist, denn sie beschäftigten mich mit der Frage, was daran wohl wahr und was unwahr sein könnte. Die biblischen Geschichten aber, die machten mich fit fürs Leben, ohne dass ich es merkte.

Diese Geschichten waren meine eigentliche frühkindliche Literatur, denn der Märchen- und Sagenvorrat meiner Mutter hielt sich in Grenzen. Von den biblischen Geschichten kannte sie mehr. Ich hörte diese Geschichten auch im Kindergottesdienst und im Religionsunterricht. Sie waren damals mein einziger Zugang zu so etwas wie Kultur. Eine öffentliche Bibliothek gab es nicht in dem Dorf, in dem ich aufwuchs. Ich sah nie eine Ausstellung, hörte nie ein Konzert, kam nie ins Theater, und die paar Bücher, die ich geschenkt bekommen hatte, konnte ich auswendig. Zum Glück gab's noch kein Fernsehen. Mein Fernsehen waren die Geschichten, die ich von meiner Mutter, dem Pfarrer und dem Lehrer hörte.

Vieles erlebte ich ähnlich, wie Ulla Hahn es in ihrem autobiografischen Roman »Das verborgene Wort« beschrieben hatte. Sie erzählt darin ihre Kindheit in einem rheinisch-katholischen Dorf. Sie heißt in dem Roman Hilla und ist das Kind eines bildungsfeindlichen, sprachlosen Hilfsarbeiters, und gegen diesen Vater muss sie sich ihre Bildung ertrotzen. Ihr Pech, in eine ungebildete Familie hineingeboren zu werden und in der geistigen Enge eines kleinen katholischen Dorfes der 50er Jahre aufwachsen zu müssen, war zugleich ihr Glück, denn es gab eine funktionierende katholische Infrastruktur.

Manchem mag das ein zweifelhaftes Glück erscheinen, war es auch, aber weil ihr Milieu katholisch war, hatte Hilla eine katholische Großmutter. Die erleben wir zwar als roh, derb, rabiat, ungebildet und bigott, sie hatte selten ein freundliches Wort für Hilla, kaum je eine zärtliche Geste, aber sie brachte dem Kind das Beten bei, kaum dass es Wauwau, Bäbä und Hamham sagen konnte: »Lieber Jott, mach misch fromm, dat ich in dä Himmel komm.« Das Kind liebte diesen Vers, nicht so sehr seines Inhaltes wegen, den es kaum verstand, sondern um des Reimes willen, wegen der Sprachmelodie, seines magischen Klangs, weil er sich anhörte wie ein Zauberspruch. Das dadurch erweckte Gefühl für Reim und Rhythmus ließ das Kind nach weiteren Sprüchen gieren, und die Großmutter brachte ihr gerne viele weitere Gebete und fromme Reime und Heiligensprüche bei.

Auf der Straße lernte sie von den größeren Dorfkindern das »Eene meene muh und raus bist du«. Im Religionsunterricht und in der Kirche lernte sie das »Vater unser«, das Glaubensbekenntnis, die Mantras der Litaneien und Liturgien, Kirchenlieder, viele Texte von hoher sprachlicher Qualität. In der Kirche berauscht sie sich am Klang des Lateins, der »Sprache Gottes«.

»Die Kirche war in so einer armseligen Dorfgemeinschaft der Kulturträger«, sagte Ulla Hahn in einem Spiegel-Interview. »Wo habe ich zum ersten Mal einen schönen Raum gesehen, Überfluss, schöne Gewänder, Kerzen? Wo zum ersten Mal Musik gehört? Worte, die nicht nur zum Schimpfen da waren? In der Kirche. Das war ungeheuer wichtig.«

Das, was Ulla Hahn da im Spiegel-Interview gesagt hat, hätte auch ich sagen können. Auch ich hatte so eine ähnliche Kindheit, allerdings in der protestantisch-fränkischen Variante. Die ersten Reime, an die ich mich erinnere, lauten: »Mit Gott fang an, mit Gott hör' auf, das ist der schönste Lebenslauf.« Als mich meine Mutter mal dabei ertappte, wie ich einem Käfer ein Bein nach dem anderen vom Körper abriss, schimpfte sie und ließ mich »zur Strafe« – ich verriet nie, dass mir die Reime Spaß machten – ein paar Sprüche lernen. Einer lautete: »Quäle nie ein Tier zum Scherz, denn es fühlt wie du den Schmerz.«

Dieser Spruch schlug ein wie der Blitz. Schlagartig änderte er meine Wahrnehmung der Tiere. Diese war bis dahin von der bäuerlichen Wahrnehmung geprägt: Tiere waren Nutz- und Schlacht-tiere. Man entwickelte daher keine persönliche Beziehung zu ihnen. Aber nachdem ich diesen Spruch blitzartig verstanden hatte, waren Tiere für mich plötzlich zu leidensfähigen Mitgeschöpfen aufgestiegen. Ich habe danach nie mehr ein Tier gequält, sondern, im Gegenteil, persönliche Beziehungen zu unseren Tieren entwickelt. So etwas wie Empathie entstand, aus einem bloßen Wort heraus.

Die Worte des Glaubens hatten aber noch mehr Wirkungen. Ich habe wirklich geglaubt, dass Jesus über Wasser laufen konnte. Ich habe geglaubt, dass er den Sturm gestillt, Kranke geheilt, Wasser in Wein verwandelt und Tote auferweckt hat. Ich war böse auf Judas, den Verräter, und in dem zerlesenen Grundschul-Gott-büchlein, das mir neulich wieder in die Hände fiel, sind in dem Bild, das Judas zeigt, diesem die Augen ausgekratzt. In der Szene, die zeigt, wie die römischen Soldaten Jesus auspeitschen, habe ich den Römern Hörner auf die Köpfe gemalt, und Gottes Weigerung, Kains Opfer anzunehmen, korrigierte ich, indem ich von Kains Altar den Rauch senkrecht zum Himmel steigen ließ. Ich hatte nie verstanden, warum Gott Kains Opfer nicht annahm, und die Erklärungen der Erwachsenen waren entweder nicht befriedigend oder unverständlich oder beides.

Auch mir wurde erzählt: Der liebe Gott sieht alles. »Wo ich bin, und was ich tu, sieht mir Gott, mein Vater, zu«, lautete der Spruch dafür. Aber im Gegensatz zu vielen anderen Müttern, die ihren Kindern damit ein Straf- und Aufpasser-Gottesbild einpflanzten, hat meine Mutter dieser Sache eine ganz andere Wendung gegeben. Er muss alles sehen, damit er dich beschützen kann, sagte sie. Er sieht dann zwar auch, was du alles anstellst, aber erstens vergibt er dir, wenn du es hinterher bereust, und zweitens kann er bei kleinen Jungs auch mal fünfe gerade sein lassen. Kinder müssen lernen, und zum Lernen gehört, dass man Fehler macht, aus ihnen lernt man am meisten, und darum dürfen Kinder Fehler machen. Darum sind sie aber auch immer gefährdet, und deshalb muss der liebe Gott auf Kinder besonders gut aufpassen. Der liebe Gott war mir daher tatsächlich ein lieber Gott, ein Übervater, kein Kontrolleur, kein Angstmacher, sondern ein Beschützer, ein gütiger Großvater, mit dem ich ständig in Kontakt stand, mit dem ich wortlos betend alles besprach, was es zu besprechen gab.

Als der Vater eines Freundes von mir wegen eines Herzinfarktes ins Krankenhaus kam, betete ich für ihn. Erfolgreich. Der Mann blieb noch viele Jahre fröhlich am Leben, und immer, wenn ich ihm begegnete, dachte ich bei mir: Wenn du wüsstest, wem du das zu verdanken hast.

Dass Gott meine Existenz wollte, dass er mich mit meinem Namen kennt, auf mich schaut und mit mir etwas vorhat, war für mich ein selbstverständliches Faktum, schließlich kennt er jeden Erdenwurm persönlich. Jesus hat es doch selbst gesagt, und meine Mutter hat mir die Stelle in der Bibel gezeigt: Kein Spatz wird von Gott vergessen, und die Haare auf deinem Kopf sind gezählt, dein Schicksal lässt Gott nicht gleichgültig, deshalb kümmert er sich um dich.

Weil ich dieser Zusage glaubte, war ich ein vor Selbstbewusstsein strotzendes Kind. Und weil ich wusste, dass Gott stets seine schützende Hand über mich hält, kannte ich als Kind keine Angst – Furcht in konkreten Situationen schon, aber auch in solchen Situationen sagte ich mir: Du musst dich jetzt gar nicht besonders fürchten, denn entweder haut dich der liebe Gott hier raus oder aber er braucht dich im Himmel, dann musst du halt jetzt sterben, das wird schon so schlimm nicht werden.

Einen Keiler, dem ich einmal allein im Wald begegnet bin und der bedrohlich auf mich zukam, habe ich furchtlos mit einem Prügel vertrieben. Kläffende Hunde, die wütend auf mich zuschossen, brachte ich mit lautem Gebrüll, aber vor allem furchtlosem Auftreten zum Rückzug. Ja, Jesus macht die Kinder stark. Er macht sie furchtlos, mutig und selbstbewusst.

Als ich einmal vom Heuboden zwei Meter tief fiel und dicht neben einer senkrecht aufragenden Sense landete, hat mich dies nicht sonderlich verwundert. Ich habe mich zwar wortlos betend bedankt, aber eigentlich betrachtete ich es als selbstverständlich, dass Gott zur Stelle war. Die Frage, warum er mich überhaupt hat fallen lassen, stellte sich mir nicht. Viele Fragen stellen sich nicht, wenn man einfach nur auf Gott vertraut.

Mein Kinderglaube von damals ist heute natürlich weg. Aber die Angstfreiheit und das – wie meine Frau zu spotten pflegt –

»durch nichts gerechtfertigte Selbstbewusstsein« sind mir bis heute geblieben. Gegen Lebensangst, Zukunftsangst, medial geschürte Ängste vor Seuchen, Katastrophen und Untergängen bin ich immun. Und auch jene grundlose, überfallartig den Hals abschnürende Angst, von der offenbar, wie man liest, heutzutage eine wachsende Zahl von Menschen geplagt wird, ist mir fremd.

Waren also diese »wahren Geschichten« meiner Mutter so etwas wie eine General-Impfung gegen Angst und alles mögliche? Vielleicht. Vielleicht hatte ich aber auch nur Glück. Wer ein halbes Jahrhundert ohne größere Komplikationen oder gar Katastrophen überstanden hat, blickt naturgemäß weniger ängstlich in die Zukunft als jemand, dem schon vieles zugestoßen ist. Vielleicht stößt aber angstfreien Menschen tatsächlich weniger zu als ängstlichen. Vielleicht schützen diese Geschichten samt der ersten damit verbundenen Erfahrungen auf eine vertrackt-geheimnisvolle Weise vor Unglück.

Obwohl ich es nicht beweisen kann: Ich glaube, dass man seine Kinder durch gute Worte, gute Geschichten und natürlich durch ein Familienleben und ein soziales Umfeld, das diesen Geschichten entspricht, tatsächlich gegen vieles impfen kann. Darum hätte ich gern mein ehemals kindliches Gottvertrauen an meine Kinder weitergegeben. Aber das ging nicht, denn irgendwann im Lauf meines Lebens war vom alten Kinderglauben nichts mehr da.

Dass ich diesen Glauben nicht mehr habe, betrachte ich als unendlichen Verlust nicht nur für mich, sondern für alle, auch für jene, die diesen Verlust gar nicht empfinden, weil sie so ein kindliches Gottvertrauen nie gehabt haben.

Es gibt keine Rückkehr zum alten Kinderglauben. Aber ich traure ihm noch heute wehmütig nach. So viel Geborgenheit, Zuversicht, Ruhe und Gelassenheit wird es nie mehr geben. Oder vielleicht doch? Gibt es einen erwachsenen, aufgeklärten Glauben? Können wir vorwärts in eine zweite Unschuld?

04 – Sisyphos, die Weltformel, eine Hoffnung und die letzten Fragen

Der Tod meiner 81jährigen Mutter kam nicht überraschend. Bei der Trauerfeier, als wir um den Sarg herum saßen und alle weinten außer mir, fragte mich leise mein damals Siebenjähriger, der auch nicht weinte: Warum weinst du nicht, Papa? Ich sagte ihm: Weil ich nicht besonders traurig bin. Weil die Oma jetzt nämlich unsichtbar über dem Sarg schwebt und uns zuschaut und sich freut, dass wir alle da sind, dass aus dem Dorf so viele gekommen sind, dass wir an ihrem Sarg und den vielen Blumen und Kränzen nicht gespart haben und sie ein neues Kleid anhat, das war ihr nämlich sehr wichtig.

In dem Augenblick hatte ich das alles fast selber geglaubt, aber dann flüsterte mein Siebenjähriger: Sieht die Oma dann auch, wie sich später die Würmer durch den Sarg fressen und sich zu ihrem toten Körper vorarbeiten?

Mein Sohn war gerade in einem Alter, in dem er sich auf seine Weise mit dem Tod auseinandersetzte. Damals steckte er die von unserem Kater ins Haus geschleppten toten Mäuse in Einmachgläser mit und ohne Deckel und beobachtete den Verwesungsprozess. Er legte die Mäuse in Spiritus, grub sie ein, grub sie aus, sah nach, wie sie sich entwickelt hatten, und grub sie wieder ein. Er fragte mich, woher die Maden in der Mäuseleiche kommen, und entwickelte ein für uns Eltern manchmal lästiges Interesse für Knochen, Totenköpfe und Skelette. An den biologischen Zerfall eines toten Körpers dachte er jetzt während der Trauerfeier für seine Großmutter und fragte mich deshalb, ob sie wohl vom Himmel aus der Verwesung ihres eigenen Körpers zusehen könne.

Ja, flüsterte ich zurück, das könnte sie sehen, wenn sie wollte, aber das würde ihr gar nichts ausmachen, denn das ist ja nur ihr alter kranker Körper, über den sich die Würmer hermachen, und sie selbst hat dann ja schon einen schönen jungen. Deshalb wird sie wahrscheinlich gar nicht gucken, was da im Grab mit ihrem alten Leib passiert. Der interessiert sie vermutlich gar nicht mehr, und im Himmel hat sie sicher Besseres zu tun, als nachzusehen, was die Würmer mit ihrer Leiche machen.

Hatte ich mein Kind belogen? Da ich selber nicht glaubte, was ich sagte, ja. Außerdem hatte ich mich in diesem Moment selbst dementiert und wusste schon, dass mein Sohn mir jetzt sowieso nicht richtig glaubt, weil wir natürlich schon oft in der Familie über die Frage, was nach dem Tod kommt, gesprochen haben. Dabei war ich stets bei der Wahrheit geblieben, bei meiner Wahrheit, und die lautete: Das weiß ich nicht. Niemand weiß es.

Zwar erzählte ich unseren Kindern die biblischen Geschichten über die *Auferstehung am Jüngsten Tag*, das *Endgericht*, *Himmel und Hölle*, *Belohnung der Guten*, *Bestrafung der Bösen*, aber immer relativierend, mit mitgesprochenen Gänsefüßchen und der wahrheitsgemäßen Auskunft: Wir wissen nicht, ob diese Geschichten »stimmen«. Es sind alte Geschichten, geschrieben für Menschen, die weniger wussten als wir, weniger aufgeklärt waren, an Zauberei, Geister, Gespenster und Dämonen geglaubt haben.

Wir Menschen des 21. Jahrhunderts, die in ihrem Alltag nichts spüren vom geheimnisvollen Wirken unsichtbarer Mächte, tun uns schwer mit solchen Geschichten. Seit die Bauern merkten, dass Kunstdünger dem Acker besser bekommt als Weihwasser, lebten immer mehr Menschen in dem Gefühl, der »Hypothese Gott« immer weniger zu bedürfen. Und wenn die Menschen der Antike plötzlich aus ihren Gräbern stiegen und sähen, wie wir leben, würden sie uns für Götter halten, denn wir vollbringen fast all die Zauberkunststücke, von denen der antike Mensch dachte, nur die Götter könnten es.

Wir können mit Menschen sprechen, die sich irgendwo weit weg von uns befinden. Wir können sie sogar sehen, egal, ob sie bei uns um die Ecke wohnen oder am anderen Ende der Welt. Wir bewegen uns in schweren eisernen Wagen, die nicht von Pferden gezogen werden, sondern sich von selbst fortbewegen. Wir erheben uns sogar in die Lüfte mit blechernen Riesenvögeln. Wir können Krankheiten heilen, sehschwachen Augen zu neuer Sehstärke verhelfen und durch bloße Berührung geheimnisvoller Knöpfe dunkle Räume hell machen, helle verdunkeln, kalte erwärmen und heiße kühlen. Wir können auf Knopfdruck mehr oder weniger weit von uns entfernte Brücken und Gebäude zum Einsturz bringen, Höllenfeuer erzeugen, donnern, blitzen und töten. Nur bezeichnen wir unsere erstaunlichen Fähigkeiten nicht als Zauberei, sondern als Technik, als Anwendung der von uns erforschten Naturgesetze, die lückenlos gelten, unseres Wissens nach nirgends auch nur einmal durchbrochen wurden und nach unseren Messungen sogar außerhalb des Planeten Erde, im gesamten Kosmos, gleichermaßen wirken.

In solch einer geschlossenen, vollständig von Naturgesetzen determinierten Welt scheint kein Platz mehr zu sein für einen Gott. Die unternommenen Versuche, für Gott noch irgendwelche Lücken und unbesetzte Nischen zu suchen, ihm kleine Reservate im Herzen des Menschen zuzuweisen, im Gewissen, in der Seele oder in der Ordnung des Kosmos, sind erbarmungswürdig. Weder von solch einem Lückenbüßer-Gott noch vom ehemaligen Weltenherrscher spüren wir eine Wirkung. Gott scheint niemals irgendwo ins Weltgeschehen einzugreifen. Deshalb müssten wir ihn, wenn es ihn gäbe, eigentlich vor Gericht stellen, denn warum hat er nicht eingegriffen in Auschwitz? Warum lässt er Tsunamis, Sturmfluten, Erdbeben, Hochwasser und Vulkanausbrüche zu, bei denen die Menschen um ihr Hab und Gut gebracht werden und zu Zehntausenden sterben – Frauen, Kinder, Alte, die nichts verbrochen haben? Und die Mörder lässt er laufen.

Angesichts solcher Überlegungen liegt es nahe, die *Hypothese Gott* für erledigt zu halten. Und so leben und planen wir auch. Die Mehrheit von uns rechnet nicht ernsthaft mit einem Eingreifen Gottes in ihren Alltag oder in die Geschichte. Und die Erfahrungen des Alltags und mit der Geschichte geben uns recht. Die Sache mit Gott samt Auferstehung und Endgericht am Jüngsten Tag gehört wohl ins Reich der Mythen und damit ins Museum für ausgemusterte Ideen.

Aber ein Rest Unsicherheit bleibt. Aus diesem Rest saugen die Gläubigen die sichere Gewissheit, dass sie dereinst fröhlich auferstehen werden. Die Ungläubigen lachen darüber. Sie meinen ganz genau zu wissen, dass »natürlich« nach dem Tod alles aus sein wird. Über beide wundere ich mich gleichermaßen.

Wer die Auferstehung der Toten als Märchen abtut, weil er sich das nicht vorstellen kann, weil seiner Meinung nach alle bekannten Naturgesetze dagegen sprächen und weil es undenkbar sei, dass ein Gehirn, dessen gesamter Inhalt im Moment des Todes gelöscht ist, wieder in den Besitz der verlorenen Inhalte – Wissen, Gedächtnis, Erinnerung, Selbstbewusstsein, personale Identität und so weiter – gelange, erklärt sein begrenztes Vorstellungsvermögen und den aktuellen Stand der Wissenschaft zum absoluten Wahrheitskriterium und ist letztlich auch nur ein Gläubiger, wenn auch unter negativem Vorzeichen. Er verabsolutiert das Relative, Vorläufige, Zeitgebundene.

Die von vermeintlich hoher Warte auf die positiv Gläubigen herabblickenden Zeitgenossen würde ich gern einmal fragen, ob sie denn genau wissen, wovon sie reden, wenn sie sich auf »die Naturgesetze« berufen. Ich, beispielsweise, könnte mit meinem fast vergessenen Schulwissen zwar noch sagen, was das Plancksche Wirkungsquantum ist, aber schon beim Versuch, die Kopenhagener Deutung der Quantentheorie zu erläutern, käme ich ins Schlingern. Wenn ich erzählen sollte, wie Strings, Quarks und Gravitation im Elementarteilchen-Zoo zusammenhängen und welche Rolle die Heisenbergsche Unschärferelation dabei spielt, kapitulierte ich vollends. Und den Versuch, mich über die Jagd der internationalen Physikergemeinde nach der »Weltformel« auf dem Laufenden zu halten, unternehme ich erst gar nicht.

Wohl aber wundere ich mich jedes Mal, wenn ich einen Bericht aus dem Genfer CERN und anderen Teilchenbeschleunigern lese, über die seltsamen Vorgänge, über die da in einer höchst esoterischen Sprache von *Charm-Quarks, Strangeness* oder der *Cabibbo-Kobayashi-Maskawa-Matrix* berichtet wird. Ich wundere mich, dass man immer gigantischere Maschinen und immer gigantischere Energien braucht, um zu den immer kleineren Bausteinen der Materie vorzudringen. Ich wundere mich, dass diese allerkleinsten Wesenheiten auf das Innigste mit dem Allergrößten, dem Universum, verwoben sind und uns Aufschlüsse liefern über das Alter und die Entstehung des Weltalls. Und ich wundere mich, dass man über diese unsichtbaren, unvorstellbar kleinen, oft unvorstellbar kurzlebigen Elementarteilchen überhaupt noch Aussagen machen kann.

Die Bezeichnung Teilchen für solche bloß gemessenen Energieverteilungen führt ja in die Irre. Schon die Atome stellen wir

Laien uns unwillkürlich als so etwas wie zu Staub zerriebene Sand-körnchen vor, die wir gedanklich immer noch weiter verkleinern, bis letzte, kleinste, unteilbare Körnchen übrig bleiben, obwohl wir doch in der Schule gelernt haben, dass das Atom etwas anderes ist: eine Art Sonnensystem im Kleinen, bestehend aus Protonen und Neutronen im Atomkern, um den in einer Hülle die Elektronen kreisen. Also haben wir uns Protonen, Neutronen und Elektronen als kleinste unteilbare Körnchen vorgestellt und dann erfahren: Stimmt ebenfalls nicht. Was Teilchen genannt wird, ist nur noch Energie, elektromagnetische Strahlung, Welle, die mal mit, mal ohne Masse und mal mit, mal ohne elektrische Ladung im Raum schwingt, bestimmte »Energiezustände« herstellt, aber auch diese Zustände kann man sich noch als zusammengesetzt denken, aus weiteren Unter-Teilchen bestehend, die Quarks genannt werden und auf nachprüfbare Weise zusammenwirken.

Irgendwo auf diesem Weg vom allerkleinsten Staubkörnchen zum Quark steigen wir aus, versagt unser Vorstellungsvermögen, und wenn die Physiker trotzdem weiterhin von Atomteilchen sprechen, als handle es sich dabei um Dinge aus unserer Alltagswelt, dann tun sie das in dem Bewusstsein, dass sie in Wahrheit eigentlich nur noch über Messergebnisse reden. Was die Physiker »Teilchen« nennen, zeigt sich ihnen nicht mehr unmittelbar, nicht mehr direkt sinnlich wahrnehmbar, sondern nur noch indirekt als Spur gemessener und errechneter Zustände und Wahrscheinlichkeiten im Raum. Es ist eine Art Übergangsstadium zwischen dem Sein und dem Nichts, was da gemessen wird. Es sind nicht mehr Dinge, sondern Wirkungen, welche erst Dinge konstituieren. Elementarteilchen existieren nicht mehr materiell, aber auch nicht bloß virtuell, sie sind noch nicht völlig inexistent, aber Existenz im eigentlichen Sinn entsteht erst durch ihr geordnetes Zusammenwirken. Ein dynamisches System von Wechselwirkungen im subatomaren Bereich erzeugt seltsamerweise Atome, Materie, Leben, Bewusstsein, Existenz und Realität. Der kürzlich verstorbene Physiker und Philosoph Carl Friedrich von Weizsäcker spekulierte sogar, dass es sich bei den allerletzten, noch unterhalb der Elementarteilchen-Ebene wirksamen Zuständen nicht mehr um Energieverteilungen handle, sondern um Information, also letztlich um Geist.

Mit Überraschungen aus den Ringbeschleunigern unter der Erde sollte man also rechnen, mit einer endgültigen Klärung der Frage nach der Auferstehung aber eher nicht. Dieser anderen Sorte von »letzten Dingen« wird wahrscheinlich auch dann nicht beizukommen sein, wenn die Physiker bei ihrer Suche nach der »Weltformel«, der »großen vereinheitlichten Feldtheorie«, endlich fündig werden sollten. Sehr wahrscheinlich würde uns diese Weltformel eine neue überraschende Perspektive auf die Welt, den Kosmos und die Natur eröffnen, aber kaum eine Antwort auf unsere letzten Fragen.

Günstigstenfalls würde uns vielleicht zur Gewissheit, was wir längst vermuten: dass der gesamten Naturwissenschaft eine prinzipielle Erkenntnisgrenze gesetzt ist, die sie nicht überwinden kann, und dass ihr darum die Kompetenz fehlt, über unsere letzten Fragen zu entscheiden. Ausschließen können wir auch nicht, dass die Physiker einem Phantom nachjagen und irgendwann etwas ganz anderes finden werden als die Weltformel. Aber auch das wird uns vermutlich keine Antwort auf jene offenen Fragen liefern, die sich einem angesichts eines offenen Grabes zwangsläufig stellen.

Die Gottesfrage bleibt wohl bis zum Ende aller Tage offen, und mit ihr die Auferstehungsfrage. Darum ist es keinesfalls dumm oder naiv, sich für die Möglichkeit eines Schöpfers offen zu halten, der über das nötige »Totenerweckungs-Know-how« verfügt. Für intellektuelle Arroganz gegenüber Gläubigen gibt es keinen Grund.

Es gibt allerdings auch keinen Grund für gläubige Arroganz gegenüber Skeptikern und Ungläubigen. Diese Arroganz, die sich mit blindem Gottvertrauen und unerschütterlicher Glaubensgewissheit brüstet, die den Menschen in seinem Verlangen, das Unbegreifliche zu begreifen, das Unvorstellbare zu denken und das seinen Verstand Übersteigende zu verstehen, lächerlich und klein macht und die eigene intellektuelle Unredlichkeit und Denkfaulheit groß macht, verwechselt Glauben mit Nichtdenken. Sie bringt ihrem Glauben das Verstandesopfer, rechnet sich das auch noch als Verdienst an und öffnet damit aber nur jeglichem Aberglauben, jedem Sektierertum und auch noch dem aberwitzigsten Esoterikquatsch Tür und Tor, denn wie soll *wahrer Glaube* vom *falschen* unterschieden werden, wenn Denken verboten ist?

Diese religiös verbrämte Denkfaulheit ist derzeit im Gewand des Fundamentalismus gerade groß im Kommen und beansprucht dafür auch noch den verfassungsrechtlich verankerten Schutz der Religionsfreiheit. Man spricht von einer *Rückkehr der Religionen*, aber meist sind es nur Gespenster aus der Vergangenheit, die da wiederkehren, und darin liegt nichts Schützenswertes. Da wird nur die derzeitige Verunsicherung der Menschen ausgebeutet.

Gewiss, es ist nicht zu bestreiten: Der Optimismus der Aufklärer ist dahin. Unser Vertrauen in Aufklärung, Wissenschaft und Technik sinkt, und das Gefühl, wir Menschen hätten die Welt im Griff und könnten durch Planung, Forschung und Entwicklung die Welt nach von uns gesetzten Zielen gestalten, geht gerade scheinbar unrettbar verloren.

Scheinbar. Wir könnten unsere alte Zuversicht zurückgewinnen, wenn wir uns selbst über die Aufklärung aufklärten. Der Versuch wird hier in diesem Buch riskiert, weil draußen in der Welt gerade das Gegenteil geschieht. Draußen werden jetzt wieder die alten Heiligen Schriften hervorgekramt und gelesen. Dagegen wäre nichts zu sagen, wenn sie intelligent gelesen würden, aber sie werden auf dumme Weise gelesen, nach dem Motto: Hier steht es doch geschrieben, Wort für Wort, und darum bekennen wir …

Nur hilft uns das nicht weiter, denn erstens haben andere Kulturen auch ihre Heiligen Schriften, in denen anderes geschrieben steht, und zweitens ist heutzutage unter aufgeklärten Theologen vollkommen umstritten, was von dem Geschriebenen wörtlich genommen und was nur noch symbolisch oder gar nicht mehr verstanden werden kann. Es steht ja auch geschrieben, Gott habe die Welt in sechs Tagen erschaffen. Außer einigen hinterwäldlerischen Total-Fundamentalisten nimmt das heute niemand mehr wörtlich. Wenn es also biblische Aussagen gibt, die man heute anders verstehen muss, als sie früher verstanden wurden – woher weiß ich dann, welche Aussagen ich heute wie verstehen muss?

Angesichts dieser Lage muss man heute die Bibel und andere Heilige Schriften gleich vor zwei Gegnern in Schutz nehmen: vor den Atheisten und vor den Fundamentalisten. Niemand, kein

Atheist, kein Fundamentalist und kein anderer kann die Existenz Gottes beweisen oder widerlegen, und daher kann auch niemand aus Heiligen Schriften, gleich welcher Art, absolute Forderungen ableiten, die auf alle Menschen anzuwenden sind. Wohl aber darf man sich Hoffnungen machen. Ich weiß nicht, was nach dem Tod sein wird, aber ich hoffe, dass eben der Tod nicht das letzte Wort ist. Ich weiß nicht, ob ein Gott ist, aber ich hoffe, es sei einer, und ganz besonders hoffe ich, er sei so, wie ihn Jesus beschrieben hat und wie er in Jesus selbst aufscheint.

Solche Aussagen gehen. Diese kleine christliche Hoffnung verteidige ich gegen jene, die mein bisschen Hoffnung nun auch noch zum bloßen Wunschdenken verkleinern, daraus für sich intellektuellen Genuss ziehen und sich wegen ihres heroischen Verzichts auf jegliche Hoffnung zum Sisyphos emporstilisieren, der Steine wälzt. Dass sie ihr Leben als Steinewälzerei begreifen, dieses Tun als sinnlos erkennen und trotzdem nicht aufhören mit der Wälzerei, weil sie glauben, keine Alternative zu haben, ist in Ordnung. Ich akzeptiere auch noch, dass sie das sinnlose Wälzenmüssen als ihr Schicksal in »freier Entscheidung« annehmen und bejahen. Aber grenzwertig wird es für mich, wenn sie sich für diese Schicksalergebenheit auch noch feiern, und vollends auf meinen Widerstand treffen sie, wenn sie tatsächlich verlangen, sich Sisyphos als glücklichen Menschen zu denken.

Sinnlos Steine wälzen zu müssen, das mag ein Schicksal sein, aber bestimmt kein glückliches. Dem Unglücklichen dennoch nahezulegen, sich gefälligst glücklich zu fühlen, ist geradezu ein Hohn auf das Menschsein.

Ich für mein Teil ziehe es darum vor, mich meiner Hoffnung auf ein gutes Ende hinzugeben. Sollen es die Helden des Steinewälzens meinetwegen als Wunschdenken verachten und mich der naiven Träumerei bezichtigen, das ist mir egal, denn einmal, vor Jahrtausenden, war eine Gruppe von Unglücklichen dazu verdammt, in ägyptischen Steinbrüchen Steine zu wälzen und zu behauen für den pharaonischen Pyramidenbau. Statt sich ihren sinnlosen Verschleiß als Zugvieh für den pharaonischen Totenkult schönzureden und in ihren Beitrag zur Versteinerung der ägyptischen Kultur heroisch einen Sinn hineinzulügen, schrieen sie unheldisch, unglücklich und tierisch leidend zum Gott ihrer

Väter, flehten um Hilfe, träumten von einer gemeinsamen besseren Zukunft – und brachen aus, flohen in die Wüste, befreiten sich und versuchten, eine Welt aufzubauen, die nicht, wie in Ägypten, auf den Knochen und geschundenen Leibern von verskalvten Steinewälzern errichtet werden sollte. Sie wollten leben, wie man leben muss, damit das Leben aller gelingt, auch das des Geringsten unter ihnen.

Das alternative Leben dieser einstigen Sklaven, die in der Wüste zum Volk Israel wurden, zum auserwählten Volk Gottes, hat aus Gründen, auf die wir noch kommen, leider bis heute nicht die Welt hervorgebracht, wie sie von den Sklaven erträumt wurde. Aber der Traum und die Idee von Freiheit sind seitdem in der Welt. Allein schon deshalb ist es gut, dass die ägyptischen Sklaven ihr Leben im Steinbruch und in der Ziegelbrennerei als Fron empfunden haben statt als heldenhaft zu ertragende Sinnlosigkeit. Wir wüssten heute nichts von ihnen, wenn sie sich mit ihrer Zugvieh-Existenz abgefunden hätten.

Damals, am Grab meiner Mutter, hatte ich gedacht, wie anders ihr Leben wohl verlaufen wäre, wenn die Kirche im Verlauf zweier Jahrtausende ihre Zeit und ihre Macht genutzt hätte, um den erstmals in Ägypten geträumten Traum von Freiheit, Gleichheit, Brüderlichkeit zu realisieren.

Meine Mutter hatte kein schönes Leben. Ihre ganze Kindheit, ihre Jugend und auch noch ihr Erwachsenwerden waren, wie das Leben der meisten ihrer Zeitgenossen, überschattet von zwei Weltkriegen, zwei Geldentwertungen, millionenfachem Tod und Mord an den Juden. Schon als Kind leistete sie Schwerarbeit auf der Bauernhofklitsche ihrer Eltern, die zehn Kinder ernähren mussten. Obwohl sie in der Schule gut war, wurde die Möglichkeit einer weiterführenden Schule nicht einmal erwogen. Sie wurde im Kuhstall, auf dem Acker, in der Küche und auf der Weide gebraucht. Dann heiratete sie, und das Einzige, was sich in ihrem Leben änderte, war der Wohnort. Die Arbeit war dieselbe.

Drei ihrer Brüder hat sie im Krieg verloren, eine Schwester durch Krankheit, eine zweite durch einen Unfall. Ihr Leben war kärglich, das Essen knapp, Luxus gab es nicht. Mangelhafte Ernährung und einseitige Schwerarbeit ließen sie frühzeitig erkranken, sie musste aber trotzdem immerzu weiterarbeiten. Die Hälfte ihres Lebens litt sie unter Schmerzen und krankheitsbedingten Einschränkungen. Mit fünfzig, als die Bauernhof-Klitsche endgültig zu wenig abwarf, um davon leben zu können, und ihr Mann wegen Berufsunfähigkeit Frührentner wurde und hundert Mark Rente bekam, musste sie sich noch als Fabrikarbeiterin verdingen und die Familie ernähren. Sie hatte, wie mein Vater, und wie viele ihrer Generation, nicht viel Freude im Leben.

Der Gedanke, dass dies alles gewesen sein soll für meine Mutter und deren Zeitgenossen, erscheint mir unerträglich. Und noch unerträglicher wird mir dieser Gedanke, wenn ich an die Millionen Kriegstoten und die ermordeten Juden denke, an die schier unendliche Kette derer, die seit dem Beginn der Geschichte unter noch unwürdigeren Bedingungen leben und sterben mussten, und an jene, die es jetzt gerade tun, während ich gut lebe und ihnen nicht helfen kann. Immer schon, von Beginn an, ist die Mehrheit der Menschen geschunden und geplagt, von den Reichen ausgebeutet, von den Mächtigen unterdrückt und in Kriegen verheizt worden für Ziele, die nicht die Ziele der Verheizten waren. Und wo sie diesem Schicksal entgingen, wurden sie Opfer von Krankheiten, Seuchen, Hunger, Durst, Pogromen oder Naturkatastrophen.

Was hat das alles für einen Sinn ohne eine ausgleichende Gerechtigkeit im Jenseits? Da können die Atheisten noch so oft sagen, dass wir selbst es seien, die dem Leben einen Sinn geben müssen. Ich kann dem verpfuschten Leben der Toten nicht nachträglich einen Sinn verleihen. Ich kann nicht einmal den jetzt lebenden Armen und Elenden einen Sinn einstiften, diese können es auch selber nicht, und darum kann ich es auch nicht für mein Leben.

Aber natürlich: Daraus folgt nicht, dass es die ausgleichende Gerechtigkeit gibt. Wir können sie nur erhoffen und müssen zugleich der Möglichkeit ins Auge sehen, dass wir vergeblich hoffen, unsere tatsächliche Existenz sinnlos ist, und wer darüber nicht verzweifelt, ist irgendwie nicht normal.

05 – Das Gebet, die Not, der Tod
und ein gebrochenes Versprechen

Paten und Eltern versprechen bei der Taufe, ihre Kinder christlich zu erziehen. Dieses Versprechen haben meine Frau und ich kaum erfüllt. Auch das ging mir durch den Kopf, als wir meine Mutter beerdigten. Wir haben unseren Kindern nicht unseren Glauben weitergegeben, sondern unsere Bildung, und mit ihr unsere Zweifel, unsere unbeantworteten offenen Fragen. Taufen ließen wir unsere Kinder weniger in der Hoffnung, dass sie einmal glauben werden, als wegen des Wunsches, dass sie etwas von den Fundamenten unserer Kultur mitbekommen.

Die Bibel ist das zentrale Buch dieser Kultur. Ihr Fundament ist christlich gebaut. Wer die Bibel nicht versteht und vom Christentum nichts weiß, versteht Europa nicht, versteht Amerika nicht und versteht nicht, was mit *westlicher Wertegemeinschaft* eigentlich gemeint ist. Westliche Kunst, Musik und Literatur wurzeln im Christentum und sind ohne ein Grundwissen über die Bibel kaum zu entschlüsseln. Ich wollte, dass meine Kinder nicht nur von mir etwas über Bibel, Glaube, Christentum hören, sondern auch von Pfarrern, anderen Gläubigen, im Kindergarten, in der Schule und später im Religionsunterricht. Ich hätte nichts dagegen gehabt, wenn meine Kinder dadurch gläubig geworden wären, aber vor allem ist es mir darum gegangen, dass sie wissen und verstehen.

Ich habe meine Kinder auch nicht, was meine Christenpflicht gewesen wäre, gelehrt zu beten. Sie bekamen ihre Gutenacht-Geschichten abends am Kinderbett. Aber ein Gutenacht-Gebet hatte ich ihnen nicht beigebracht. Es wäre verlogen gewesen, wenn ich's getan hätte, denn ich selbst habe mit dem ernsthaften Beten aufgehört, als ich zwölf oder dreizehn Jahre alt war. Ich erinnere mich noch so genau daran, weil dieses Aufhören die Folge eines einschneidenden Erlebnisses war.

In Schönberg, dem fränkischen Dorf nahe Nürnberg, wo ich geboren wurde und zur Schule ging, hatte ich im Religionsunterricht ein paar Jahre lang einen jungen, modernen Pfarrer, Otfried Vanhoefer, der es gut verstand, uns Kindern die biblischen Geschichten nahezubringen. Seit er in Schönberg wirkte, freute ich mich auf den Religionsunterricht und ging an jedem Sonntag gerne in den Kindergottesdienst.

Aber dann hieß es plötzlich, er sei krank, und nur wenige Wochen später lag er, noch nicht mal vierzig Jahre alt, aufgebahrt in unserer Kirche. Ich sehe mich noch, wie ich in der vollbesetzten Kirche von der Empore herab fassungslos auf den Sarg blickte und während der ganzen Trauerfeier innerlich zu Gott flehte: Weck ihn auf. Lass ihn aus dem Sarg steigen. Er hat eine junge Frau und einen kleinen Sohn. Wenn du der gnädige, allmächtige und barmherzige Gott bist, von dem mir dieser Pfarrer und meine Mutter immer erzählt haben, dann mach' ihn jetzt wieder lebendig. Zeig' mir und allen, dass es dich wirklich gibt. Lass ein Wunder geschehen, so wie früher, als Jesus den Lazarus erweckte und du deinen Sohn Jesus.

Der Sargdeckel blieb zu. Mein Pfarrer wurde begraben, und die Zweifel, die sich in jenem Alter sowieso von selber melden, bekamen einen ungeheuren Schub. Warum lässt Gott so einen Mann sterben, und andere, die alt, krank und seit vielen Jahren leidend beten, endlich sterben zu dürfen, lässt er nicht sterben? Was hat Beten für einen Sinn, wenn der liebe Gott sowieso immer macht, was er will? Hört er einen überhaupt? Wie kann er sich in jeder Sekunde auf Millionen Beter gleichzeitig konzentrieren?

Ich fragte meine Mutter, die wusste keine Antwort, fragte den neuen Pfarrer, der wusste keine Antwort. Alles, was sie sagten, lief auf die Auskunft hinaus, dass Gott sich von unseren Bitten nicht zwingen lasse, seine Wege seien unerforschlich, und dass dieser junge Pfarrer sterben musste, habe gewiss einen höheren Sinn, der aber uns Menschen verborgen bleibe.

Da hörte ich auf zu beten. Später probierte ich es wieder ein paar Jahre lang. Dann gab ich es auf. Bis heute. Und auch künftig werde ich wohl nicht mehr beten.

Ich komme gar nicht mehr auf die Idee zu beten. Einmal, Jahrzehnte später, als meine Frau zwölf Stunden auf dem Operationstisch lag und alles möglich war, die Rettung, die Querschnittslähmung und der Tod, blitzte der Gedanke ans Beten kurzzeitig auf, aber nur, um sofort verworfen zu werden. Über zwanzig Jahre hatte ich schon nicht mehr gebetet. Mehr als zwei Jahrzehnte lang, in denen es mir gut gegangen war, hatte ich für das Beten keinen Grund gesehen; warum sollte ich es gerade jetzt tun? Weil Not beten lehrt? Eben deshalb gerade nicht.

Und außerdem: Die Theologen haben doch längst die Bibel und den ganzen Volks- und Aberglauben entmythologisiert, auch das Gebet. Danach kann man die Wirkung des Gebets auf den Nenner bringen: Nützt nichts, aber schaden tut es auch nicht. Kein Theologe sagt es so platt, aber auf diese Plattheit laufen all ihre Erklärungen hinaus, wenn man sie von den theologieüblichen Verschleierungen und Wissenschaftlichkeit vortäuschenden Komplizierungen befreit und über die Rücksichten auf die Kirche und religiöse Gefühle hinweggeht.

Zwar weist mancher Pfarrer gelegentlich darauf hin, dass man nicht glauben solle, mit dem Gebet Gottes Willen beeinflussen zu können, aber die meisten lassen ihre Schäflein doch lieber in dem Glauben, sie könnten es. Und die meisten Schäflein beten, weil sie sich genau das – eine magische Zauberspruch-Wirkung, ein günstiges Schicksal – von ihren Gebeten erhoffen. Sie bitten um Gesundheit, Heilung, einen Job, den Lottogewinn, einen Ehepartner, gute Geschäfte, für ihre Kinder, den Opa oder einfach nur um Glück. Sie hängen sich ein Kreuz um den Hals und ein Kreuz über die Tür und glauben, es schütze vor Unglück. Eine ganze Religionsindustrie lebt von der Vorstellung, man könne durch Wallfahrten, Prozessionen, Opfergaben, Jakobswegpilgerei, Fürbitten, Gebete, gestiftete Kerzen, Spenden, aufgehängte Kreuze oder Kirchenbesuche Gott günstig stimmen, seine schützende Hand auf sich und das eigene Leben lenken oder gar Wunder erzwingen.

Wenn es so wäre, wie soll man sich den weiteren Vorgang vorstellen? Was soll Gott tun, wenn der Mittelstürmer des FC Sevilla vor dem Spiel gegen Espanyol Barcelona Gott genauso inständig um einen Sieg bittet wie der Libero von Barcelona? Was tat Gott in jenen Jahrhunderten, in denen die Feldgeistlichen Krieg führender Nationen für das Schlachtenglück beteten?

Und wenn jemand vor einer Operation bittet, er möge sie heil überstehen – stellt sich der Beter vor, Gott lenke die Hand des Chirurgen? Vielleicht wäre es klüger, sich zu fragen, warum man

Gott ausdrücklich bitten muss. Hilft Gott nur dem, der am lautesten schreit, am heftigsten betet, die schönsten Worte findet? Warum lässt er sich überhaupt bitten? Warum lässt er es mit einem überhaupt so weit kommen, dass man unter's Messer muss? Er hätte doch beispielsweise meiner Frau die Tortur einer zwölfstündigen Operation ersparen können, wenn er zuvor das Wachstum eines Tumors verhindert hätte. Lässt er den Tumor extra zu dem Zweck wachsen, damit man um Hilfe bittet? Will er damit Unglauben bestrafen? Und wenn er meint, strafen zu müssen, warum straft er dann so oft die Harmlosen, und die wirklichen Verbrecher kommen ungeschoren davon?

Schon Hiob war weiter als die heutige katholische Volksfrömmigkeit und die heidnisch-abergläubische Lourdes-Gläubigkeit. An die einfache Mechanik – wenn wir tun, was Gott gefällt und immer artig beten, geht es uns gut, und wenn wir tun, was Gott missfällt, geht es uns schlecht – glaubte Hiob nicht mehr. Er fragte: *Warum leben denn die Gottlosen, werden alt, groß und stark? … Ihre Häuser sind in Frieden, ohne Furcht; die Rute Gottes schlägt sie nicht. … Sie verbringen in Wohlfahrt ihre Tage …, und doch sprechen sie zu Gott: Hebe dich weg von uns; der Erkenntnis deiner Wege fragen wir nichts nach! Was sollten wir dem Allmächtigen dienen, und was nützt es uns, ihn anzurufen? Der eine stirbt im Vollbesitz seines Glücks, vollkommen ruhig und sorglos; seine Tröge fließen über von Milch, und das Mark seiner Gebeine wird getränkt. Der andere aber stirbt mit betrübter Seele und hat nie Gutes geschmeckt: Gemeinsam liegen sie im Staube, und Gewürm bedeckt sie beide.*

Hiob hatte erkannt: Von Gott kommt das Gute, und von ihm kommt das Böse. Er hilft, und er versagt einem die Hilfe. Ein System ist nicht zu erkennen. Es herrscht die reine Willkür. Würfelt Gott?

Auch Jesus war weiter als heutige Gesund- und Wunschbeter. Auch er unterschied das Gebet von abergläubischen Beschwörungsformeln und der heidnischen Vorstellung, Gebete seien ein Mittel, um sich Gott gefügig zu machen. Darum lehrte er seine Jünger zu beten: *Dein Wille geschehe* – Gottes Wille, nicht meiner, soll geschehen.

Aber geschieht der nicht sowieso? Warum sollte ich ausdrücklich darum bitten? Vielleicht, um mir selbst immer wieder den

Unterschied zwischen christlichem Gebet und heidnischer Göt-
terbeschwörung ins Bewusstsein zu rufen. Aber wenn ich das
einmal verstanden habe, warum sollte ich es täglich im Gebet
wiederholen? Und wenn Gott nie antwortet auf meine Gebete –
praktiziere ich dann nicht letztlich nur eine besondere Form des
Selbstgesprächs?

In der Not sei Gott den Menschen besonders nah, sagen die
Frommen. Darum lehre die Not beten. Mich nicht. In der Not
verschließe ich meine Lippen noch fester. Ich spüre nichts von
einer besonderen Gottesnähe, wenn es mir schlecht geht, will auch
gar nichts davon spüren, und dass Jesus am Kreuz gelitten hat,
hilft mir gar nicht, wenn ich selber leide. Wenn es mir gut geht,
möchte ich die Nähe Gottes spüren, damit ich jemanden habe,
dem ich danken kann, obwohl ich mir natürlich denke, dass Gott
für mein Glück genauso wenig die Ursache ist wie für mein Unglück. Dennoch: So etwas wie den Hauch einer Nähe zu Gott
hatte ich immer nur in besonders intensiven Glücksmomenten
gespürt. Im Unglück nie.

Als die Operation meiner Frau vorbei war und der Arzt sagte,
»alles gut verlaufen«, da war ich glücklich, da habe ich vielleicht
sogar einen stillen Dank in den Himmel geschickt. Aber so richtig dankbar war ich vor allem den Ärzten und den Krankenschwes-
tern.

In der Kirche, wenn ich wegen eines offiziellen Anlasses – Taufe, Konfirmation, Hochzeit – an einem Gottesdienst teilnehme
und alle das *Vater unser* sprechen oder das Glaubensbekenntnis,
murmle ich mit, aber fühle mich nicht wohl dabei. Deshalb
schweige ich auch manchmal. Dabei fühle ich mich aber auch
nicht wohl.

Einige der theologischen Fragen, die ich früher meinen Kindern nicht beantworten konnte, kann ich ihnen heute beantworten, und einige weitere kann ich heute besser beantworten als
früher, aber die Frage nach dem Gebet gehört nicht dazu. Ich
weiß bis heute nicht, warum ich beten sollte, weiß auch nicht,
warum ich mich zum Beten eigens ins stille Kämmerlein oder in
eine Kirche, Kapelle oder einen sonstigen sakralen Raum begeben sollte, und warum ich, wenn ich schon Gott nicht zu bitten
vermag, ihn wenigstens loben sollte. Wozu braucht er, der Schöp-

fer, das Lob seiner Geschöpfe? Ich klopfe doch auch meinem Chef nicht auf die Schulter. Und mein Vater wäre sich sehr komisch vorgekommen, wenn ich ihn täglich gelobt und gepriesen hätte.

Von heidnischen Zaubersprüchen zum recht verstandenen christlichen Gebet ist es offenbar ein weiter Weg. Vielleicht bin ich ja noch unterwegs dahin. Bis dahin beruhigt mich, dass, wie ich weiß, andere für mich beten. Ich hoffe, es hilft.

06 – Hier stehe ich und weiß nicht weiter

Darf ich meine Kinder mit meinen eigenen Glaubenszweifeln und Unsicherheiten belasten? Ist es in Ordnung, ihnen kein Kindergebet beizubringen, nur weil man selber nicht mehr an die Kraft des Gebets glauben kann? Und ist es nicht widersprüchlich und halbherzig, sie trotzdem taufen zu lassen, in den Religionsunterricht zu schicken und zur Konfirmation?

Nicht erst am Grab meiner Mutter gingen mir diese Fragen durch den Kopf. Schon immer hatte mich die Frage beschäftigt, ob es denn gut und richtig sei, Kindern prinzipiell immer die Wahrheit zuzumuten und sie damit vielleicht zu überfordern.

Hätte ich sie nicht einfach von Anfang an fröhlich belügen sollen, so, wie man ihnen eine Zeit lang auch vorschwindelt, an Weihnachten käme das Christkind, ein paar Wochen vorher der Nikolaus und im Frühling der Osterhase? Was denn wäre eine Kindheit ohne Christkind, ohne Nikolaus und ohne Osterhasen?

Kinder leben in märchenhaften Phantasiewelten. Was gibt uns das Recht, sie da herauszureißen? Um sie an die Realität zu gewöhnen? Diese kommt doch ganz von selbst auf sie zu, meist früher, als uns lieb ist.

Mir wurde durch die »wahren« Geschichten meiner Mutter ein unerschütterliches Gott- und Selbstvertrauen eingepflanzt und eine Kindheit ermöglicht, die frei von Angst war und in der ich mich geborgen fühlte. Wäre es nicht meine Pflicht gewesen, diese gute Erfahrung an meine Kinder weiterzugeben? Hätte ich meinen Kindern die Geschichten, denen ich nicht mehr glaubte, als »wahr« verkaufen sollen, um ihnen jene Sicherheit und Geborgenheit zu vermitteln, die ich mit meiner Kindheit verbinde?

Diese Fragen hatten sich mir erstmals gestellt, als unser erstes Kind zu sprechen begann. Mehr instinktiv als reflektiert hatte ich damals entschieden, meinem Kind nichts zu erzählen, was ich nicht selber glaube. Ein paar Jahre später kamen mir dann Zweifel an der Weisheit dieser Entscheidung, aber da war die Sache schon nicht mehr zu korrigieren.

Damals hatte ich für die Bischöfe und Pfarrer Verständnis, weil diese – nach meinem Eindruck – instinktiv oder absichtlich ihr theologisches und sonstiges Wissen vor den einfachen Gläubigen ihrer Gemeinde verbergen, um sie zu schonen und nicht »unnötig« zu verunsichern oder zu überfordern. Von der modernen Theologie, dem Ertrag der historisch-kritischen Forschung und der Brisanz manch theologischer Positionen bekommt das normale Kirchenmitglied in seiner Gemeinde daher bis heute kaum etwas zu hören, und auch im Religionsunterricht wird die Sache meist mehr oder weniger elegant umschifft. Wenn es den Glaubensbeamten schon nicht mehr gelingt, Glauben zu wecken, so wollen sie wenigstens vermeiden, ohnehin vorhandene Zweifel auch noch zu nähren. Man will Zuversicht, Trost und Orientierung vermitteln, seine Schäflein in Sicherheit wiegen und ihnen das Gefühl von Geborgenheit nicht rauben.

Man kann das verstehen. Es ist gut gemeint. Und dennoch falsch, weil es unwahrhaftig ist. Es grenzt an Zynismus, mit seiner Gemeinde das Glaubensbekenntnis zu sprechen, aber so gut wie jedes Wort für sich selbst erheblich anders zu verstehen, als es die Mehrzahl der Gemeindemitglieder versteht. Viele fragen sich sowieso, ob der Pfarrer tatsächlich alles selber glaubt, was er da vorn spricht, oder ob er es nur sagt, weil er es als Pfarrer halt sagen muss. Und viele würden es vielleicht als erlösend erleben, wenn der Pfarrer mal sagen würde: Also dieses und jenes, das bezweifle ich auch.

Deshalb habe ich inzwischen meine Zweifel über meine Zweifel überwunden. Wenigstens in diesem Punkt bin ich mir heute sicher: Es war richtig, meinen Kindern nichts vorzulügen. Es ist in Ordnung, sie jener Halbherzigkeit und Widersprüchlichkeit auszusetzen, der man selber ausgesetzt ist. Es ist besser, ihnen von meinen eigenen Zweifeln, Unsicherheiten und Ratlosigkeiten zu erzählen, als ihnen ein Lügengebäude aufzutischen, denn zwischen meiner Mutter und mir gibt es einen großen Unterschied. Sie hatte selbst geglaubt, was sie mir erzählte.

Ich kann heute nicht mehr glauben, was sie mir erzählte, und es eben darum nicht mehr eins zu eins weiterreichen an meine Kinder. Hätte ich es trotzdem getan, hätte ich ihnen irgendwann, spätestens jetzt, da sie 14 und 17 Jahre alt sind, gestehen müssen, dass ich selber nicht glaube, was ich ihnen als »wahr« verkauft habe. Und bei ihnen wäre angekommen: Bei diesem ganzen biblischen Gesumms handelt es sich um eine Art Osterhasengeschichten – ein hübsches Spiel, gut für Kinder, nützlich für die Erziehung, wertvoll für die Bildung, aber unbrauchbar für das Erwachsenenleben und darum jetzt und künftig nicht mehr weiter ernst zu nehmen.

Hier kann man nun einwenden, die biblischen Geschichten seien doch von solch einer Tiefe, dass es nichts schade, sie Kindern als Kindergeschichten zu erzählen. Die Kinder entdeckten im Lauf ihrer Entwicklung ganz von selbst die weiteren und tieferen Dimensionen dieser Geschichten, hörten und läsen sie also immer wieder neu und wüchsen von selbst in ein erwachsenes und tieferes Verständnis der Texte hinein.

Das ist eine Illusion. Um in die biblischen Texte hineinzuwachsen und sie in ihrer ganzen Tiefe auszuloten, braucht es eine regelmäßige Beschäftigung mit ihnen und die kontinuierliche Teilnahme an einem Gemeindeleben. Das ist bei den Kindern von Viva und MTV, Nutzern von Chatrooms und Besitzern von iPods nicht mehr zu realisieren. Das in der Bibel Erzählte hat auch kaum noch Berührungspunkte mit dem Leben heutiger Kinder und Jugendlicher, ist ohne geschichtliches und theologisches Hintergrundwissen nicht auslotbar, und außerdem weiß ich von mir selbst und weiß es von meinen Kindern – irgendwann kommt die Frage, die allein Kinder und Jugendliche interessiert: Ist das denn alles wahr? Und dann kann man ihnen nicht mit der Pontius-Pilatus-Gegenfrage kommen, was Wahrheit sei, dann hat man Farbe zu bekennen. Die Kinder fragen nicht nach verschiedenen Dimensionen der Wahrheit, nicht nach verschiedenen hermeneutischen Verstehensprinzipien alter Texte, nicht nach deren literarischer Wahrheit, nicht nach Interpretationen und symbolischen oder tiefenpsychologischen Deutungen, nein, sie stellen die glasklare Frage: Ist das wirklich so passiert? Hat es sich in Raum und Zeit ereignet? Hätte man es filmen können? Darauf erwarten sie eine Antwort.

Und dann möchte ich den sehen, der stramm antwortet: Jawoll, Jesus ist wirklich auf dem Wasser gelaufen, und wenn es damals schon Camcorder gegeben hätte, hätte man das filmen können. Oder: Jawoll, Jesus hat wirklich Wasser in Wein verwandelt, und wenn es damals schon Reporter gegeben hätte, wären sie auf Zeitzeugen gestoßen, die übereinstimmend zu Protokoll gegeben hätten, vorher sei in den Krügen Wasser gewesen und hinterher bester Wein.

Meine Mutter hatte es so gesagt und so geglaubt. Immer noch wird es so geglaubt von vielen Zeitgenossen unter den zwei Milliarden Christen, die auf der Welt leben, und noch vor wenigen Jahrhunderten haben es fast alle Christen so geglaubt. Für sie waren die biblischen Aussagen historische Aussagen, und im Mittelalter galten sogar die naturwissenschaftlichen Aussagen als wahr. Erst für uns wissenschaftsgläubige Aufgeklärte sind die biblischen Texte nur noch Glaubenszeugnisse, Sagen, Mythen und Legenden von historisch zweifelhaftem Wert, und es sind nicht Atheisten, die so reden, sondern Theologen, aber in den Gemeinden spricht man kaum darüber.

Da ich es mir aus diesen Gründen versagt hatte, die alten Texte meinen Kindern als Osterhasengeschichten zu erzählen, kommt jetzt bei ihnen an, dass es Fragen gibt, mit denen man nicht spielt, weil sie Gewicht haben und daher ernst genommen werden müssen und lieber ehrlicherweise unbeantwortet bleiben, als um eines ehrbaren Zieles willen falsch beantwortet werden. Wenn wir unseren Kindern schon keine handfesten Antworten mehr zu geben vermögen, dann müssen wir ihnen wenigstens ein Gefühl für die Bedeutung und die Schwere der Fragen geben, und dazu das Rüstzeug, um in ihrem Leben selber nach ihren eigenen Antworten zu suchen. Das immerhin haben meine Frau und ich versucht. Seit unsere Kinder sprechen können, sprechen wir mit ihnen auch über diese schwergewichtigen Fragen, auch heute noch und wohl auch künftig. Mehr können wir im Augenblick und wohl auch künftig nicht tun.

07 – Der andere Jakobsweg

Was wirklich zählte in meiner Kindheit, war die Arbeit, körperliche Arbeit. Und die Einzigen, die wirklich zählten, waren die, die es durch Tüchtigkeit und Fleiß »zu etwas gebracht hatten«.

Das lutherische Dorf namens Schönberg, in dem ich während der fünfziger und sechziger Jahre am Fuß des Moritzberges in der Fränkischen Alb heranwuchs, war eigentlich calvinistisch. Ich habe nie herausgefunden, woran das lag und wie das kam. Die Kirchengemeinde gehörte und gehört heute noch zur evangelischen Landeskirche Bayern, aber das, was ich später über den Calvinismus lernte, beschrieb exakt das Leben in jenem fränkischen Dorf.

Eines der in Kirche, Schule und Elternhaus am meisten gehörten und darum prägendsten, fast die gesamte dörfliche Realität bestimmenden Sprichwörter meiner Kindheit lautete: *Müßiggang ist aller Laster Anfang.* Und der in Todesanzeigen und auf Grabsteinen am häufigsten gebrauchte Spruch lautete: *Müh' und Arbeit war sein Leben, treu und fleißig seine Hand.* Als ich einmal in Gesellschaft Erwachsener bemerkte, dasselbe könne man über einen Ochsen auch sagen, war meine Mutter nahe daran, mir eine Ohrfeige zu geben.

Gemäß dieser Einstellung zum Leben verlief die Erziehung von uns Dorfkindern. Mit uns ist nie ein Vater oder eine Mutter ins Museum gegangen, in ein Konzert, ins Theater, eine Ausstellung, ins Kino oder gar in die Oper. Für »so etwas« hätte niemals irgendjemand eine Notwendigkeit gesehen. Das wäre ja »hinausgeschmissenes Geld« gewesen. Von uns Kindern wurde erwartet, dass wir uns nützlich machten und möglichst früh einen nützlichen Beruf erlernten.

Nützlich waren Bauern, Handwerker, Tierärzte, Arbeiter, Lehrer, Ärzte und Pfarrer – in dieser Reihenfolge. Schriftsteller? Schauspieler? Sänger? Gar Maler oder Tänzer? »So etwas braucht man nicht« (O-Ton meine Mutter).

Schon Lesen, vor allem tagsüber, wo man im Stall oder auf dem Feld zu stehen hatte, war Müßiggang. Dass meine Mutter vormittags gern den Fortsetzungs-Roman in der Zeitung las, betrachtete sie als heimliches Laster und bereitete ihr ein schlechtes Gewissen. Wenn sie in der Küche verstohlen las und hörte, dass mein Vater von draußen ins Haus kam, legte sie rasch die Zeitung weg, sprang auf und begann, geschäftig mit den Töpfen zu klappern.

Dass ich ebenfalls gerne las, erfüllte meine Mutter mit Sorge. »Aus dir wird nie was Rechtes, wenn du immer nur liest und herumlungerst«, pflegte sie zu sagen. Und wenn ich ein paar Häuser weiter zu einem Freund gehen wollte, sagte sie: »Bind' dir wenigstens eine blaue Schürze um, damit die Leute denken, dass du was arbeitest.« Noch im hohen Alter, als sie schon längst allein als verwitwete Rentnerin ihr Haus bewohnte, stand meine Mutter morgens zwischen sechs und sieben auf, zog die Rolladen hoch und legte sich dann wieder schlafen – die Leute sollten denken, die alte Nürnbergerin ist längst aufgestanden und rührig und fleißig und tätig, wie es sich gehört.

Wer seinen ererbten Besitz vermehrte, war angesehen im Dorf. Wer verkaufte, gar verkaufen musste, war unten durch. Viele Kleinbauern, die eigentlich längst hätten verkaufen müssen, weil ihre Klitschen nicht mehr genug Ertrag abwarfen, um ihre Familien zu ernähren, verkauften aus diesem Grunde nicht, sondern gingen tagsüber in die Fabrik, um den dort verdienten Lohn sogleich wieder bei der Baywa abzuliefern für Saatgut, Kunstdünger, Chemie, landwirtschaftliches Gerät und vor allem für die viel zu großen Maschinen, mit denen sie abends und am Wochenende ihre kleinen Felder bearbeiteten. Die Kühe und Schweine mussten tagsüber von den Ehefrauen versorgt werden. Wenn auch das nicht mehr half, rettete manche der Verkauf eines als Baugebiet ausgewiesenen Ackers. Die ganze Plackerei war nicht sehr sinnvoll, nährte aber die Illusion, trotz Fabrikarbeit noch Bauer zu sein, und war verbunden mit der Illusion, ein freier Mensch zu sein, obwohl doch alle längst am Tropf der staatlichen Subventionen hingen.

Auch meine Eltern haben dieser Illusion angehangen. Auch sie hätten es als Schande betrachtet, ihren ererbten »Hof« – vielleicht zwanzig Hektar Land – zu verkaufen, und die Karriere, die für mich vorgesehen war, war Nebenerwerbs-Landwirt. Ich sollte tagsüber ins nahe gelegene Lauf in die Fabrik gehen, in der Freizeit den Hof bewirtschaften und mir eine tüchtige Frau suchen, die mir dabei zur Hand geht.

Ich wusste schon mit 13, dass ich das nicht wollte, habe die Arbeit auf dem Acker gehasst, wollte lieber lesen, studieren, mehr über Gott und die Welt erfahren. Die Sache mit Gott war tatsächlich ein wesentliches Motiv für meinen jugendlichen Wissensdurst und Bildungshunger. Darum fuhr ich eines Tages nach Lauf und meldete mich für die Realschule an. Die Unterschrift meiner Eltern hatte ich gefälscht. Als ich es ihnen beichtete, konnten und wollten sie es auch nicht mehr ändern. Was hätte das für ein Gerede auf dem Dorf gegeben, wäre das bekannt geworden!

Überhaupt das Gerede. Wer geht mit wem? Wer hat welches Mädchen »angebrannt« (vorehelich geschwängert)? Wer heiratet? Wer »muss heiraten«, weil ein Kind unterwegs ist? Das, aber auch weit intimere Details wurden von den dorfbekannten »Ratschkatln« öffentlich durchgehechelt. Darum war, was die anderen Leute über einen sagten und wie sie es sagten, eine der größten Sorgen jedes einzelnen Dörflers, und besonders die Mütter achteten darauf, dass ihre Kinder keinen Anlass für schlechtes Gerede boten.

In dieser Hinsicht blieb meiner armen Mutter nichts erspart. Jahrelang wurde über mich im Dorf erzählt, woran ich mich selber nicht erinnern kann: Als ich vier oder fünf Jahre alt war, soll mich der Herr Pfarrer auf der Straße gefragt haben, ob ich denn schon ein paar Lieder singen könne, jetzt, wo ich doch bald in die Schule komme. Daraufhin soll ich ihm ein schreckliches Gossenlied vorgesungen haben, und weil ich dieses Lied schon öfter vor anderen Erwachsenen zum Besten gegeben hatte – daran kann ich mich erinnern, darum spricht einiges dafür, dass die Geschichte stimmt – und dafür jedes Mal mit einem »Fünferl«, »Zehnerl« oder gar mit zwanzig Pfennigen belohnt und mit Beifall bedacht wurde, soll ich den Herrn Pfarrer am Schluss gefragt haben, was er mir dafür gebe. Dafür könne er mir nun leider gar nichts geben, soll der Herr Pfarrer entsetzt geantwortet haben, worauf ich dem Herrn Pfarrer das Götz-von-Berlichingen-Zitat entboten haben soll.

In meiner Kindheit gab es noch richtige Waschweiber, die am »Badbrunnen« ihre Wäsche wuschen und sich dabei natürlich unentwegt Geschichten erzählten, auch die vom kleinen »Christala« und dem Herrn Pfarrer. Der größte Nährboden für Dorfgeschichten aber waren die Hopfenfelder. Im Herbst strömten die Bauern mit Verwandten und Tagelöhnern zu Dutzenden in die Felder, um den Hopfen zu ernten. Da saßen die Hopfenzupfer tagelang in großen Gruppen beisammen und erzählten einander unablässig Geschichten über die nicht anwesenden Dorfbewohner, und eine der beliebtesten war die Geschichte über mich. Sie wurde jedes Jahr aufs Neue immer wieder aufgewärmt. Und sie starb wohl erst aus, als sich der letzte Bauer aus dem Hopfenanbau verabschiedete.

Die Inhalte der Dorfgespräche speisten sich aus dem Leben der anderen, das aber hauptsächlich aus einer zweiten, das dörfliche Leben prägenden Realitätssicht wahrgenommen wurde: dem Wettbewerb. Wer hat den größten Hof, am meisten Wald, das größte Haus, am meisten Vieh, den stärksten Traktor? Wer bestellt am zeitigsten sein Feld, hat als Erster das Heu in der Scheune, den Weizen gedroschen, die Kartoffeln geerntet? Wer macht durch Heirat »eine große Partie«, soll heißen, wer heiratet sich reich? Wer holt den größten Ertrag aus seinem Boden? Und wer ist immer der Letzte, der Kleinste, der »Lumpertste«? Darum ging's.

Nach einer Taufe, Trauung oder Beerdigung begab man sich am darauffolgenden Sonntag auch und vor allem deshalb in die Kirche, um zu erfahren, wie hoch die Kollekte war. Weil alle das wussten, warf man als betroffene Familie bei solchen Gelegenheiten nicht die üblichen Münzen in den Klingelbeutel und den Opferstock, sondern Scheine. Man ging bis an die eigene Schmerzgrenze der Spendenbereitschaft. Gerade deshalb, weil jeder nach seiner Kraft den Klingelbeutel und Opferstock bediente, war die Höhe der Kollekte bei einer Taufe, Trauung oder Beerdigung ein zuverlässiger Indikator für den Wohlstand der betreffenden Familie.

Sparsamkeit, die sich bis zur Knausrigkeit und zum Geiz entwickelte, galt als hohe Tugend. Aber wenn es um die öffentliche Selbstdarstellung einer Familie ging, beispielsweise bei einer Hochzeit, durfte man »sich nicht lumpen lassen«. Da kam es zu potlatsch-artigen Exzessen.

Je »größer« die Hochzeit, das heißt, je mehr Gäste geladen wurden, und je mehr es zu essen und zu trinken gab, desto besser. Und es gab gewaltige Mengen. Nicht nur Hochzeitssuppe und Schweine- *oder* Kalbsbraten, sondern Schweine- *und* Kalbsbraten, das war das Mindeste. Normal waren dreierlei Braten, Schwein, Kalb und Rind. Wurde aber zusätzlich auch noch Sauerbraten angeboten, möglichst vom Reh, und gab es hinterher Schnaps und Zigarren, dann war das der vielversprechende Auftakt einer richtig großen Hochzeit. Ein paar Stunden später Kaffee und vielerlei Torten und Kuchen, zum Abendessen Schnitzel und um Mitternacht Leberknödelsuppe und Bratwürste mit Sauerkraut und Kartoffelsalat, und das alles nicht nur für die eigene weitläufige Verwandtschaft, sondern oft auch noch für die Feuerwehr, die Spalier gestanden hat, und für den Gesangverein, der gesungen hat.

Wichtig für das Dorfgespräch war auch, was die Braut »ausgeworfen« hatte. Während der Trauung in der Kirche versammelten sich draußen die Kinder des Dorfes zum »Grapschen«. Gegrapscht wurde nach den Münzen, die von der Braut nach der Trauzeremonie unterm Kirchenportal in die Menge geworfen wurden. Je länger sie auswarf, je mehr Silbermünzen sich darunter befanden, desto mehr stieg ihr Ansehen, und wenn auch etliche Zweimarkstücke zum Einsatz kamen, wurde das aufmerksam registriert und im kollektiven Dorfgedächtnis gespeichert.

Konfirmationen und Trauungen waren immer die schrecklichsten Tage für die Frauen des Dorfes. An ihnen hing nicht nur die Vorbereitung, Planung und Organisation des Festes, sie mussten obendrein auch noch massenhaft Kuchen backen. Nur der kleinere Teil der zwei bis drei Dutzend Torten und Kuchen pro Familie wurde für die Kaffeetafel der Festgäste gebacken, der größere Teil diente der Beschenkung der Schenker. Wer mit einem Geschenkpaket ins Haus kam, zog mit einem Kuchenpaket wieder ab. Und es kamen viele, denn jeder im Dorf hatte Kinder, war bei deren Taufe, Konfirmation oder Hochzeit schon einmal beschenkt worden und musste sich nun revanchieren. Alle Mütter speicherten fast über ein ganzes Leben lang, wer ihren Kindern was geschenkt hatte und welche Gegengeschenke dafür fällig gewesen waren.

Bei den Kuchengaben hatte man eine ansehnliche Auswahl an verschiedenen Torten, Obst- und Napfkuchen zu bieten, und stets die größte Sorge war, dass der Schenker von den anderen Familien mit mehr und besserem Kuchen bedacht wurde. Alle Frauen des Dorfes stöhnten über diese Kuchenorgien. Alle sagten, man solle aufhören mit diesem Blödsinn, aber wenn dann die Konfirmation des eigenen Kindes heranrückte, konnte die Mutter herunterschnurren, wann sie wie viel Kuchen von wem bekommen hatte, als sie selbst die Schenkerin war, und jetzt könne man doch unmöglich die anderen Schenker mit, wie es vielfach vorgeschlagen wurde, einer *Flasche Piccolo,* einer *Packung Kellergeister* oder ein paar Flaschen *Kleine Reblaus* abfertigen. Nein, es gab kein Entrinnen, man konnte nicht einfach aussteigen aus dem System, und, wenn die Frauen ehrlich waren, sie wären auch sehr enttäuscht, wenn sie im Folgejahr bei der Abgabe ihrer Geschenke keinen Kuchen mehr bekämen. Die Schenker legten allergrößten Wert auf ihre Kuchenpakete. Und sie verglichen sie durchaus nach Größe, Aufwand und Qualität.

Immerzu wurde verglichen. Wie viele Kränze, Schalen, Gestecke nach einer Beerdigung auf dem Grab lagen, wer einen Kranz gestiftet hatte und wer nur eine Schale. Ob es eine »große Leich« mit vielen Teilnehmern war oder nur eine kleine. Wer das Familiengrab ordentlich pflegt und wer nicht. Wer den teuersten Grabstein hat und wer den billigsten.

Der Glaube als Ganzes spielte im Alltag kaum eine Rolle. Die Kirche gehörte halt dazu. Man ging in den Gottesdienst, um vom Pfarrer und den anderen gesehen zu werden, ein bisschen auch in der Hoffnung, dass es einem »oben« als Verdienst angerechnet wurde und mit einer guten Ernte oder wenigstens dem Schutz vor Unglück »vergolten« wurde. Man ließ seine Kinder taufen, konfirmieren und kirchlich trauen, weil es so der Brauch war. Das gehörte sich so, hatte aber im Leben der Dorfbewohner keine tiefere Bedeutung.

Für die heranwachsenden Dorfjungen war der Präparanden- und Konfirmanden-Unterricht, der sich über zwei Jahre hinzog, vor allem eine Gelegenheit, den Pfarrer zu ärgern. Auch das war der Brauch. Die verschiedenen Pfarrer, die dort im Lauf der Zeit ihren Dienst versahen, haben sich mit diesen Bräuchen und dem Leben auf dem Dorf allesamt mehr oder weniger gut arrangiert.

Im Grunde genommen ist das ganze Dorfleben von Bräuchen,

den kirchlichen Festen, der Arbeit, dem Wettbewerb und der sozialen Kontrolle zusammengehalten worden. Diese fünf Konstituenten sorgten dafür, dass jeder immer jederzeit wusste, was er zu tun und zu sagen und zu lassen hatte. Die Bräuche, Sitten und ungeschriebenen Gesetze waren ein Korsett, das natürlich oft genug als sinnloser Zwang erlebt wurde, waren aber auch eine Stütze, die dem Leben der einfachen Menschen einen Halt gegeben und eine äußere Haltung verliehen hatte, die mit der inneren nicht unbedingt übereinstimmen, ja nicht einmal vorhanden sein musste. Die erzwungene äußere Haltung sorgte für den Zusammenhalt und ein funktionierendes Dorfleben.

Was passiert, wenn man sich von diesem Korsett befreit oder es den Leuten einfach abhandenkommt, ohne dass sie den Willen oder die Möglichkeit haben, eine eigene innere Haltung zu entwickeln, kann man in jenen Straßen und Vierteln unserer Städte beobachten, in denen unsere Sozialhilfe-Dynastien leben, und überall dort, wo sich Verwahrlosungsphänomene zeigen, auch auf dem Dorf.

Darum bin ich heute dankbar und froh, dass es dieses Korsett auf meinem Dorf gegeben hat, als ich Kind war. Ohne diese dorfüblichen Gepflogenheiten, ohne die vier Säulen, auf denen ein Dorf ruht – Rathaus, Wirtshaus, Schulhaus, Pfarrhaus – hätte ich vermutlich nie ein Gefühl für Heimat entwickelt, wäre mir vermutlich nie vermittelt worden, dass ich Teil eines größeren Ganzen bin, für das ich Verantwortung zu übernehmen habe. Und ohne das dorfübliche Konventional-Christentum hätte ich vermutlich nie etwas von Gott erfahren, wäre ich nie mit der Bibel in Berührung gekommen, weil schon meine Mutter nichts davon gewusst hätte. Damit hätte mir einer der wichtigsten Anlässe für eine lebenslange geistige Auseinandersetzung gefehlt, und ich wäre ein ganz anderer Mensch geworden, vermutlich einer, der unsicherer, orientierungsloser, dümmer durchs Leben gegangen wäre.

Insofern waren meine Kindheit und Jugend auf dem Dorf samt Taufe und Konfirmation in der Jakobuskirche, von heute aus betrachtet, die erste Station meines ganz persönlichen Jakobswegs. Mein weiterer Weg durchs Leben war in erheblichem Maß von dem bestimmt, was ich in jenem Dorf namens Schönberg, das heute zur Stadt Lauf an der Pegnitz gehört, erlebte und erfuhr.

Und dass ich den Lebensweg jedes Einzelnen als dessen eigenen und eigentlichen Jakobsweg begreife, ist der Grund, warum ich nicht das dringende Bedürfnis verspüre, den geografischen Jakobsweg abzuschreiten. Wandern ist ja ganz schön. Aber das kann man überall tun.

Lauf hat zwei Bahnhöfe, die »Lauf links der Pegnitz« und »Lauf rechts der Pegnitz« heißen. Läuft man links oder rechts der Pegnitz einige Kilometer flussabwärts, erreicht man einen Nürnberger Vorort namens Laufamholz. Die Gegend ist offenbar ein guter Ort, um dort seinen Lauf durch das Leben zu beginnen, bietet aber keine Gewähr gegen Umwege, Sackgassen und Holzwege. Lübeck, Goch, Jung-Bunzlau, Ulm, Hückeswagen, Hirrlingen, der Rennsteig, Santiago de Compostela oder was auch immer sind daher ganz bestimmt ebenfalls sehr gute Startpunkte. Hauptsache ist, dass man weiß, woher man kommt, wo man sich gerade befindet und wohin man will. Und dass man mindestens über einen Punkt verfügt, an dem man sich orientieren kann.

Einer der ältesten Orientierungspunkte liegt übrigens im Orient. Aber darauf kommen wir noch.

Ich wusste nicht, wie mir geschah. Es war eine prägende Erfahrung für das Leben, im Guten wie im Schlechten, die Erfahrung nannte sich harmlos und unverfänglich *Konfirmandenfreizeit,* und dank ihrer habe ich mich Jahrzehnte später im »wiedergeborenen« George W. Bush vielleicht ein wenig besser ausgekannt als die meisten deutschen Journalisten.

Zu verdanken habe ich die Erfahrung einem älteren Pfarrer-Ehepaar, das Mitte der sechziger Jahre in dem calvinistischen Arbeiter- und Bauerndorf meiner Kindheit die Nachfolge jenes jung verstorbenen Pfarrers antrat, für den ich vergeblich gebetet hatte. Sie hatten als Missionare in China gearbeitet. Und sie waren irgendwie anders als die vier oder fünf Pfarrer, die ich bis dato in der eigenen und in benachbarten Gemeinden kennen gelernt hatte. Die neuen Pfarrersleute blieben viele Jahre in unserem Dorf, ich glaube, über ein Jahrzehnt, aber sie waren nie so integriert wie die anderen, wurden nie so beliebt wie ihre Vorgänger und Nachfolger, da ist über all die Jahre hinweg immer eine Distanz, ein Rest von Fremdheit geblieben.

Der neue Pfarrer konfirmierte uns, rund ein Dutzend Jungen und Mädchen. Es war mit den Eltern abgemacht, dass wir nach der Konfirmation auf eine Freizeit geschickt werden sollten, Jungen und Mädchen getrennt, die Jungs zu »irgendwas Kirchlichem vom CVJM« (Christlicher Verein junger Männer), die Mädchen zu einem Verein namens EC (Entschiedenes Christentum), worunter sich die Älteren eine Art evangelischer Landjugend vorstellten. Niemand im Dorf, weder die Eltern noch wir Konfirmanden, wussten genau, was das sein sollte. Von Sport und Spiel war die Rede, auch von Bibellese und Vertiefung des Konfirmanden-Unterrichts.

Die Eltern dachten: Kann nicht schaden. Bei der Kirche sind sie gut aufgehoben, jedenfalls besser als im Wirtshaus.

Wir dachten: Endlich kommen wir mal raus aus unserem Kaff. Das Wort Urlaub kannten wir damals, Mitte der sechziger Jahre, nur vom Hörensagen. Kinder und Jugendliche, die mit ihren Eltern verreisten, gab es so gut wie nicht. Der Dorfschul-Lehrer und ein paar wenige gut verdienende Angestellte, die reisten im Winter zum Skifahren in die Alpen und fuhren in den großen Ferien in die »Sommerfrische«.

Unseren Eltern dagegen, den Bauern, Arbeitern, kleinen Beamten und Angestellten, war der Gedanke völlig fremd, nur für's Schlafen in einem fremden Bett Geld auszugeben. Für so was »macht man doch kein Geld kaputt«. Außerdem haben Bauern sowieso keinen Urlaub – wer soll denn die Tiere versorgen? Und die Arbeiter, die in die Fabrik gingen, nutzten ihren Urlaub für Reparaturen am Haus, den Bau eines Kaninchenstalls oder die Pflege des Gartens. Oder sie halfen den Bauern bei der Ernte und bekamen dafür Geld und Naturalien. Man war schließlich nicht zum Vergnügen auf der Welt.

Uns aber, den Konfirmanden, wurde nun das Vergnügen einer Freizeit gegönnt. War ja nur für eine Woche. Und kaum 60 Kilometer von der Heimat entfernt, in einem Ort namens Penzberg.

Dort trafen wir in dem CVJM-Heim auf fünf oder sechs andere Konfirmandengruppen aus anderen Dörfern und Marktflecken, insgesamt 40 bis 50 Jungen und leider kein einziges Mädchen. Ich hatte mich damals jeden Tag in ein anderes Mädchen aus unserem Dorf verliebt, hatte im Prinzip schon alle durch, daher wäre es schön gewesen, nun auf dieser Freizeit neue Bekanntschaften zu machen. Statt dessen steckte ich in einem schwer pubertierenden Jungenshaufen, der in Schach gehalten wurde von Herrn Häberlein, einem kleinen kompakten CVJM-Sekretär Anfang vierzig, dem drei oder vier sechzehnjährige Helfer zur Hand gingen.

Die Tage begannen mit der Morgenandacht und einem Morgenlied – *Die güldne Sonne, voll Freud und Wonne* –, zu dem uns Häberlein oder einer der Helfer auf der Gitarre begleitete. Dann Frühstück, danach anderthalb Stunden Bibelarbeit. Zwischendurch sangen wir fromme und weniger fromme Lieder. Bis zum Mittagessen gegen eins Sport – Indiaca, Volleyball, Fußball. Nachmittags Geländespiele, Schnitzeljagden, danach wieder Bibelarbeit. Abends nach dem Essen Siegerehrungen mit Urkunden, Spiele – Reise nach Jerusalem etc., Ratespiele, Quiz, Gesang.

Ich weiß nicht mehr, was uns der Herr Häberlein alles erzählte. Es war nicht langweilig. Wir hörten ihm alle gut zu, niemand störte. Niemand kasperte rum. Er hatte die Jungensmeute gut im Griff. So etwas wie »Pfarrer ärgern« war nicht.

Ich weiß nur noch, dass ich mindestens drei Tage gebraucht hatte, um zu verstehen, worum es eigentlich ging, warum ich hier bin, warum die anderen hier sind. Wir hatten wohl alle so etwas wie eine Fortsetzung des Religions- und Konfirmanden-Unterrichts mit anderen Mitteln erwartet. Nun merkten wir: Wir sollten bekehrt werden. Niemand hatte uns davon etwas gesagt. Darauf waren wir nicht vorbereitet. Es war wie ein Überfall.

Alles drehte sich um Jesus, um unsere kleinen Sünden, die plötzlich ganz groß erschienen, vor allem die Onanie, die »Selbstbefleckung«. Hier verlangte Herr Häberlein Triebverzicht, eiserne Disziplin, empfahl Sport und kalte Duschen als Gegenmittel, und vor allem: »Nach dem Aufwachen gleich raus aus dem Bett, nicht lange herumliegen.« Und von den Mädchen sollten wir uns fernhalten, um der Mädchen willen. Sie seien verletzlich, schützenswert, ehrenwert. Gewiss dürfe man sich »irgendwann in ein paar Jahren« in ein Mädchen verlieben, aber auch dann komme es auf »Zucht« an in dieser Beziehung, auf Reinheit. Die geschlechtliche Liebe sei der Ehe vorbehalten, und die Pubertät sei die Vorbereitungszeit darauf.

Er wisse, es sei schwer, während dieser Zeit »rein zu bleiben«, eben deshalb sei es so wichtig, umzukehren und sein »Leben Jesus zu übergeben«. Er, der Herr, werde einem die Kraft geben, jede Bewährungsprobe zu bestehen.

Beichte, Buße, Umkehr, Bekehrung – ihm sei klar, sagte Herr Häberlein, dass wir große Hemmungen verspürten, dieses Wagnis auf uns zu nehmen. Er wisse genau, wie jeder von uns jetzt mit sich ringe, und dass viele zwar innerlich längst bereit seien zu diesem Schritt, sich aber nicht trauten, ihn zu gehen. Das sei ganz normal, denn natürlich sei dort, wo es um die Rettung junger Seelen durch Hinführung zu Jesus gehe, einer ganz besonders heftig zugange: Satan, »der Widersacher«, der mit seinen Krallen jeden Einzelnen festzuhalten und mit aller Kraft zu verhindern suche, »dass ihr seinem Machtbereich entkommt«. Ja, der Teufel sei hier mitten unter uns, dessen sollten wir uns bewusst sein. Er stehe mit uns am Morgen auf und gehe mit uns in der Nacht zu Bett. Aber es bestehe kein Grund zur Furcht, denn ein anderer, Stärkerer, sei ebenfalls hier: Jesus. »Darum, Junge, entscheide dich, zeig dem Teufel, dass du stärker bist als er, weil Jesus stärker ist.«

Mit dieser Aufforderung endete, vom ersten Tag an, jede Bibelstunde. Dazu machte Herr Häberlein das Angebot, mit ihm unter vier Augen alle Probleme zu besprechen, die einen plagen, seine Sünden zu beichten oder eine Generalbeichte abzulegen und seinem ganzen Leben einen neuen Kurs zu geben.

Danach wurden wir aber noch nicht entlassen. Jetzt musste noch gebetet werden, von Einzelnen, die wollten, in freier Formulierung.

Herr Häberlein hatte uns auch erzählt, wie er zu Jesus gekommen war. Im Krieg. Als Panzergrenadier in Russland habe er jeden Tag immer nur gebetet: »Lieber Herr Jesus, halte du unseren Panzer in deiner schützenden Hand.« Und Jesus habe es getan. Die meisten aus seiner Einheit hätten den Krieg nicht überlebt. Er als einer der ganz Wenigen aber schon. »Gott hat mich beschützt. Deshalb habe ich nach dem Krieg mein Leben ganz in den Dienst für Gott gestellt. Deshalb stehe ich hier.«

Auch einige der jugendlichen Helfer haben »ein Bekenntnis abgelegt« und während der Bibelstunde erzählt, wie sie selber vor zwei, drei Jahren auf einer Freizeit Bammel gehabt hatten, das Gesprächsangebot des Freizeitleiters anzunehmen, was für schlimme Finger sie damals gewesen sind – »geraucht, Bier getrunken, faul in der Schule gewesen, onaniert, immer in der Disco mit Mädchen rumgemacht, den ganzen Tag nur Fußball gespielt, den armen Eltern Anlass zu tiefer Sorge gegeben, der Mutter nie geholfen« – und wie sie dann aber all ihren Mut zusammengefasst, alles erzählt und ihr Leben Jesus übergeben hatten, sich anschließend wie neugeboren, ja wiedergeboren, fühlten und seitdem glücklich sind und erleben, wie ihnen »mit Jesus« in der Schule, im Elternhaus und generell im Leben plötzlich alles gelingt. Und darum sollten wir uns auch überwinden, unserer inneren Stimme folgen, zu Herrn Häberlein gehen, ihm alles sagen und fortan ein Leben mit Jesus führen.

Niemand aus meiner Konfirmandengruppe ist da hingegangen. Ich auch nicht. Aber zu unserem Erstaunen haben es etliche der anderen getan. Immer wieder, bis zuletzt, standen nun einige aus der Gruppe bei den Bibelarbeiten auf und sagten, dass sie ihr Leben Jesus übergeben hatten.

Die Gebete am Schluss dauerten von Tag zu Tag länger. Besonders die frisch Bekehrten legten sich ins Zeug und beteten mit geschlossenen Augen und gesenktem Kopf für die noch nicht Bekehrten, die noch mit sich und dem Satan rangen, aber auch für die »Verstockten«, die sich fest im Griff des »Widersachers« befanden. Ein 14jähriger Rabauke, der mir tags zuvor beim Fußball gegen das Schienbein getreten hatte, betete jetzt: *Lieber Herr Jesus, ich möchte mein Leben dir übergeben, bitte hilf mir dabei.* Einer, der beim Volleyball jeden als Arschloch bezeichnete, der ihm in die Quere kam, betete: *Herr, ich danke dir, dass ich hier sein darf, und bitte dich: Lass alle, die hier sind, zu dir kommen.* Ein dritter: *Jesus, ich danke dir, dass du mich angenommen und mir alle meine Sünden vergeben hast. Und ich bitte dich, vertreibe Satan aus diesem Haus, damit alle, die hier sind, ihr Leben dir übergeben können.* Und ich betete jedes Mal im Stillen: *Herr, lass diese Orgie zu einem raschen Ende kommen.*

Es war, als ob die Wiedergeborenen eine Persönlichkeitswandlung durchgemacht hatten, allerdings nur vorübergehend, denn später, bei den Mahlzeiten, wurden sie wieder normal. Und beim Volleyball war ich fast erleichtert, als ein frisch bekehrter Rüpel zu seiner bewährten Gossensprache zurückfand, in welcher er mich wegen eines von mir gemachten Fehlers übel beschimpfte und fürchterliche Flüche ausstieß.

Ein bisschen erinnerten mich die verwandelten Wiedergeborenen an die Dialekt sprechenden, schimpfenden, räsonierenden, fluchenden, übelste Witze erzählenden Honoratioren unseres Dorfes, die, wenn sie bei offiziellen Anlässen – Parteiversammlungen, Vereinssitzungen, Einweihungen, Trauerfeiern, Sängerfesten etc. – eine Rede halten mussten, schlagartig zu würdevollen Amtspersonen mutierten, ihre Alltagspersönlichkeit abspalteten, nach der Schrift zu sprechen und sich gewählt auszudrücken versuchten, und dabei Vokabeln benutzten und falsch aussprachen, die nicht ihrem Wortschatz entstammten. Nach dem Ereignis, spätestens im Wirtshaus, fanden sie dann wieder zur gewohnten Normalität zurück.

Die meisten, die das lesen, werden jetzt sagen: Ist ja schrecklich. Grauenhaft.

War es auch. Aber nicht nur. Zumindest für mich hatte es auch eine andere, mein weiteres Leben verändernde Seite, weil es mich geistig herausforderte, Denkprozesse in Gang setzte.

Wir Konfirmanden sind, wie schon alle Generationen vor uns, durch Taufe und Konfirmation ganz konventionell hineingeschlittert in eine äußerlich christliche Sozialisation. Wir sind Christen geworden, wie es der Brauch war in unserem Dorf, nicht aus tiefer innerer Überzeugung, sondern aus Konvention.

Mir hatte das schon immer Unbehagen verursacht. Immer schon hatte ich gedacht: Wenn das wahr ist, was der Pfarrer sagt, müsste ich, müssten wir auf unserem Dorf und in der Welt ganz anders leben und einschließlich des Pfarrers ganz andere Menschen sein. Die Kluft zwischen dem, was in der Kirche verkündet und draußen gelebt wird, habe ich schon früh empfunden, und sie beschäftigt mich bis heute.

In dieser Hinsicht verlieh der Herr Häberlein einer Sache Worte, die ich bisher nur als Gefühl mit mir herumtrug. Mehr als einmal betonte er, dass das übliche, oberflächliche, bloß äußerliche Konventions-Christentum nicht viel wert sei. Monoton wiederholte er: »Jesus will dich ganz haben, mit Haut und Haaren, und du kannst dich nur ganz für oder ganz gegen ihn entscheiden, dazwischen gibt es nichts.« Und dann kam der Satz, den ich in den Folgejahren noch oft hören sollte, der sich mir tief eingeprägt hat, und auch dieser Satz verfolgt mich bis heute: *Sei entweder ganz SEIN, oder lass es ganz sein.* Sei entweder heiß oder kalt, aber nicht lau. Die Lauen wird Jesus ausspeien, heißt es.

Herr Häberlein hatte eine Sehnsucht in mir geweckt, die Sehnsucht nach etwas ganz anderem, nach Gutsein, mit sich selbst im Reinen sein, nach Sinn, Orientierung, Gewissheit, nach einem eindeutigen, klaren, geordneten, radikalen und für eine Sache entschiedenen Leben. Ich hatte genau das richtige Alter, um dafür ansprechbar zu sein. Oft saß ich sinnierend allein am Ufer der Pegnitz und träumte mich in eine große Zukunft hinein, aber nach dem Aufwachen stellte ich jedes Mal fest, dass ich keinen blassen Schimmer davon hatte, wie ich den Weg von meinem Dorf aus in diese Zukunft finden sollte. Es gab auch niemanden, den ich um Rat hätte fragen können.

Da geriet ich nun an diesen Herrn Häberlein, der genauestens zu wissen schien, was gut sei für mich und welchen Weg ich einzuschlagen hätte. Und so kindlich-naiv, wie er seinen Glauben verkündete, hatte er die Hoffnung geweckt, mir vielleicht doch meinen Kinderglauben bewahren zu können. In ihm erlebte ich erstmals ein gestandenes Mannsbild, das ganz kindlich an Gott glaubte. Sollte ich es dann nicht auch können? Und steht nicht geschrieben: Wenn ihr nicht werdet wie die Kinder …?

Noch etwas hatte mich beeindruckt. Wir Jungen wurden von Herrn Häberlein ernst genommen wie von keinem anderen Erwachsenen in unserem Dorf. Auch wenn das, was er mit uns anstellte, Züge von Manipulation, Indoktrination, Gehirnwäsche und moralischer Aufrüstung in sich trug, handelte er in völliger Unschuld, ohne böse Absicht. Er meinte es gut mit uns. Er stand nicht im Dienst einer Ideologie oder Partei oder Sekte, um ausbeutbares Menschenmaterial zu akquirieren, sondern war durchdrungen von seinem Glauben, mit dem er gute Erfahrungen gemacht hatte, und diesen Glauben und diese Erfahrungen wollte er mit den ihm zur Verfügung stehenden Mitteln an uns weitergeben. Er wusste, dass junge Menschen unseres Alters nach Halt und Orientierung suchen, und das meinte er uns bieten zu können, ja bieten zu müssen, aus Liebe zu den Menschen, besonders zu den jungen. Eine reife, verantwortungsbewusste Liebe zu jungen Menschen, das konnte man ihm nicht absprechen, dem Herrn Häberlein.

Dass ich trotzdem nicht zu ihm hingegangen bin, um »mein Leben Jesus zu übergeben«, hatte damit zu tun, dass ich die ganze Zeit über gespürt hatte, dass etwas nicht stimmt. Nicht nur die seltsamen Persönlichkeitswandlungen der bekehrten Fußballrowdies stimmten mich unbehaglich. Nicht nur die mir fremde Sprache hielt mich auf Distanz. Allein schon dieses Wort, »sein Leben Jesus zu übergeben« – ich stellte mir vor, wie ich nach Hause käme und im Dorf verkündete, »mein Leben Jesus übergeben« zu haben. Das ganze Dorf hätte sich auf dem Boden gewälzt vor Lachen. Schon deshalb verbat es sich, »mein Leben Jesus zu übergeben«.

Aber da war noch mehr. Damals, auf der Freizeit, hätte ich nicht sagen können, was es ist, erst später war ich in der Lage zu fragen: Das mit dem Panzer – geht das nicht auf atemberaubende Weise am wirklichen Christsein vorbei? Nur für sich selbst und seinen Panzer hatte er gebetet, der Herr Häberlein. Es gab nur ihn und Gott auf dieser Welt und in diesem ganzen verdammten Krieg. Keine Fürbitte für die anderen, für den Feind, die Gefallenen, die Angehörigen der Gefallenen, ein baldiges Ende des Krieges? Offenbar nicht. Und wenn doch, dann hatte der Herr Häberlein nichts davon erwähnt, konnte ihm also nicht so wichtig gewesen sein.

Nach dem Krieg ein Leben mit Jesus, aber sonst keine weiteren Konsequenzen? Keine Reflexionen über das Ungeheuerliche, das sich in jenen zwölf Jahren in Deutschland und in den Konzentrationslagern abgespielt hatte? Kein Nachdenken über die Ursachen, über Rassenwahn, Nationalismus, Faschismus, die deutsche Geschichte, den deutschen Untertanengeist, die autoritäre Erziehung?

Die meisten Deutschen hatten in den ersten zwei Jahrzehnten nach Kriegsende aus der jüngsten Vergangenheit kaum Konsequenzen gezogen. Sie wollten nicht darüber reden, nicht daran erinnert werden. Sie wollten vergessen, den gerade entstehenden Wohlstand genießen, auf ihre Wiederaufbauleistungen stolz sein. Insofern war der Herr Häberlein vermutlich auch nur ein ganz normaler Deutscher, in dessen Leben die bewussten zwölf Jahre abgehakt waren und keine größere Rolle mehr spielten.

Falls es aber anders gewesen sein sollte, dann hatte er uns auf jener Freizeit nichts davon erzählt. Die Onanie und deren verderbliche Folgen stellten für ihn ganz offensichtlich das größere Problem dar. Und wahrscheinlich dachte er auch ganz einfach: Wenn sich die Leute zu Jesus bekehren, dann werden sie auch gegen alle künftigen Hitlers gefeit sein.

Am Ende dieser Freizeit war mir nicht recht klar, zu welchen Änderungen denn ein Leben führt, das Jesus übergeben wurde. Was sollte die Konsequenz daraus sein? Wir waren weder Diebe noch Mörder noch Alkoholiker oder Drogensüchtige. Was konnten wir schon groß ändern an unseren kleinen normalen Jungenleben im Deutschland der sechziger Jahre? Nicht mehr schwindeln, nicht mehr den Pfarrer und die Lehrer ärgern, auf seine Wortwahl achten, besser in der Schule aufpassen, den Eltern Freude machen – das war eigentlich schon alles, was wir hätten ändern können. Ach ja, und keine »Selbstbefleckung« mehr.

Darauf zu verzichten war das Einzige, was mir wirklich schwer gefallen wäre. Aber von mir war das ja nicht zu fordern, schließlich zählte ich nicht zu den Bekehrten. Oder irgendwie doch?

09 – Evangelisch in Franken – frisch, fromm, fröhlich, unfrei

Wieder zuhause sahen wir das Pfarrer-Ehepaar in ungeahnten Schwierigkeiten. Ein paar Jungs aus unserer Gruppe hatten offenbar während der Freizeit nach Hause geschrieben, dass wir in Penzberg »nichts zu essen« bekämen. Das war Quatsch, ich hatte Knaben erlebt, die beim Frühstück zehn Marmeladenbrote verschlangen, aber nun standen die Eltern auf der Matte.

Ich wusste nicht, wer das warum geschrieben hatte, aber heute kann ich mir denken: Es war Notwehr. Die Urheber der Lüge waren offensichtlich mit der Situation überfordert, weil sie nicht darüber sprechen konnten, und sie konnten nicht darüber sprechen, weil wir Dorfjungs nicht gelernt hatten, unsere Gefühle wahrzunehmen, geschweige denn sie verbal auszudrücken. Ich kann mich auch nicht erinnern, dass wir uns untereinander über das, was uns da täglich widerfuhr, unterhalten hatten. Jeder war mit sich selbst beschäftigt und still in sich gekehrt.

Die geistige Nahrung, die uns dort geboten wurde, schmeckte wohl einigen nicht. Also verweigerten sie die Nahrungsaufnahme, flüchteten in ein geistig-geistliches Fasten, und daraus formulierte das Unterbewusstsein: Wir kriegen hier nichts zu essen. Das wurde nach Hause berichtet. Herr Häberlein hätte es vermutlich mit »Verstocktsein« erklärt, der Teufel wird da wohl am Werk gewesen sein.

Damals war ich zu solch einer distanzierten Betrachtungsweise natürlich nicht in der Lage. Ich war nur aufrichtig empört über diese Essenslüge und stellte die Sache öffentlich richtig.

In diesem Moment hatte ich das Herz der Pfarrfrau für immer für mich gewonnen. Wahrscheinlich hielt sie mich für einen Bekehrten. Auch das war mir damals in dieser Klarheit nicht so bewusst wie heute.

Die Pfarrfrau, Maria Dietrich, baute aus der von der Freizeit heimgekehrten männlichen und weiblichen Konfirmandengruppe einen evangelischen Jugendkreis auf, brachte uns das Gitarrespielen bei, hielt Bibelstunden, setzte uns in der Gemeindearbeit und im Gottesdienst ein. Weit mehr als die Hälfte beteiligten sich daran und arbeiteten bis zum 18. Lebensjahr und weit darüber hinaus in der Gruppe mit. Die Gruppe wuchs, weil auch die nachfolgenden Konfirmandenjahrgänge zu den nämlichen Freizeiten geschickt wurden und irgendwie verändert zurückkehrten. Nicht alle. Etliche kamen zurück und blieben fern, gingen ihre eigenen Wege und wurden uns fremd und wir ihnen. Aber ein großer Teil blieb bei uns hängen. Aus der Dietrich-Gruppe gingen im Lauf der Jahre immerhin drei gestandene Pfarrer für die bayerische Landeskirche hervor – und ich, der abgesprungene Theologe, der heute nicht mehr, wie einst als Dorfbauernbub, den Pfarrer ärgert, sondern die Bischöfe.

Von der Pfarrfrau, die mich liebgewonnen hatte, wurde ich von Anbeginn mit Führungsaufgaben betraut und zu ihrem Petrus gemacht. Die Rolle gefiel mir, ich ging ein und aus im Pfarrhaus, sang Soli in der Kirche, wurde strebsam und fleißig in der Schule, bezähmte den Drang zum anderen Geschlecht zwar nicht ganz, aber stärker als vorher, und das ganze Dorf wunderte sich über »das Christala«, das einst dem Pfarrer Berthold den Götz-von-Berlichingen-Gruß entboten haben soll. Meine Mutter war endlich zufrieden.

Natürlich hatte ich viele Fragen an Frau Dietrich. Und sie wusste immer eine Antwort. Aber selten eine, die mich restlos befriedigte. Bald schon wurde mir das ganze Programm zu eng, ich ging innerlich auf Distanz, aber blieb dabei.

Bibel und immer wieder Bibel, Jesus hat dich lieb und Jesus rauf und runter, Gebets-Schablonen, Gesprächs-Schablonen, Bekehrungs-Schablonen, Klampfe und Jesus-Kitsch-Lieder, Besuche bei anderen frommen Grüppchen, Pfingsttreffen und Zeltlager im oberfränkischen Bobengrün, Pfadfindertum, Wallfahrten zu einer evangelischen Communität namens Christusbruderschaft im oberfränkischen Selbitz, Kontakte zu einem Verein namens EC (Entschiedenes Christentum), Einladungen zu Vorträgen und Versammlungen einer Organisation namens Evangelische Allianz, und das alles bei trockenem Kuchen, dünnem Kaffee und Pfefferminztee. Dazu immer wieder haarsträubende Wunder- und Gebetserhörungsgeschichten nach dem Muster: Unsere Kirchengemeinde hat dringend einen VW-Bus gebraucht, wir haben darum gebetet, und vierzehn Tage später wurde uns einer geschenkt.

Es war eine kleine, enge, primitivgläubige, ängstlich gegen »draußen« abgeschottete Welt, in der man die Bibel wörtlich nahm, autoritätshörig war, an Wunder glaubte und stets auch mit der rührigen Aktivität des »Widersachers« rechnete, der in jedem stecken konnte, der nur mal kritisch fragte oder spöttisch grinste. Vorehelicher Geschlechtsverkehr war Sünde. Onanie war Sünde, Homosexualität war Sünde, Disco und Tanz waren auch nicht gut angeschrieben, und im Alkohol steckte der Teufel, es sei denn, es handelte es sich um Abendmahlswein. Eigentlich war alles verboten, was zum Leben gehört. Aber für all das hatte man ja eine wunderbare Ersatzdroge: Jesus.

Ich blieb trotzdem dabei, nicht nur, weil ich das alles damals als nicht ganz so schlimm empfunden hatte wie heute aus der Rückschau, und auch nicht nur, weil ich in der Gruppe eine besondere Rolle spielte, sondern vor allem, weil es keine Alternative gab. Das Pfarrhaus war der einzige Ort im Dorf, an dem sich die Jugend außerhalb des Wirtshauses treffen konnte. Es war der einzige Ort im Dorf, an dem so etwas wie geistige Auseinandersetzung oder zumindest Nachdenken über die Dorfgrenze hinaus stattgefunden hatte. Es war der einzige Ort, an dem wir Gespräche führen konnten, die wir mit unseren Eltern nicht führen konnten.

Diese Jugendgruppe war das Sammelbecken und die Auffangstation für die nachwachsenden Generationen, die sich dort gut aufgehoben fühlten. Heute stehen viele Jugendliche auf der Straße. Niemand kümmert sich um sie. Wir hatten Maria Dietrich, wir hatten wenigstens einen erwachsenen Menschen im Dorf, der sich unserer annahm. Diskussionen, Wanderungen, Radtouren, Ausflüge mit dem Bus, immer Mädchen dabei, wenn auch streng beaufsichtigt – ohne diese kirchlich organisierten Unternehmungen wäre meine Jugend öd und leer gewesen. Ich fand in der Gruppe auch Freunde wie Konrad Hofmann, Peter Loos oder Volkmar Gregori, mit denen ich nächtelang diskutieren konnte. Aus Peter und Volkmar wurden Pfarrer, aus Konrad ein Diplomingenieur und erfolgreicher Unternehmer. Sie wären es nicht geworden, wenn es diese Gruppe nicht gegeben hätte.

Zur selben Zeit hat sich ab ungefähr dem 150. Kilometer nördlich meines Heimatdorfes, jenseits der Grenze zu Thüringen, die Lage dort in den Dörfern und Kleinstädten für die Angehörigen meines Jahrgangs vermutlich kaum anders dargestellt. Nur dass sie es nicht mit CVJM-, sondern mit Parteisekretären zu tun hatten, und dass es nicht die Bibel war, die gelesen wurde, sondern das kommunistische Manifest.

Als Arbeiter- und Bauernkind wäre ich im SED-Staat vermutlich besser gefördert worden als im bayerischen CSU-Staat. Wahrscheinlich wäre deshalb ein normaler Mitläufer aus mir geworden, vielleicht sogar, zumindest zeitweise, ein glühender Kommunist und Parteifunktionär, und wenn eines Tages die Stasi an die Tür geklopft und mir die Frage aller Fragen gestellt hätte, wäre vielleicht – aus Dankbarkeit für die Förderung durch den Staat – ein braver IM aus mir hervorgegangen, der heute für seine Jugendsünden büßen und mit dem Wissen leben müsste, dass auch etliche andere aus der Gruppe angeworben wurden und man sich über all die Jahre gegenseitig bespitzelt hat.

Wenn ich statt räumlich zeitlich zurückgehe und mich in die zwanziger und dreißiger Jahre des letzten Jahrhunderts hineinversetze, in die Jugend meiner Eltern, wäre ich auf meinem Dorf nationalsozialistischen »Jugendkümmerern« in die Hände gefallen und könnte für nichts garantieren. Als ich den Film *Napola – Elite für den Führer* gesehen hatte, dachte ich, dass ich als Jugendlicher durchaus anfällig gewesen wäre für die Verführungstechniken, denen die Napola-Schüler damals ausgesetzt waren.

So gesehen hatte mich von den Übeln, die einem in Deutschland zwischen 1927 und 1967 widerfahren konnten, das mit Abstand kleinste erwischt. Und wenn ich von 1967 aus noch einmal einen Sprung über vierzig Jahre in die Gegenwart mache und mir überlege, wer sich heute meiner Kinder und deren Generation annimmt, bin ich nicht sicher, ob sie es besser haben als ich. Die Jugendkümmerer von heute heißen Viva und MTV, RTL, Dieter Bohlen und Heidi Klum, sitzen in Marketingkonzernen und in der Popmusik-Industrie, und da ist nicht einer, der es gut meint mit unseren Kindern und dem es um etwas anderes geht als um sein Business.

Daher ist das Wort Übel als Bezeichnung für die Jesus-Ideologie, der ich ausgesetzt war, eigentlich ungerecht, denn wenn die Themenwahl in unserem Jugendkreis auch sehr einseitig war und das Niveau der geistigen Auseinandersetzung oft zu wünschen übrig ließ, so hat es immerhin doch eine Auseinandersetzung gegeben, die den Anstoß zu eigenem selbstständigen Denken bildete. Und dieses Denken war erlaubt, und nicht, wie im NS- und SED-Staat, mit Gefahren für Leib und Leben verbunden. Und es war möglich und wurde nicht, wie heute, durch mediale Zerstreuung über Computer, Internet, Chat, Fernsehen, Werbung, PR, iPod und Video verhindert oder zerstört.

Darum war im Vergleich dazu meine kleine fromme Dorfwelt trotz allem und unterm Strich gut und wichtig und nützlich für mich. Ich weiß nicht, was ich gemacht hätte ohne meine christliche Jugendgruppe. Vermutlich wäre ich geistig verkommen. Insofern darf auch ich mich zu den »Geretteten« der Konfirmandenfreizeit von 1965 im fränkischen Penzberg zählen, Häberlein und Dietrich sei Dank, wenngleich die beiden unter »Rettung« sich etwas anderes vorgestellt hatten als das, was sich daraus entwickelte.

10 – Physik, Religion und Politik

Irgendwann begann ich, selber nach eigenen Antworten zu suchen, und ich weiß nicht, ob ich so ausdauernd, leidenschaftlich und intensiv gesucht hätte, hätte ich mich nicht durch diese Frömmelei der Kreise, in die ich geraten war, so außerordentlich herausgefordert gefühlt. Weil mir die Verteufelung der Onanie und die Tabuisierung der Sexualität zunehmend auf die Nerven gingen, durchforstete ich die Buchhandlungen und Bibliotheken nach Lektüre. Und entdeckte Sigmund Freud – meinen ersten Befreier. Ich las die *Traumdeutung, Das Unbehagen in der Kultur* und *Die Zukunft einer Illusion,* hatte vermutlich kaum mehr als zwanzig Prozent verstanden, aber was ich verstanden hatte, reichte, um endlich zu wissen: Onanie ist keine Sünde. Und Gott ist eine Projektion.

Das Problem war: Es gab keinen Erwachsenen im Dorf, mit dem ich darüber hätte sprechen können. Das änderte sich nach der Mittleren Reife, als ich in einem Unternehmen namens Stemag in Lauf den Beruf eines Physiklaboranten erlernte und dort – 1967! – mit den Anfängen der Mikroelektronik in Berührung kam, die mich damals allerdings wenig interessierte. Einstein, die Relativitätstheorie, Atomphysik, Quantentheorie, Kosmologie, das war es, was mich neben den ewigen Glaubensfragen nun beschäftigte, und in meinem Chef und Ausbilder, dem Physiker Klaus Stärk, hatte ich einen Mann, der nach Feierabend einfach in seinem Büro sitzen blieb und mit mir über Gott und die Welt ganz andere Gespräche führte als die ehrenwerte, von mir geachtete, aber halt leider doch sehr eingleisig denkende Maria Dietrich.

Über Stärk gelangte ich an die Bücher von Carl Friedrich von Weizsäcker. Dessen Themen – Physik, Religion und Politik – wurden nun auch meine, und das Labor, in dem ich arbeitete, bildete für mich den idealen Nährboden, um mit diesen Themen zu wachsen, denn ich war nicht der einzige Lehrling. Es gab noch einen Elektromechanikerlehrling, Johannes Höcht, der auch im CVJM aktiv war, und zwei ältere Chemielaboranten, von denen einer, Heinrich Fischer, Gefallen daran gefunden hatte, den frommen Johannes und mich mit atheistischen Thesen zu provozieren und uns Zitate von Ludwig Feuerbach um die Ohren zu hauen. Außerdem spöttelte er über meine Lektüre der *Pegnitz-Zeitung* und der *Nürnberger Nachrichten*. Er las die *ZEIT*. Ein älterer Elektromechaniker, ein »rübergemachter« Ossi, las während der Frühstückspause ostentativ BILD. Wir hatten keinen Mangel an Zündstoff.

Und, nebenbei, auch am anderen Geschlecht mangelte es nicht. Wir waren von einem Schwarm jüngerer und älterer Laborantinnen umgeben, die mir alle als charmant und schön in Erinnerung geblieben sind und die viel Verständnis für uns junge Machos gezeigt hatten, denn wir waren noch sieben Jahre vom Beginn des Kampfs der Feministinnen entfernt. Ich erwähne das, weil mir jetzt erst auffällt, wie selbstverständlich, ja geradezu unschuldig wir jungen Männer damals noch an unsere Führungsrolle geglaubt hatten. Wir bewegten uns ständig in Gesellschaft jüngerer, gleichaltriger und älterer Frauen, aber die Dinge, die uns wirklich wichtig waren und mit denen wir uns geistig auseinandersetzten, besprachen wir Kerle untereinander. Frauen hielten wir irgendwie für nicht geeignet, an unseren »Diskursen« teilzunehmen, und selbst unter den führenden 68er Ideologen des »herrschaftsfreien Diskurses« waren die Frauen gerade gut genug, den Kaffee zu kochen, die sprachlichen Ergüsse der Cheftheoretiker abzutippen, die übervollen Aschenbecher zu leeren und im Bett zur Verfügung zu stehen.

Die Hamburger ZEIT las der Nürnberger ab sofort jetzt auch, zusätzlich zu den Nürnberger Nachrichten, denn erstens wurde mir damals im Labor schmerzlich bewusst, dass ich mich gegenüber diesem ewig lästernden Fischer permanent in Argumentationsnöten befand und er jedes Streitgespräch gewann, und darüber hinaus flößte mir dieser nur ein oder zwei Jahre ältere Kerl Respekt ein, wenn er mit seinem langen, weißen, wehenden Arbeitskittel gravitätisch und überlegen dreinblickend durch das Labor schwebte.

Ein Jahr später kamen weitere vier Lehrlinge, darunter ein langes, schlaksiges, begnadetes Schandmaul aus dem benachbarten Schnaittach dazu, Gustl Wandner, Mitglied einer katholischen Jugendgruppe, das Fischers despektierlichen Bemerkungen über

Religion zu meinem Erstaunen auf dem selben Niveau Paroli bieten konnte und sich nebenher noch über die Protestanten und die »lutherischen Käffer«, aus denen unsereins kommt, ausließ. Von ihm habe ich den Satz: *Woran der Protestant eigentlich glaubt, weiß er nicht so recht, aber dass es nicht das ist, woran der Katholik glaubt, dessen ist sich der Protestant ganz gewiss.* Gustl und ich wurden Freunde.

Eines Tages lud er mich ein, an einer katholischen Jugendfreizeit teilzunehmen. Das war nun eine ganz andere Sache als das, was ich bisher kannte. Schon das Reiseziel war eindrucksvoller. Mit meiner eigenen evangelischen Dorftruppe bin ich über Mittel- und Oberfranken nicht hinausgekommen. Die Schnaittacher katholische Jugend fuhr nach Südtirol, trank zu den Mahlzeiten Bier und Wein und sang Lieder von der Art *Miau, miau, hörst du mich schreien, miau miau, ich will dich freien.* Der Pfarrer, den alle Conny nannten, stieg mit uns auf die höchsten Berge und hielt unter dem Gipfelkreuz die Messe.

Aber das war natürlich nicht das Wesentliche. Das Wesentliche, für mich Unvergessliche, war, dass dieser Pfarrer einen ganz anderen Glauben verkündete, einen aufgeklärten Glauben, der ohne Teufel, Frömmelei und Wundermärchen auskam, einen Glauben, der auch eine soziale und politische Komponente hatte. Erstmals im Leben hörte ich, dass man die Bibel ganz verschieden auslegen kann, hörte ich die Namen Karl Rahner, Rudolf Bultmann, Karl Barth, bin ich mit Theologie in Berührung gekommen, erfuhr ich, dass man über Glaubensfragen streiten konnte. Und erstmals im Leben bin ich einem Pfarrer begegnet, der seine eigene Kirche kritisierte, freimütig über eigene Glaubenszweifel sprach und manchmal sagte: »Darauf weiß ich auch keine Antwort.«

Und jetzt erst erfuhr ich, dass es im weiten Raum der Kirche die unterschiedlichsten Strömungen gibt, die alle einen Namen haben, und die von mir noch nie gehörte Bezeichnung für jene Strömung, die in meiner Jugendgruppe als die einzige und unausgesprochen als die einzig wahre galt, lautete »evangelikal«, ein Wort, das mir Jahrzehnte später im Zusammenhang mit George W. Bush, der religiösen Rechten, dem Kreationismus und dem christlichen Fundamentalismus wiederbegegnen sollte, zu einer

Zeit, in der ich dachte, dass die westliche Welt das alles längst hinter sich gelassen hatte.

Dass Maria Dietrich und all die CVJM-Sekretäre und Funktionäre der Evangelischen Allianz, mit denen sie vernetzt war, uns Jugendliche sorgsam von jeglicher Theologie außer ihrer eigenen abschirmten, war wiederum keine böse Absicht, sondern die Konsequenz aus dem evangelikal-fundamentalistischen Weltbild, dem man anhing. Da ihre Sicht der Dinge als die einzig wahre galt, lohnte es sich nicht, sich mit den anderen, konkurrierenden, liberaleren, den »falschen« Strömungen auseinanderzusetzen, ja, es war sogar gefährlich, weil durch die schädlichen Einflüsse der anderen die eigenen Schäflein auf gefährliche Ab- und Irrwege geführt werden könnten. Dank Konrad Ringl, des Schnaittacher katholischen Pfarrers, gelangte ich auf so einen Abweg, der sich als der einzig gangbare erwies. Ein katholischer Priester aus einem katholischen Marktflecken erteilte mir, dem Protestanten, Lektionen in theologischer Aufklärung und erzählte mir von der Freiheit eines Christenmenschen. Das war, nach Freud, die zweite, noch größere Befreiung.

Und gleich danach kam die dritte: Achtundsechzig. Nicht, dass wir Dorfjungen jetzt zu Hause den Aufstand probten – die Achtundsechziger-Bewegung hat meine Laufer Heimat weiträumig umschifft. Nicht einmal von ihren schwächsten Ausläufern wurden wir touchiert. Außerdem war ich kein Student in Frankfurt oder Berlin, sondern ein 17jähriger Lehrling in der Provinz.

Aber ich sah wohl die Bilder im Fernsehen, las, worum es ging, in der ZEIT, und diskutierte darüber mit Heinrich und Gustl im Labor – und trat in die SPD ein, wurde Jungsozialist, aber die drei oder vier Dorfjusos, zu denen ich stieß, brave Arbeiter- und Handwerkersöhne, hatten natürlich mit den Chef-Jusos, wie etwa Johano Strasser, den meine Genossen nicht einmal kannten und der Jahrzehnte später mein Freund wurde, nichts gemein. Über die Qualität der Knödel in unserem Wirtshaus oder die Qualität der Oberschenkel von der Genossin Renate diskutierten meine Dorfjusos mit größerer Leidenschaft als über den Vietnamkrieg oder die Ausbeutung der Arbeiterklasse.

Einmal fuhr ich mit Nürnberger Jusos zu einer Anti-Vietnam-Demo nach Frankfurt, geriet prompt unter einen Wasserwerfer und einen Polizeiknüppel, aber gleich danach in die Arme einer Studentin, die meine Wunden verband und mich liebevoll wieder aufpäppelte. Das war mein erster und einziger aktiver Beitrag zur 68er-Bewegung. Daher verbinde ich bis heute nur angenehme Gefühle und gute Erinnerungen mit dem Wort *Achtundsechziger-Revolution*.

Obwohl physisch kaum dabei, war ich dennoch aktiv in der 68er Bewegung. Die Aktivität spielte sich im Kopf ab. Zusätzlich zur ZEIT las ich irgendwann auch die Zeitschrift *konkret*, die ein paar Jahre lang die Hauspostille aller linken Gruppierungen war, und *Das Kursbuch*, das von Hans Magnus Enzensberger gegründete Theorie-Debatten-Magazin für alle 68er. Erstmals im Leben interessierte ich mich für Kunst, für die Plakatkunst Klaus Staecks, auch er einer, der Jahrzehnte später, wie Johano Strasser, mein Freund und Leidensgenosse in der SPD wurde. Ich las Herbert Marcuses *Der eindimensionale Mensch*, Ernst Blochs *Das Prinzip Hoffnung*, die *Dialektik der Aufklärung* von Max Horkheimer und Theodor W. Adorno, *Erkenntnis und Interesse* und *Technik und Wissenschaft als »Ideologie«* von Jürgen Habermas, und natürlich *Das kommunistische Manifest* von Karl Marx und Friedrich Engels. Marxens *Kapital* jedoch steht bis heute ungelesen in meinem Bücherregal. Vielleicht hole ich es heraus, wenn ich mal Rentner bin.

Gelesen habe ich diese ganze 68er-Literatur – und das gehört zu den scheinbaren Widersprüchen meines Lebens – während meiner Zeit in der Bundeswehr, 1970 bis 1974. Ich hatte damals nicht, wie es in meiner Generation üblich war, den Wehrdienst verweigert, sondern mich sogar freiwillig verpflichtet, denn ich hatte keineswegs kritiklos alles akzeptiert, was die linken Autoritäten damals so verkündeten.

Besonders an einen stereotyp wiederholten, häufig in der *konkret* gelesenen Satz erinnere ich mich, der mich jedes Mal zur Weißglut gebracht und über den ich jahrelang mit allen Linken erbittert gestritten hatte. Immer wenn die Rede auf die DDR kam und man zugeben musste, dass das Wirtschaftssystem dort nicht ganz so gut funktioniert, wie es nach der Theorie funktionieren sollte, und wenn beiläufig zugegeben werden musste, dass es auch um die Freiheit der Menschen dort nicht ganz so gut bestellt ist, wie es nach der Theorie sein sollte, kam unvermeidlich der Satz: Aber trotz dieser künftig noch zu überwindenden »Sekundärwidersprüche« sei es entscheidend, »dass die DDR in ihrer historischen Entwicklung der BRD um eine ganze gesellschaftliche Stufe voraus ist«.

Man glaubte damals noch an das Paradies, zwar nicht mehr an ein jenseitiges, wohl aber an ein zukünftiges, und konnte »wissenschaftlich beweisen«, dass sich die menschliche Gesellschaft quasi naturgesetzlich aus der Stammes- und Urgesellschaft über diverse Zwischenstadien – Sklavenhaltergesellschaft, Feudalismus, Kapitalismus – zur vollkommenen kommunistischen Gesellschaft entwickeln werde, in der es keinen Staat mehr gibt, keine Herrschaft mehr, keine Polizei, keine Soldaten, Wohlstand für alle, und natürlich Freiheit, Gleichheit, Brüderlichkeit und ewigen Frieden. Und in dieser unaufhaltsamen Entwicklung, so glaubte man, war die DDR der BRD um einen historischen Schritt voraus, weil sie durch Vergesellschaftung der Produktionsmittel den Übergang vom Kapitalismus über die Diktatur des Proletariats in den Sozialismus geschafft hatte und schon bald planmäßig die Endstufe der kommunistischen Vollkommenheit erklimmen werde.

Das mutet heute grotesk an und klingt wie ein Bericht aus einer versunkenen Zeit. Aber es ist gerade mal vierzig Jahre her, dass dies von sehr intelligenten Zeitgenossen, gebildeten Intellektuellen und einem nicht geringen Teil der Jugend tatsächlich geglaubt worden war.

Heute glauben zahlreiche Intellektuelle und deren tausend Nachbeter in den Medien, Universitäten, Parteizentralen und Vorstandsetagen multinationaler Konzerne mit ähnlicher Inbrunst an die segenspendende Kraft des Marktes und der Globalisierung, lassen kapitalistische Paradiese über die Monitore flimmern, und es wird vermutlich abermals vierzig Jahre dauern, bis der letzte Markt-Radikalinski einsieht, dass auch sein Glaube lächerlich war und dieser gigantische Zweikampf des 20. Jahrhunderts zwischen Kapitalismus und Kommunismus unter dem Motto stand: Wer zuerst siegt, stirbt als Zweiter.

Auf das 68er Argument von der »höher entwickelten« DDR hatte ich immer, ohne jeglichen Erfolg, geantwortet: Ein Regime, das ein ganzes Volk einmauert, mit Stacheldraht umzäunt und mit Waffengewalt an der Ausreise hindert, das jeden freien Gedanken im Keim erstickt und nicht in der Lage ist, sein Volk mit den einfachsten Gütern des täglichen Bedarfs ordentlich zu versorgen, soll unserem System überlegen sein? Wenn das der Fortschritt und die Zukunft ist, dann verzichte ich lieber auf Zukunft und verharre auf der Stufe des rückschrittlichen, kapitalistischen, revanchistischen, reaktionären BRD-Systems, und wenn die Russen und die Nationale Volksarmee der DDR auf die Idee kommen sollten, uns ihr fortschrittliches System gewaltsam überzustülpen – was ich ihnen nach allem, was ich über sie weiß, durchaus zutraue –, dann wäre ich übrigens bereit, sie mit Waffengewalt daran zu hindern.

Die damals von vielen Linken als »Schweinesystem« geschmähte FDGO (freiheitlich-demokratische Grundordnung) war mir etwas wert und ist mir heute noch viel wertvoller. Dennoch würde ich meinem jetzt 14jährigen Sohn, wenn er mich fragen würde, ob er zur Bundeswehr gehen soll, heute abraten, denn ich weiß nicht genau, wofür eigentlich am Hindukusch gestorben wird. Unsere westliche Wertegemeinschaft ist heute durch Heuschrecken, Hedgefonds, diktatorisch auftretende Investoren und deren Lakaien in Politik und Medien viel stärker bedroht als von islamistischen Selbstmordattentätern, deren Wahn irgendwann an sich selbst zugrunde gehen wird. Auch der Marktwahn wird noch an sich selbst scheitern, aber wenn wir auf den Tag warten, an dem das von selbst geschieht, wird schon sehr viel kaputtgegangen und von unserer Demokratie nicht mehr viel übrig sein.

Damals, in meiner Jugend, war es mir noch nicht bewusst, heute weiß ich: Dass ich nicht zum kritiklosen Mitläufer der 68er wurde, verdanke ich, um mit Helmut Kohl zu sprechen, neben »der Gnade der späten Geburt« an einem Ort weitab vom Weltgeschehen, von dem aus man mit großer Distanz auf das Treiben der 68er blicken konnte, vor allem auch den in meiner evangelischen Jugendgruppe gemachten Erfahrungen mit den Jesus-Fanatikern. Dank dieser Erfahrung wusste ich irgendwie schon, wie Sektierergrüppchen funktionieren, und war nun offenbar geimpft gegen jede Form von Extremismus, Sektierertum, Fanatismus, Fundamentalismus und religiösem und politischem Wahn. Und die Lust vieler junger Menschen, bei Demos Räuber und Gendarm mit echten Polizisten zu spielen, verspürte ich nie, vielleicht weil mir als Kind ein ganzes Dorf – Wälder, Wiesen, Bäche, Scheunen, Sandgruben, Weiher – als Abenteuerspielplatz zur Verfügung gestanden hatte und ich mit meinen Kinderbanden frei, unbeaufsichtigt, ohne die Überwachung durch Erwachsene durch die Gegend stromern konnte. Auch ein Einzelkämpferlehrgang bei der Bundeswehr trug wohl dazu bei, dass ich das Thema *Mannsein und Freiheit und Abenteuer* als erledigt abhaken konnte und ich später nicht – wie heute mancher Manager – Drachenfliegen, Fallschirmspringen, Iglus am Nordpol bauen oder Überlebenstrainigs absolvieren musste.

Ich habe später während des Studiums mit zahlreichen linken Grüppchen und Splittergruppen – mit Maoisten, dem KBW, der KPD, der DKP, den Spartakisten – Bekanntschaft gemacht, und noch später, als Lokalreporter der Frankfurter Rundschau, mit den Gegnern des Baus der Startbahn West, den Bewohnern des »Walddorfes«, mit Atomkraftgegnern und mit der Frankfurter Szene der Linksradikalen und der damals schon so genannten Autonomen und dem »schwarzen Block«, und bei vielen von ihnen entdeckte ich Ähnlichkeiten mit meinen Jesusfanatikern. Die Inhalte waren jeweils immer ganz andere, aber formal beobachtete ich die nämliche Enge im Denken, dieselbe ängstliche, ja geradezu aggressive Abschottung gegen außen und gegen Gedanken, die zum eigenen Glauben im Widerspruch standen, ein hoch entwickeltes Freund-Feind-Denken, ein Sich-Wiegen in vermeintlichen Gewissheiten, das Nichtaushalten-Können von Unsicherheit und unbeantwortbaren Fragen, die Bereitschaft, jeder Form von Verschwörungstheorie zu folgen, stets einfache Erklärungen für komplexe, schwer zu verstehende Zusammenhänge – der CIA, die Amerikaner, der BND, die Bullen, das Establishment, die Reichen, das Kapital, die Globalisierung, der Teufel – parat zu haben, und eine seltsame Autoritätshörigkeit derer, die sich gern antiautoritär gebärdeten.

Geradezu lächerlich war ihre Arbeiter- und Bauernromantik. Sie, die Bürgersöhne aus wohlsituierten Häusern, die ständig über die Ausbeutung der Arbeiterklasse schwadronierten und Arbeiterlieder sangen, ohne je am eigenen Leib erfahren zu haben, was es heißt, in einer bildungsfernen Umwelt auf einem Bauernhof aufzuwachsen oder ab dem vierzehnten Lebensjahr in der Fabrik zu arbeiten, theoretisierten über die Lage der Arbeiterklasse in einem verquasten Polit-Kauderwelsch, das kein Arbeiter je verstanden hätte. Sie hätten es auch gar nicht verstehen wollen, denn die Schlosser, Werkzeugmacher und Elektromechaniker, ja selbst die ungelernten Hilfsarbeiter, die mir damals während meiner Lehrzeit in der Stemag begegnet sind, waren zu einem großen Teil selbstbewusste, gestandene Mannsbilder, die ihre Interessen im Betriebsrat und mit Hilfe der Gewerkschaft wahrzunehmen wussten, ohne dafür der Hilfe der Theoretiker von den universitären Oberseminaren zu bedürfen.

In vielen dieser studentischen Polit-Grüppchen – natürlich nicht in allen, es gab immer auch andere, die sich weiterhin ihrer Vernunft bedienten und die wichtige Beiträge zur politischen Entwicklung unseres Landes lieferten – lebte man ein Spießertum im antispießbürgerlichen Gewand und lebt es noch heute in etlichen extremistischen Antiglobalisierungsgrüppchen rund um die Vermummten vom »schwarzen Block«. Und übrigens war es auch sehr ernüchternd, nach dem Fall der Mauer zu erfahren, dass zahlreiche Wortführer der Linken, besonders der »Friedensbewegten«, der Wehrdienstverweigerer-Organisationen, der DKP, des KBW und der Zeitschrift *konkret* tatsächlich, wie von der Springerpresse immer vermutet, von Moskau und Ost-Berlin finanziert worden waren.

Über all dem darf man jedoch nicht vergessen, dass ein paar historische Verdienste der 68er bleiben werden. Die Rohrstockpädagogik gibt es seit 1968 in Deutschland nicht mehr. Schwule, Lesben und Unverheiratete können heute weitgehend unbehelligt zusammenleben, wie es ihnen gefällt. Ohne 68er-Bewegung hätte sich aus ihr heraus keine Frauenbewegung entwickeln können, und diese ist trotz letzter Zuckungen des scheinbar noch mächtigen, immer noch zurückschlagen wollenden, aber nicht mehr könnenden Patriarchats erfolgreich bis heute. So nahe an der Gleichberechtigung wie heute waren die Frauen seit Adam und Eva noch nie. Und schließlich, ganz wichtig: Seit 68 wurden und werden die Verbrechen der Deutschen zwischen 1933 und 1945 aufgeklärt, und es wird unermüdlich erforscht, wie es zu jenen die Welt und die Seelen verheerenden zwölf Jahren hatte kommen können. Aus der linken Subkultur ist eine neue, freiere, buntere, lässigere Kultur gewachsen, die das muffige Deutschland der fünfziger Jahre hinter sich gelassen hat.

Während meiner Zeit als Redakteur beim Wirtschaftsmagazin *Capital* bekam ich Einblick in eine weitere, unbekannte Subkultur: die Vorstandsetagen der deutschen Wirtschaft. Und zu meiner Verblüffung musste ich lernen: Auch dort regiert sehr oft das ganz kleine Karo. Die Gefahr zu verspießern ist dort sogar besonders groß, denn man treibt ja weltweit Handel, ist ein Global Player, jettet dreimal wöchentlich um die Welt, steigt in den vornehmsten Hotels ab, verkehrt mit den ganz Großen in den teuersten Locations und spielt Golf in den exklusivsten Clubs der Welt. Aber auch das weltweite Business ist vor dem Hintergrund dessen, was die gesamte Realität ausmacht, eine kleine Welt, und wer verlernt, gelegentlich über dessen Grenzen hinauszublicken, sich immerzu nur mit Seinesgleichen in abgeschotteten Winkeln und exklusiven Zirkeln trifft, nur seine Fachliteratur und den Wirtschaftsteil der FAZ liest sowie die großen Kultur- und Festspiel-Events innerlich unbeteiligt über sich ergehen lässt, lebt in der Versuchung, seine kleine, feine Teilwelt für die ganze zu halten, und befindet sich in Gefahr, zum Edelspießer zu mutieren.

Ganz gefährlich wird's, wenn das eine zum anderen kommt, wenn etwa einer aus dem evangelikal-fundamentalistischen Milieu, der im weltweiten Ölgeschäft tätig ist und George W. Bush heißt, unter bis heute nicht ganz geklärten Umständen ins höchste Amt der Vereinigten Staaten von Amerika gewählt wird. Ich gestehe, von dieser Wahl überrascht und schockiert worden zu sein. Aber alles, was danach folgte, vor allem seit dem 11. September 2001, hat mich dann, im Gegensatz zu vielen anderen, die noch lange an die Vision eines von Amerika demokratisierten Nahen Ostens geglaubt hatten, nicht mehr überrascht. Schockiert bin ich weiterhin.

Und voller Sorge bin ich angesichts jener Entwicklungen, die ziemlich schönfärberisch unter dem Begriff *Wiederkehr der Religionen* subsumiert werden. In den meisten Fällen handelt es sich nicht um eine *Wiederkehr der Religionen,* sondern um das Treiben von Gespenstern aus der Vergangenheit.

Zu bannen sind sie nur durch Aufklärung. Die aber hatte ich damals, als junges Mitglied einer evangelikalen Jugendgruppe, selber nötig. Die 68er waren ja nur der Anfang. Diesem Anfang folgte im Alter von neunzehn Jahren das Verlassen des Heimatdorfes. Für immer. Seitdem wurde ich nirgendwo mehr richtig sesshaft. Und seitdem weiß ich: Denken tut weh, das Verlassen der Heimat tut weh, nirgendwo mehr richtig dazugehören tut weh, und dennoch ist es gut, der Aufklärung förderlich, der eigenen Entwicklung dienlich.

C

Heimatvertrieben

11 – Klapperstorch-Erlebnisse beim Studium der Theologie

Wer Kindern und Jugendlichen biblische Geschichten erzählt, wird irgendwann die Wahrheitsfrage gestellt bekommen: Ist das wirklich so passiert? Hat es sich in Raum und Zeit ereignet? Hätte man es filmen können?

Das war auch meine Frage. Weil ich keine befriedigende Antwort bekam, studierte ich Theologie. Ich wollte es wissen. Ich wollte eine endgültige Klärung.

Und ich bekam sie. Schon im ersten Semester wurde mir bestätigt, was ich lange befürchtet, aber bis dahin nicht zu behaupten gewagt hatte: Das mit den Wundern – Verwandlung von Wasser in Wein, fünftausend Männer mit Frauen und Kindern werden von fünf Broten und zwei Fischen satt, Jesus läuft auf dem Wasser, Lazarus liegt drei Tage tot im Grab und wird auferweckt – alles nicht wahr. Nur Legenden. Abraham? Hat wahrscheinlich nie gelebt. Nur eine mythische Figur. Jesus, der Sohn Gottes? Es ist unklar, ob er sich selbst so verstanden und als solcher dargestellt hat. Jungfrauengeburt? Eine in der Antike weit verbreitete Mythe. Wurde überall gern genommen, um besondere Menschen als Gottessöhne, Halbgötter oder Götter zu beschreiben. Einige ägyptische Pharaonen galten als von »einer Jungfrau geboren«. Von Alexander dem Großen hatte es geheißen, Zeus selbst hätte ihn per Blitzschlag gezeugt, und sogar über den Philosophen Platon wurde erzählt, er sei eine Jungfrauengeburt. So etwas war in der Antike offenbar eine Art Mindeststandard für besondere Menschen. Da mussten die Christen mithalten, wenn sie bei den Heiden punkten wollten.

Und die Auferstehung? Nun ja, das ist so eine Sache. Kompliziert. Das jüngste Gericht? Nur ein Gerücht.

Wenn man erfahren hat, dass es den Nikolaus nicht gibt, weder den Weihnachtsmann, noch das Christkind, noch den Osterhasen, und dass kleine Kinder nicht vom Storch gebracht werden, dann, so denkt man, hat man die schlimmsten Enttäuschungen hinter sich und kann allmählich erwachsen und nur noch mäßig überrascht werden. Für die meisten Menschen mag das zutreffen, ausgenommen davon sind Studenten der Theologie. Denen steht ein weiteres Klapperstorch-Erlebnis bevor.

Zumindest in meiner Generation war das so. Ich weiß nicht, was heute an Haupt- und Realschulen und an Gymnasien im Religionsunterricht vermittelt wird. Wenn ich meine Kinder darauf abklopfe, stochere ich nur im Nebel, und ich glaube nicht, dass das allein an meinen Kindern liegt, sondern auch etwas mit der Art zu tun hat, wie heute Religion in der Schule unterrichtet wird. Im ersten Kindergartenjahr meiner Tochter, sie ging in einen katholischen Kindergarten in München, schloss ich aus dem, was sie uns erzählte und worauf sie großen Wert legte, dass es offenbar drei Essentials gab, die den Kindern eingebläut wurden: erstens nicht zu spät kommen, zweitens das Pausenbrot nicht in Wegwerf-Alu- oder Plastikfolie mitbringen, wegen der Umwelt, sondern in wieder verwendbaren Dosen, und drittens pünktliche Abholung. Von Noah, Abraham, Mose, David, den Propheten, Jesus oder Paulus hatten unsere beiden Kinder nie etwas erzählt. Ich will damit nicht behaupten, den Kindern seien diese Geschichten vorenthalten worden. Ich bin mir sogar ganz sicher, dass ihnen davon erzählt wurde, aber anscheinend nicht so nachdrücklich und einprägsam wie von der Umwelt und der Pünktlichkeit.

Das war in meiner Kindheit und Jugend noch anders. Wir kannten die Geschichten von Adam bis Paulus, und wir wussten, was wir an Martin Luther hatten. Die Frage nach der Faktizität dieser Geschichten jedoch wurde auch bei uns elegant umschifft. Ich musste eigens auf die Universität gehen, um auf die Radio-Eriwan-Frage, ob Jesus wirklich am 24. Dezember des Jahres Null in Bethlehem geboren wurde, die Antwort zu erhalten: im Prinzip ja, allerdings vermutlich nicht im Jahre Null – das es eigentlich gar nicht gibt – oder Eins, sondern ein paar Jahre früher oder später, und sehr wahrscheinlich nicht an einem 24. Dezember, sondern an irgendeinem anderen, heute nicht mehr feststellbaren Datum, und sehr wahrscheinlich nicht in Bethlehem, sondern in Nazareth, vielleicht aber auch in Kapernaum, aber als sehr wahrscheinlich gilt, dass er irgendwann irgendwo geboren worden ist.

Und das war nur der Anfang. Tausende Unterrichtsstunden in Religion lagen hinter mir, Hunderte Stunden Konfirmandenunterricht, Tausende Stunden Bibelarbeit in der Jugendgruppe und auf Freizeiten, aber das, was mich in der ganzen Zeit seit meinem nicht erhörten Gebet über dem Sarg meines toten Pfarrers wirklich interessiert hatte, die faktische Wahrheit der biblischen Geschichten, das war nie richtig zur Sprache gekommen. Es hätte so spannend, ja aufregend sein können, wenn all die Pfarrer, CVJM-Sekretäre und theologisch gebildeten Pädagogen im Religionsunterricht, in der Kirche, in der Gemeinde, in der Jugendgruppe etwas von ihrem Wissen an uns weitergegeben hätten. Aber sie hielten es unter Verschluss wie ein Geheimwissen oder betrachteten es insgeheim als überflüssiges Wissen, falsches Wissen oder gar als Irrlehre.

Jetzt endlich, an der Uni, kam zur Sprache, was verschwiegen wurde, und zwar in einer geradezu brutalen Offenheit. Alles, was man sich als vom Gottesdienst und Religionsunterricht beeinflusstes Kind einmal vorgestellt hatte und was die ganze Christenheit auf Erden rund anderthalb Jahrtausende lang geglaubt hatte, und die Evangelikalen, fromme Omas und schlichte Gemüter noch heute glauben, erwies sich nun, an der Universität, als unhaltbar. Alles brach zusammen, und obwohl innerlich längst auf diesen Zusammenbruch vorbereitet, traf es mich dann doch wie ein Schlag.

Der Schock hatte einen Namen: Rudolf Bultmann, einer der größten Theologen des 20. Jahrhunderts. Der 1884 geborene Bultmann lehrte kurz in Breslau und Gießen und dann dreißig Jahre lang, von 1921 bis 1951, an der Universität Marburg. Berühmt wurde er durch die Entwicklung der »formgeschichtlichen Methode«, aber weltberühmt wurde er 1957 durch einen Vortrag, den er schon 1941 in Alpirsbach gehalten hatte. Damals, mitten im Krieg, blieb der Vortrag ohne Folgen, da hatte man andere Sorgen.

Aber danach, als der Vortrag in den theologischen Seminaren zirkulierte, rieben sich Bultmanns Kollegen, und vor allem die Bischöfe, und noch mehr die Laien, die Augen. Was Bultmann da auf der Tagung der »Gesellschaft für Evangelische Theologie« in Alpirsbach unter dem Titel »Neues Testament und Mythologie«

vorgetragen hatte, erschütterte die ganze Zunft bis ins Mark, und zwar weltweit, denn eigentlich hatte Bultmann so ziemlich alles, was die Kirche seit fast zweitausend Jahre lehrte, als »erledigt« erklärt.

Was Bultmann umtrieb, war die Kluft zwischen dem mythischen Weltbild des neuen Testaments und dem von Wissenschaft und Technik bestimmten Weltbild des modernen Menschen. Diesem modernen Menschen sei es nicht länger zuzumuten, die christlichen Mythen wörtlich zu nehmen, sagte Bultmann.

Ein christlicher Mythos sei die Einteilung der Welt in drei Stockwerke: oben der Himmel, unten die Hölle und dazwischen die Erde als Kampfplatz zwischen Gott und dem Teufel. Mythisch sei die Schilderung von Christus als einem präexistenten Gotteswesen, das sich auf Erden als Mensch inkarniert, Wunder vollbringt, Dämonen austreibt, Kranke heilt, die Sünden der Menschen auf sich nimmt, dafür am Kreuz stirbt, am dritten Tage aufersteht, in den Himmel fährt, von dort wieder zurückkommt, und zwar schon bald, und nach einem Ablauf verschiedenster kosmischer Katastrophen die Toten aufweckt, vor Gericht stellt und die gesamte Menschheit in Selige und Verdammte scheidet. Und mythisch sei schließlich die Vorstellung, am Ende aller Zeiten werde Christus einen neuen Himmel und eine neue Erde schaffen.

Dies alles seien Geschichten, die aus antiken Mythen, spätjüdischer Apokalyptik und gnostischen Erlösungsphantasien komponiert wurden, und diese seien durch das moderne Weltbild erledigt. Damit, sagt Bultmann, sei auch die Höllen- und Himmelfahrt Christi erledigt, erledigt sei die Vorstellung von einer unter kosmischen Katastrophen hereinbrechenden Endzeit, erledigt die Erwartung des auf den Wolken des Himmels kommenden Menschensohnes, erledigt die Wunder als bloße Wunder, erledigt der Geister- und Dämonenglaube. Man könne nicht »elektrisches Licht und Radioapparat benutzen, in Krankheitsfällen moderne medizinische und klinische Mittel in Anspruch nehmen und gleichzeitig an die Geister- und Wunderwelt des Neuen Testaments glauben. Und wer meint, es für seine Person tun zu können, muss sich klarmachen, dass er, wenn er das für die Leistung christlichen Glaubens erklärt, damit die christliche Verkündigung in der Gegenwart unverständlich und unmöglich macht« (Rudolf Bultmann, Neues Testament und Mythologie, in: Kerygma und Mythos I, hrsg. von H.W. Bartsch, Hamburg 1951.). Was dem antiken Menschen zu glauben möglich war, ist dem aufgeklärten Menschen, wenn er denn intellektuell redlich ist, verwehrt.

Von all den naturalistisch gemalten Bildern, die Gott als alten Mann mit Bart zeigen, wie er einen Erdenkloß formt und ihm den göttlichen Odem einbläst, von den Jesus- und Apostelbildern mit Heiligenschein, von den himmlischen Heerscharen, die auf Engelsflügeln über der Krippe von Bethlehem kreisen und in ihre Posaunen blasen, von Mose, wie er den Stab reckt und sich das Meer teilt, und von all den anderen, im Lauf eines Jahrtausends gemalten Bildern galt es sich zu verabschieden. Sie mussten fortan als Bilder eines naiven, voraufgeklärten Bewusstseins gelten, wie es Atheisten und Philosophen schon lange gesagt hatten. Aber noch nie hatte sich ein Theologe so radikal und konsequent von den alten Dogmen verabschiedet und das in einer solch klaren Sprache formuliert wie Bultmann in jenem Vortrag in Alpirsbach.

Als ruchbar wurde, was er da alles »erledigt« hatte, war die evangelische Kirche nahe daran, Bultmann zu erledigen. Nachdem etliche Bischöfe, Theologen, Laien, Pietisten, Evangelikale und Konservative Bultmann als Zerstörer des Glaubens und der Kirche angegriffen und ihm »Demontage der Christusbotschaft« und »Brunnenvergiftung« vorgeworfen hatten, sollte die Generalsynode der Vereinigten Evangelisch-Lutherischen Kirche Deutschlands 1957 Bultmanns Theologie öffentlich verurteilen. Er entging dieser Verurteilung nur knapp, wurde weltberühmt, und in der wissenschaftlichen Theologie haben er und seine Schüler sich durchgesetzt. Zwar hat die Theologie sich seitdem weiterentwickelt, selbstverständlich unterlag Bultmanns Lehre der wissenschaftlichen Kritik, aber sie hat dieser Kritik im Wesentlichen standgehalten. Versuche, über Bultmann hinauszukommen, ihn gar zu »überwinden«, sind bisher alle gescheitert. Seine zentrale These, dass die biblischen Geschichten Glaubensaussagen sind, die in das Kleid des Mythos gehüllt wurden, ist heute eine theologische Selbstverständlichkeit. An Bultmann kommt daher bis heute kein Theologe vorbei.

Anders ist es in den Gemeinden. Diese werden von wissenschaftlicher Theologie weitgehend verschont. In die Kanzelpredigt des Pfarrers fließt davon, wenn überhaupt, nur sehr wenig und sehr indirekt ein. Und wenn ein Pfarrer doch mal den Versuch unternimmt, deutlicher zu werden, wird er heute, ein halbes Jahrhundert nach Bultmann, von frommen Gläubigen beschimpft.

Gegenwärtig nimmt dieses Ressentiment gegen die Aufklärung sogar wieder zu, weltweit, und zwar in allen Religionen, nicht nur im Islam, sondern auch im Christentum. Die Evangelikalen, die religiösen Rechten Amerikas und die derzeit weltweit wachsenden fundamentalchristlichen Pfingstgemeinden versuchen derzeit mit Macht, wieder weit hinter Bultmann und die Aufklärung zurückzugehen. Was sich heute unter dem Signum *Kreationismus* – die Bestreitung der Darwinschen Evolutionstheorie – weltweit Gehör zu verschaffen sucht, und zwar erfolgreich, ist nur die Spitze des Eisbergs. Dahinter verbergen sich noch ganz andere Fundamentalismen. Diesen muss man entgegentreten, nicht der wissenschaftlichen Theologie. Sie wäre genau das Mittel, das es heute bräuchte, um die Gespenster der Vergangenheit in ihre Grüfte zurückzutreiben. Selbstverständlich käme es dadurch zu großen Konflikten, gingen die Emotionen hoch, aber dieser Konflikt muss ausgetragen werden. Er wäre heilsam.

Auch damals, in den Theologie-Vorlesungen, die ich Ende der siebziger Jahre besuchte, ging es hoch her. Vor allem die Evangelikalen, die in nicht unbeträchtlicher Zahl vertreten waren, opponierten heftig gegen das, was ihnen die Theologie-Professoren mit – wie mir schien – heimlicher Lust an der Provokation vorsetzten. Und etliche Studenten gefielen sich sehr in ihrer Rolle als Aufklärer, gerierten sich wie kleine Voltaires und zogen, ein Vierteljahrtausend nach Voltaire, viel Lustgewinn aus ihrem Bestreben, die Evangelikalen als bemitleidenswerte Hinterwäldler vorzuführen.

Ich selbst saß meistens eher still dabei, litt ein wenig mit den Evangelikalen, konnte sie gut verstehen, aber nicht verteidigen. Jahrelang hatten sie in ihren christlichen Jugendgruppen engagiert gearbeitet, waren sie in ihren Gemeinden meistens die Einzigen, die noch was auf die Beine gestellt kriegten, hatten sie für ihr Leben viel Kraft aus den wörtlich geglaubten Geschichten der Bibel gezogen. Ihnen, denen es wirklich ernst war mit ihrem

Glauben, wurde nun dieser Glaube ausgerechnet von der geistigen Elite der Kirche zertrümmert. Das musste ihnen teuflisch vorkommen – der Theologieprofessor als Antichrist.

Ich konnte mich gut einfühlen in sie – und ihnen doch nicht beispringen. Was die Professoren vortrugen, erschien mir einfach als wahr, enttäuschend zwar, aber leider wahr. Was Bultmann lehrte, war das, was ich befürchtete, aber trotzdem hören wollte. In dieser provokanten Deutlichkeit wollte ich es hören, und als ich es hörte, atmete ich befreit auf, denn nun hatte ich, was ich wollte: Gewissheit. Es war eine negative Gewissheit, aber es war eine Gewissheit, und das war allemal besser als die nagende Ungewissheit der zurückliegenden Jahre.

Ich wusste nur nicht, was ich jetzt damit anfangen sollte. Wie konnte man noch Christ, wie konnte man noch Theologe sein, wenn die ganze Bibel nichts weiter als das theologisch-literarische Konstrukt von Menschen ist, die lange vor uns gelebt und dieser Konstrukte bedurft hatten für die Lösung von Problemen, die nicht die unseren sind?

Die Professoren behaupteten zwar, dass man sehr wohl Christ bleiben könne unter diesen Prämissen, ja, dass man es sogar besser sein könne, aber wie sie das begründeten, das war für mich damals schwer verständlich und wenig überzeugend. Darauf komme ich noch.

Ich focht meine Kämpfe damals, wie meistens, und wie ich es von Kind an gelernt hatte, allein mit mir selber aus, in meinem Kopf und in meinem Tagebuch. Aus den Tagebuchnotizen ist später, nach dem Studium, ein Text entstanden, den ich zu Beginn der achtziger Jahre in der ZEIT veröffentlicht hatte. Ich gebe ihn hier wieder, weil er gut meine damaligen Empfindungen und Erlebnisse während dieser Theologievorlesungen beschreibt, und weil er nach dem Studium eine wichtige Rolle für mein weiteres Schicksal gespielt hatte.

Gibt es Wunder? Natürlich! Wenn sich ein unscheinbares Körnchen, das man in die Erde steckt, in eine formvollendete, duftende Rose verwandelt; wenn sich eine häßliche Larve zum farbenprächtigen Schmetterling entpuppt; wenn im Mutterleib ein Kind entsteht, dann sagen wir staunend: ein Wunder. Wenn durch einen viereckigen Kasten aus Kunststoff, Silizium, Glas, Draht und Kera-

mik das Weltgeschehen in unser Wohnzimmer kommt; wenn flimmernde, tickende Kästchen in Sekunden Rechenaufgaben lösen, für die wir Jahre bräuchten; wenn einer auf dem Mond spazierengeht – dann staunen wir und sprechen von einem Wunder.

Der Dozent – ellenlang, klapperdürr, bärtig, wuschelig und bebrillt – will noch weitere Beispiele nennen, wird aber von einem Studenten unterbrochen: »Das sind doch keine Wunder, das sind Produkte von Natur und Technik, zwar bewundernswert, aber restlos erklärbar.«

Die Vorlesung wird zur Diskussion. Im Hörsaal vier streitende Gruppen: wortgläubige, fromme Pietisten, die aggressiv an der Faktizität der Wundererzählungen festhalten, Bermudadreieck-, Ufo-, PSI- und Okkultismusgläubige, die alles für möglich halten, mitleidig grinsende Rationalisten, die mit kühler Verachtung auf die anderen herabsehen, und einige wenige, die's wirklich nicht wissen, nun aber endlich gern wüssten.

Es geht ihnen um die »eigentlichen«, die biblischen Wunder. Wunder von ganz anderem Kaliber. Da läuft einer auf dem Wasser. Aus Wasser wird Wein. Fünf Brote bilden ein magenfüllendes Programm für 5000 Menschen. Ein Leichnam, der schon etwas muffelt, beginnt sein zweites Erdenleben. Eine zweite Leiche tut das Gleiche und fährt auch noch gen Himmel.

Kann das wirklich geschehen sein? Wenn nicht, was dann? Wenn ja, warum passiert dann so etwas heute nicht mehr? Was ist dran am Brotwunder?

Der Dozent windet sich. »Natürlich hat Jesus nicht gezaubert«, meint er. Die Menschen damals haben eben eine Erfahrung mit Jesus gemacht, die sie so überwältigte, dass sie sie mit Worten nur sehr unvollkommen wiederzugeben wussten. »Das bisschen Brot, das sie haben, das geben sie, und dabei erfahren sie, dass zu den Menschen mehr gelangt, als sie ihnen geben konnten, dass das Entscheidende durch sie hindurch geschah. Was dann körperliche, was geistliche Speise ist, das können sie nicht mehr trennen.«

Hexerei war's also nicht. Aber was dann? Nur die Unfähigkeit der Jünger, zwischen körperlicher und geistlicher Speise zu unterscheiden?

Widerspruch von allen Gruppen. Den Rationalisten ist das noch zu metaphysisch, den Pietisten bereits viel zu dürftig. »Warum zwei-

felt ihr daran?«, fragt einer. »Jesus ist Gottes Sohn, Gott ist allmächtig, und wer allmächtig ist, kann auch Brot vermehren.« Logisch.

Eine Bibelkundige unterstützt ihn mit Matthäus 17.20: »Wahrlich, ich sage euch, wenn ihr Glaube habt wie ein Senfkorn, so könnt ihr sagen zu diesem Berge: Hebe dich von hinnen! So wird er sich heben. Euch wird nichts unmöglich sein.«

»Dann versetz' doch mal den Watzmann!«, ruft einer kichernd dazwischen. Die Bibelkundige schmollt.

»Vielleicht könnten wir es, vielleicht ist unser Glaube wirklich nur einfach zu klein für so etwas«, wendet der Logiker ganz ernsthaft ein.

»Ach so«, sagt der Kicherer, »das Ausmaß der Erdbewegungsarbeiten hängt vom Ausmaß des Glaubens ab. Der Papst kann dann die Alpen versetzen, unser Bischof den Schwarzwald und ich wegen geistlicher Armut nur einen Maulwurfshügel.«

Aufruhr bei den Pietisten. Glättung der Wogen durch den Dozenten. Er lenkt ab und leitet über auf das Zentralwunder: Auferstehung. Viele, viele Worte. Wenig Konkretes. Tenor: Auferstehung heißt, dass dieser Jesus selbst im Tod nicht totzukriegen ist.

»Verstehe ich nicht«, sagt einer, »was heißt das?«

»Das heißt, dass sich Gott auch im Tod weiter zu mir verhält und ich am Ende meines Lebens geborgen bin in seiner Liebe.«

»Verstehe ich auch nicht, darum anders gefragt: Wie ist das mit mir? Bin ich totzukriegen?«

Der Dozent: »Ich glaube, dass es ein ewiges Leben in Gott, in der Liebe gibt, und dass jeder teilhat an diesem Leben.«

»Herr Professor, ist meine Seele unsterblich?«

»Die Unsterblichkeit der Seele ist keine christliche, sondern eine griechische Lehre.«

Nun wird der Frager hartnäckig: »Das ist mir eigentlich wurscht. Darum noch einmal: Werde ich nach meinem Tod irgendwie irgendwo weiterleben? Werde ich meinen verstorbenen Großvater wiedersehen, die übrigen Verwandten und meine Katzen? Wird sich der Lehrer, der mich zu Unrecht geohrfeigt hat, bei mir dafür entschuldigen? Werden Hitler, Himmler und Göring bestraft?«

Der Professor, nun endlich konkret werdend: »Wir wissen es nicht.«

Wie wahr.

12 – Glaube und Wissen

Eigentlich, so dachte ich nach dem ersten Semester Theologie, sollte ich schnell das Studienfach wechseln, denn was ich immer wissen wollte, weiß ich jetzt. Aber neue Fragen taten sich auf.

Da gab es, erstens, von evangelikaler, teils auch von katholischer Seite den Einwand, wer so argumentiert wie Bultmann und dessen Schüler, verabsolutiere unser beschränktes, zeitbedingtes naturwissenschaftliches Weltbild, erkläre den Glauben zu einer Funktion des Wissens, und das könne ja wohl nicht sein. Da werde scheinbar überflüssiger Ballast abgeworfen, um die Bibel für die Neuzeit und den modernen Menschen zu retten, und diesen Rettungsversuch überlebe die Bibel nicht. Operation gelungen, Patient tot. Im Übrigen sei die Wissenschaft für unsere »letzten Fragen« einfach nicht zuständig, und wenn sie sich dennoch der heiligen Texte bemächtige und diese seziere wie eine Leiche, dann zerstöre sie dieselben.

Zweitens fragte ich mich: Woher wissen die Theologen eigentlich so genau, dass es sich bei den biblischen Texten fast nur um Märchen, Sagen und Legenden handelt? Sicher, ihre Thesen klingen plausibel. Aber Plausibilität ist noch kein Beweis. Die Theologen waren nicht dabei. Gründen ihre Behauptungen vielleicht nur in dem Prinzip, dass nicht sein kann, was nicht sein darf? Bei den sogenannten Naturwundern »bin ich nicht geneigt, ein wirkliches damaliges Geschehen anzunehmen; jedenfalls nicht in der Art, wie die Texte selber dies Geschehen darstellen«, schrieb der Neutestamentler Herbert Braun in seinem Jesusbuch (Jesus. Der Mann aus Nazareth und seine Zeit, Kreuz Vlg. Stuttgart 1969). Die meisten Theologen, so gut wie alle protestantischen, sind nicht geneigt, den biblischen Wundererzählungen zu glauben, aber seit wann hängt die Wahrheit von den persönlichen Neigungen der Theologen ab?

Und schließlich: Was ist, wenn die Theologen wirklich Recht haben? Was bleibt vom christlichen Glauben noch übrig, wenn sämtliche Geschichten der Bibel entmythologisiert sind? Was heißt Auferstehung, wenn sie sich historisch gar nicht ereignet hat? Wieso können meine Professoren trotzdem weiter Christen sein?

Die geringsten Probleme hatte ich mit der ersten Frage. Natürlich kann Glaube keine Funktion des Wissens sein. Natürlich können »ewig gültige Wahrheiten« nicht von der Tagesaktualität abhängen. Der heutige Stand unseres Wissens, der sich schon morgen ändern und sich mit jedem neuen Tag immer weiter ändern wird, kann nicht zur Richtschnur über die Wahrheit des christlichen Glaubens erhoben werden.

Andererseits geht es nicht an, sich ein Vierteljahrtausend nach der Aufklärung vor die Bibel zu stellen und zu sagen: Finger weg von der Heiligen Schrift! Die Heilige Schrift der Muslime ist rund 1.600 Jahre alt, die der Christen knapp 2.000 Jahre, und die ältesten Texte der Juden rund 3.000 Jahre. Die Texte wurden von Menschen geschrieben, die kein Auto kannten, nichts über Atome wussten, keine Ahnung von der DNS hatten und keinen Begriff von der Gentechnik, aber ihre heutigen Verwandten im Geiste, die sich auf diese alten Schriften berufen, reden in der Politik mit, mischen sich in die Abtreibungs-Gesetzgebung ein, sitzen in Ethikkommissionen, lehnen in der einen Kommission das therapeutische Klonen ab und in der anderen die Erlaubnis, todkranken Menschen auf eigenes Verlangen die Todesspritze zu verabreichen. Der Papst behauptet, Homosexualität sei Sünde, und beruft sich dabei auf die Bibel. Islamische Ayatollahs und Imame lehnen unseren westlichen Lebensstil ab und berufen sich dabei auf den Koran. Generell begehren die Vertreter der verschiedenen Religionen, öffentlich gehört und ernst genommen zu werden.

Da müssen die Herren sich schon gefallen lassen, dass man sie nach der Herkunft und Entstehung ihrer Texte fragt und ihre Behauptung bezweifelt, diese Texte seien durch Gott selbst inspiriert oder gar den Autoren in die Feder diktiert worden. Dass das nicht sein kann, beweist allein schon die Existenz dreier Religionen, die einander in zentralen Glaubensfragen widersprechen, aber sich alle auf denselben Gott berufen. Warum sollte Gott Mohammed etwas anderes diktiert haben als Paulus oder Mose?

Mögen also die Texte auch heilig sein, so ist es dennoch erlaubt, die in diesen Texten enthaltenen Behauptungen auf wissenschaftliche Überprüfbarkeit hin abzuklopfen und dann zu prüfen, was sich als prüfbar erweist. Da diese Texte Geltung beanspruchen, da sie Wahrheit intendieren, ja sogar die Wahrheit schlechthin für sich reklamieren – *ich bin der Weg, die Wahrheit und das Leben* –, und da in diesen Texten Gehorsam und Gefolgschaft von uns verlangt wird, sogar von denen, die nicht an sie glauben, ist die Prüfung nicht nur erlaubt, sondern geboten. Wir verharrten weiter im Zustand der selbstverschuldeten Unmündigkeit, wenn wir diesen Texten blindlings folgten.

Eigentlich sind das Selbstverständlichkeiten, ja fast schon Trivialitäten. Eigentlich sollte es überflüssig sein, solche Selbstverständlichkeiten in einem Buch wiederzukäuen. Aber wenn ich mein Fenster öffne und hinausschaue, was sich da draußen in der Welt tut, sehe ich islamische Ayatollahs und Imame, für die meine Sicht der Dinge nicht nur nicht selbstverständlich, sondern falsch, ja frevelhaft ist. Eine wissenschaftliche Überprüfung des Korans, eine Untersuchung seiner Entstehungsgeschichte, Zweifel an dieser oder jener Sure, gar Unglaube, Agnostizismus oder Atheismus – das alles ist für einen islamischen Funktionär etwas, was ihn mit Abscheu und Empörung erfüllt und im schlimmsten Fall mit dem Tod bestraft werden sollte.

Es ist aber gar nicht nötig, die Notwendigkeit der Unterscheidung von Glaube und Wissen mit dem islamischen Terror zu begründen. Die Notwendigkeit ist auch »hausgemacht«, denn der Blick aus dem Fenster zeigt auf der anderen Seite eine wachsende Schar von Zeitgenossen, auch christlich getaufter, die nichts dabei finden, sich ihre Horoskope vom Computer erstellen zu lassen und die täglichen Direktiven ihrer Wahrsagerin zu befolgen. Rudolf Bultmann, wenn er noch lebte, würde sich sehr wundern, wenn er sähe, dass viele Menschen heute nicht nur elektrisches Licht und Radioapparat, sondern sogar Computer, Handy und Internet benutzen und dennoch gleichzeitig an die magische Wirkung von Edelsteinen glauben können oder den Schöpfungsbericht wieder wörtlich nehmen. Millionen von Menschen glauben unter ihrem Niveau. Millionen von Menschen auf der ganzen Welt, möglicherweise sogar Milliarden, werden entweder bewusst unwissend gehalten oder, was noch schlimmer ist, schließen sich selbst aus Bequemlichkeit oder religiösen Gründen oder schlichtem Aberglauben freiwillig vom Wissen aus.

Draußen grassiert die Orientierungslosigkeit, seit sich herumgesprochen hat, dass das aufklärerische Versprechen, durch planmäßige Erforschung der Welt und fortschreitende Erkenntnis der Wahrheit immer näher zu kommen, sich nicht erfüllen wird. Damit ist auch der optimistische Glaube hinfällig, auf der Grundlage wissenschaftlich erforschter Wahrheiten eine gerechte, humane Welt für alle realisieren zu können. Die letzten Reste dieses Optimismus sind in Auschwitz verbrannt und von Stalin und Mao zertrampelt worden.

Jetzt stehen wir, was die letzten Fragen betrifft, wieder da, wo wir vor 250 Jahren aufgebrochen sind, um diese Fragen durch das Unternehmen Wissenschaft einer endgültigen Klärung zuzuführen. Dieses Unternehmen entdeckt heute seine Unzuständigkeit für eine solche Klärung. Die Unzuständigkeit resultiert aus der mittlerweile erfolgten Selbstbeschränkung bei der Wahrheitssuche. Die Wissenschaft verlangt aus guten Gründen, bevor sie etwas als wissenschaftlich bewiesenes Faktum anerkennt, dass dieses Faktum jederzeit an jedem Ort der Welt unter Befolgung der angegebenen Methode reproduzierbar nachgewiesen werden kann. Dadurch entzieht sie aber weite Teile der Wirklichkeit dem wissenschaftlichen Zugriff, denn jeder weiß aus seinem eigenen Leben, dass vieles, meist sogar das Wesentliche, aus einmaligen, unwiederholbaren, für andere kaum kontrollierbaren Ereignissen besteht.

Das, was uns in unserem Innersten existenziell betrifft – Liebe, Leid, Hass, Freundschaft, Vertrauen, Freude, Trauer, Glück, Freiheit, Religion – also das eigentlich Interessante in unserem Leben, ist dieser Art von rigider Wissenschaft prinzipiell unzugänglich. Daher kann sie auch keine negative oder positive oder sonst wie geartete Aussage über diesen Teil der Realität machen und rück-überweist uns zu Philosophie, Theologie und Ethik. Insofern liegt in der Selbstbeschränkung heutiger Wissenschaft die stärkste Kritik am Bultmannschen Theologie-Ansatz. Das allzu dogmatische Anlegen wissenschaftlicher Kriterien an den Glauben könnte eine voreilige Unterwerfung gewesen sein.

Weil die ganze Wirklichkeit größer ist als jener Teilbereich, der wissenschaftlichen Methoden zugänglich ist, steht die Tür zu Religion und Glaube wieder offen. An Wunder glauben zu sollen, wird uns dennoch weiterhin als Zumutung erscheinen, aber die Frage, was Menschen intellektuell zugemutet werden kann, spielt keine besonders große Rolle, wenn es um Gott und die Wahrheit geht, denn das menschliche Fassungsvermögen ist immer zu klein für Gott, und darum sind wir damit sowieso und immerzu überfordert.

Selbst wenn es Gott nicht geben sollte, scheitern wir an den letzten Fragen, denn der *Urknall* trägt dazu gar nichts bei. Was war vorher? Was hat ihn bewirkt? Eben darauf haben wir keine Antwort. Wer aber daraus folgert, gerade deshalb müsse man annehmen, ein Schöpfergott stecke hinter dem Urknall, denn von nichts kommt nichts, verkennt, dass die letzte Frage damit nur um ein weiteres, allerletztes Glied nach hinten verschoben wird, denn woher kommt Gott? Wie ist er entstanden? Die Antwort, er sei nicht entstanden, sondern seit ewiger Zeit immer schon dagewesen, überfordert uns vielleicht noch mehr als die Vorstellung, der Kosmos sei aus dem Nichts entstanden. So oder so stoßen wir an eine Erkenntnisgrenze, die, wenn überhaupt, nur durch religiöse Offenbarung oder durch Glauben zu überwinden ist.

Daher gilt auch in der Wissensgesellschaft weiter die alte Volksweisheit, wonach es mehr Dinge zwischen Himmel und Erde gebe, als sich unsere Schulweisheit träumen lässt. Uns wird also, wo es um letzte Wahrheiten geht, sowieso mehr zugemutet, als wir fassen können. Daher wäre eine Theologie, die den Glauben so lange zurechtvernünftelt, bis er endlich vom begrenzten menschlichen Verstand erfasst und vom letzten Allerwelts-Atheisten akzeptiert werden kann, wertlos und überflüssig. Und eine Theologie, welche die gesamte Bibel einfach nur deshalb »erledigte«, weil sie angeblich inkompatibel zum aufgeklärten Bewusstsein sei, überschritte ihre Grenzen.

Glaube und Wissen werden wir daher nie zur Deckungsgleichheit bringen können, sollten es auch gar nicht versuchen, denn es sind zwei verschiedene Kategorien, die auseinanderzuhalten sind. Ginge Glaube in Wissen auf, wäre er kein Glaube mehr. Verzichteten wir aber darauf, Glaubensinhalte mit dem Wissen zu konfrontieren und zu prüfen, handelte es sich nicht mehr um echten Glauben, sondern um unsicheres Wissen, Noch-nicht-Wissen, Unwissen, Vermutung oder schlicht um zum Glauben erhobene

Ignoranz, welche oft auch noch frech das grundgesetzlich verbriefte Recht der Religionsfreiheit für sich reklamiert, um unter diesem Schutz allerhand Teufeleien auszuhecken.

Die Tür zum Glauben ist offen, auch in der Wissens- und Hightech-Gesellschaft des 21. Jahrhunderts. Aber wer den Weg zu dieser Tür weisen, gar deren Schwelle überschreiten will und verlangt, ihm auf diesem Weg zu folgen, muss sich kritisch fragen lassen, warum er glaubt, dass es die richtige Tür ist. Echter Glaube, der auch heute noch ernst genommen und respektiert werden will, muss allen seit der Aufklärung vorgebrachten religionskritischen Einwänden standhalten. Das aber gelingt nur, wenn sich der Glaubende bemüht, das Niveau der Aufklärung zu erklimmen und Anschluss zu halten an den jeweiligen Stand der wissenschaftlichen Diskussion. Natürlich kann man das nicht von der siebzigjährigen Großmutter mit Volksschulbildung erwarten, die ein Leben lang als Bäuerin gearbeitet hat. Einfachen Menschen muss ein einfacher Glaube zugestanden werden.

Aber den Pfarrern und Theologen muss abverlangt werden, dass sie vor dem Hintergrund ihres Wissens den Glauben an einfache Menschen so vermitteln, dass er bei aller Einfachheit nicht falsch wird und die einfachen Menschen nicht bewusst im Unklaren gelassen werden über theologische Selbstverständlichkeiten. Und allen anderen, die sich des Privilegs einer guten Bildung erfreuen, kann abverlangt werden, dass sie nicht unter ihrem eigenen Niveau glauben.

Diese Notwendigkeit unterschätzen all jene Gläubigen, die der intellektuellen Auseinandersetzung ausweichen, indem sie in reinen Subjektivismus flüchten, nach dem Motto: Die Wissenschaft ist auch nur ein Glaube, ich aber weiß, dass Jesus mich liebt – oder je nach persönlicher Vorliebe: Die Sterne lügen nicht, mein Talisman beschützt mich, alles ist Kismet, ich gehe zu meiner Wahrsagerin, meinem Guru, meinem Geistheiler, ich habe meine Tarot-Karten, ich bin ein Druide, ich bin eine Hexe und so weiter – und was die Wissenschaft dazu sagt, ist mir egal.

Hinter dieser anything-goes-Haltung steckt die Ansicht, die Wissenschaft sei auch nur irgendein Weltbild unter anderen, und ob man sich nun für das wissenschaftliche entscheide, für ein religiöses oder ein esoterisches, sei keine Sache des Verstandes, sondern des Gefühls und der persönlichen Vorlieben. Niemand könne niemand widerlegen, alle Weltbilder seien gleichwertig und gleichrangig.

Das sind sie eben nicht. Die Wissenschaft hat zwar ihr Recht verloren auf dem Feld der letzten Fragen, hat es nie gehabt. Aber auf dem Feld der vorletzten Fragen hat sie das Vorrecht. Dort haben Religion oder Esoterik nichts verloren. Dort dürfen wir der Wissenschaft trauen, denn wir verfügen über ein Wahrheitskriterium, das in diesem großen Bereich der Wirklichkeit sehr zuverlässig funktioniert: Der Unterschied zwischen Wahrheit und Unwahrheit liegt im Unterschied zwischen Erfolg und Misserfolg. Dauerhafter Erfolg beruht auf der richtigen Wahrnehmung von Teilrealitäten. Als die Bauern merkten, dass Kunstdünger ihren Äckern besser bekommt als Weihwasser, konnten sie sich denken, dass Chemiker und Biologen mehr vom Stoffwechsel der Pflanzen verstehen als Priester. Und die Ertragssteigerung auf dem Acker war ja nicht der einzige Erfolg derer, die dem alten mythologischen Weltbild ein neues, das wissenschaftliche, entgegensetzten. Gegen Tuberkulose half jahrtausendelang kein Glauben und kein Beten, kein Weihrauch, keine Beschwörung guter Geister, keine Austreibung der Dämonen, kein Schamane, kein Geistheiler, kein animistisches Weltbild, kein philosophisches, kein ptolemäisches, kein esoterisches, und auch die antike griechische Therapie – *gut essen, wenig körperliche Arbeit, keine Frauen* – schützte nicht vor dem sicheren Tod. Was allein schützte, war die systematische Erforschung der Ursachen dieser Krankheit, eine Forschung, die zur Entdeckung des *Mycobacterium tuberculosis*, des Erregers der Krankheit, führte.

Robert Koch hat das Bakterium 1882 beschrieben, Albert Calmette und Camille Guérin haben 1906 einen Impfstoff hergestellt, der 1921 erstmals an Menschen verabreicht wurde, erfolgreich. Innerhalb von vierzig Jahren wurde durch die Anwendung wissenschaftlicher Methoden ein Problem gelöst, an dem alle, die sich in den Jahrtausenden zuvor jemals daran versucht hatten, gescheitert waren. Der Kunstdünger und der Impfstoff sind nur zwei Beispiele unter hunderttausenden, die allesamt beweisen, dass wir mit der Wissenschaft offensichtlich über ein Instrument verfügen, mit dem wir echtes Wissen produzieren und die Wirklichkeit mit einer Präzision und Zuverlässigkeit beschreiben können, wie es mit vor- und außerwissenschaftlichen Methoden nicht möglich ist. Wo andere nur glauben, vermuten, im Nebel stochern, Behauptungen aufstellen ohne Beleg und für wahr oder für möglich halten, kann der Wissenschaftler mit der Unerschütterlichkeit des Felsens von Gibraltar sagen: Ich aber weiß.

Dass es gelingt, Menschen zum Mond zu schicken und von dort wieder zurückzuholen oder einen Satelliten durch das Sonnensystem zu schicken, auf dass er Bilder von den Planeten zur Erde funke, liegt daran, dass die damit befassten Wissenschaftler und Techniker einige grundlegende Zusammenhänge über Raum, Zeit, Lichtgeschwindigkeit, Materie, Elektromagnetismus und Information wirklich verstanden haben. Dass Mediziner virale und bakterielle Infektionen, die früher zum Tod geführt haben, heute mit Hilfe von Tabletten heilen können, liegt daran, dass sie grundlegende biochemische Prozesse in unserem Körper verstanden haben und ziemlich genau wissen, was Viren und Bakterien sind, wie sie funktionieren und wie sie mit dem menschlichen Organismus interagieren.

Man kann hier einwenden, was weiter oben bereits zugestanden wurde: Es handelt sich immer nur um die richtige Erkenntnis von Teilrealitäten. Das ist richtig, aber die Addition der großen und wachsenden Zahl von Teilrealitäten, die wir dank der Wissenschaft ziemlich gut durchschaut haben und immer noch weiter durchschauen, deckt einen großen und weiter wachsenden Teil der Gesamtrealität ab. Aus diesem Grund ist es nicht naiv wissenschaftsgläubig, sondern schlicht realistisch, wenn man sagt, dass dem wissenschaftlichen Weltbild mehr Wahrheit innewohnt als jedem bis dato bekannten anderen Weltbild. Wo wir wirklich etwas wissen, tun wir gut daran, diesem Wissen mehr zu vertrauen als vermeintlich religiösen oder gar esoterischen und abergläubischen Wahrheiten.

Für das Problem von *Glaube und Wissen* bleibt festzuhalten: Überall dort, wo die wissenschaftliche Methode funktioniert, und das ist ein nicht unerheblicher Teil der uns umgebenden Wirklichkeit, bedürfen wir weder eines Glaubens noch eines Aberglaubens. Wissen genügt.

Daher findet es sogar der Papst legitim, Dogmen, Glaubenslehren und auch heilige Texte einer Prüfung zu unterziehen und kritisch zu untersuchen, denn wie sollten wir Glauben von Aberglauben unterscheiden, Christentum von Heidentum, Kirchen von Sekten, wenn Denken verboten wäre? Auf den Gebrauch von Vernunft, Wissenschaft und Forschung zu verzichten, wäre kein Verdienst und keine Glaubensleistung, sondern einfach nur töricht. Durch eine Überprüfung wird die heilige Schrift nicht entweiht, aber möglicherweise müssen wir den Begriff heilig neu verstehen lernen, nein, die ganze Bibel müssen wir neu verstehen lernen. Wir können nicht so tun, als gebe es keine Wissenschaft und als habe die Aufklärung nie stattgefunden, und wenn nicht die Theologen selbst nach der Entstehung und Zuverlässigkeit der biblischen Texte fragen, werden es andere tun.

Bultmann hat sich dieser Aufgabe gestellt wie kein anderer. Allerdings hat er damit fast das ganze bisherige Gebäude der Theologie zum Einsturz gebracht, behauptete aber, um dieses Gebäude sei es nicht schade, denn nun erst komme die Essenz des christlichen Glaubens zum Vorschein. Wenn man aus den biblischen Texten den ganzen mythologischen Schutt der Jahrhunderte weghaut, dann trete die christliche Botschaft überhaupt erst in ihrer eigentlichen Gestalt hervor, und diese halte der Aufklärung stand. Das Programm der Entmythologisierung sei daher keine Anpassung der heiligen Schrift ans moderne Weltbild oder ans menschliche Denk- und Vorstellungsvermögen, sondern eine Aufgabe, die sich aus einer inneren Notwendigkeit der Theologie des 20. Jahrhunderts ergibt.

Daher behaupteten meine Professoren fröhlich und unerschütterlich, auch nach Bultmann, ja wegen Bultmann sogar besser an Jesus glauben zu können als zuvor, und auf die meisten der in der Bibel behaupteten Fakten, die sich als historisch unhaltbar erwiesen, komme es gar nicht an. Überhaupt sei die Historizität der berichteten Ereignisse irrelevant, weil nicht Geschichtsschreibung, sondern Glaubensverkündigung die Intention der biblischen Autoren gewesen sei. Manche verstiegen sich daher sogar zu der Behauptung, dass sie auch dann nicht aufhören würden, an Jesus zu glauben, wenn plötzlich historisch einwandfrei bewiesen würde, dass Jesus nie gelebt hat.

Auf die Essenz der christlichen Botschaft, die da aus den Trümmern steigen sollte, war ich gespannt. Damals, nach dem ersten Semester, sah ich nur die Trümmer und hatte den starken Verdacht, dass sich da eine Zunft, die seit der Aufklärung unter Beschuss steht und nur noch Rückzugsgefechte führt, jetzt einfach eine Immunisierungsstrategie gegen alle vorhandenen und künftigen Einwände zugelegt hat. Oder hatte ich bloß noch nicht verstanden, was Glaube an Jesus Christus wirklich heißt?

13 – Dichtung und Wahrheit

Die Frage nach der Essenz der christlichen Botschaft musste ich noch eine Weile offen lassen, ebenso die Frage, wie man »nach Bultmann« noch Christ sein kann und wie Bultmann selbst es noch sein konnte.

Zunächst wandte ich mich dem näherliegenden und dem einfacher zu lösenden Problem zu: Was macht die Theologen so sicher, dass sie ganz ungeniert von Märchen, Sagen und Legenden sprechen, wenn es um biblische Geschichten geht? Wie kann ich sicher sein, dass hier nicht einfach der Versuch unternommen wird, das Unfassbare fassbar und das Anstößige unanstößig zu machen?

Hier war für mich nun besonders interessant zu erleben, wie sich die Evangelikalen nach Kräften gegen die Herabwürdigung ihrer Heiligen Schrift zu einem bloßen Text wehrten – und wie ihnen zunehmend die Argumente ausgingen, weil ihnen in ihren zehntausend frommen Bibelstunden und Gebetsgemeinschaften die einfachsten, längst bekannten Tatsachen vorenthalten worden waren.

Zum Beispiel war weder ihnen noch mir bis dato das eigentlich altbekannte Faktum vertraut, dass die Bibel mit zwei sehr verschiedenen Schöpfungsberichten aufwartet. Warum zwei? Und welcher stimmt denn nun?

Nach dem ersten Bericht erschafft Gott die Welt in einer Reihenfolge, die ziemlich gut der Reihenfolge entspricht, wie sie uns durch die Evolutionstheorie nahegelegt wird: In die Finsternis kommt Licht und trennt den Tag von der Nacht, dann Wasser und Land, schließlich Pflanzen, dann der Himmel, Sonne, Mond und Sterne, Fische, Vögel, Landtiere, zuletzt der Mensch. Alles, was Gott schafft, schafft er durch sein bloßes Wort. Und den Menschen schafft er gleich als Paar, männlich und weiblich.

Ganz anders im zweiten Bericht: Hier beginnt die Schöpfung mit der Erschaffung Adams. Gott nimmt *Staub von der Erde*, formt aus dem Erdenkloß den Menschen und bläst ihm den *Odem des Lebens* in die Nase. Danach pflanzt Gott einen Garten in Eden, der von vier Flüssen bewässert wird, und setzt den Menschen in den Garten, erlaubt ihm, von allen Früchten zu essen, außer vom Baum der Erkenntnis. Jetzt erst erschafft Gott die Tiere und bringt sie *zu dem Menschen, dass er sähe, wie er sie nennen würde, und damit jedes lebendige Wesen den Namen trage, den der Mensch ihm gäbe.* Und zuletzt erschafft Gott Eva aus einer Rippe Adams.

Wäre dies der einzige Widerspruch in der ganzen Bibel, könnte man sich großzügig darüber hinwegsetzen und sagen: Was soll's! Der eine Bericht bemüht sich eben, das Schöpfungsgeschehen möglichst sachlich und nah an den Tatsachen zu schildern, während es dem anderen eher um eine poetische Darstellung geht, naturwissenschaftlich falsch sind beide, aber der Glaube an einen Schöpfergott wird dadurch nicht wirklich tangiert, und darum ist es auch egal, dass es zwei Berichte gibt, die einander widersprechen.

Aber so einfach ist es nicht. Tatsächlich hören die Widersprüche nicht mehr auf, ziehen sich durch die ganze Bibel von der ersten bis zur letzten Seite. Vieles wird zweimal erzählt, manches sogar dreimal, manchmal innerhalb desselben Textes, oft aber auch an verschiedenen Stellen der Bibel. Und immer gibt es so viele Unterschiede, Ungereimtheiten, Widersprüche, Rätsel und Unterbrechungen des Erzählflusses, dass es schwerfällt, sich ein genaues Bild von den beschriebenen Vorgängen zu machen und den roten Faden zu finden.

Vermutlich haben sich schon viele Menschen vorgenommen, die ganze Bibel in einem Stück von vorn nach hinten zu lesen, und vermutlich sind die meisten über die ersten drei oder vier Bücher Mose nicht hinausgekommen und haben die Bibel frustriert weggelegt, weil ihnen die Lektüre einen Verdruss bereitete, den schon Goethe beklagte, als er schrieb:

Wenn uns das Ungemütliche dieses Inhalts, der, wenigstens für den ersten Anblick, verworrene, durch das Ganze laufende Grundfaden unlustig und verdrießlich macht, so werden diese Bücher durch eine höchst traurige, unbegreifliche Redaktion ganz ungenießbar. Den Gang der Geschichte sehen wir überall gehemmt durch eingeschaltete zahllose Gesetze, von deren größtem Teil man die eigentliche Ursache und Absicht nicht einsehen kann, wenigstens nicht, warum sie in dem Augenblick gegeben worden, oder, wenn sie spä-

tern Ursprungs sind, warum sie hier angeführt und eingeschaltet werden … Man begreift nicht, warum Gesetze für die Zukunft, die noch völlig im Ungewissen schwebt, zu einer Zeit ausgesprochen werden, wo es jeden Tag, jede Stunde an Rat und Tat gebricht und der Heerführer, der auf seinen Füßen stehen sollte, sich wiederholt aufs Angesicht wirft, um Gnaden und Strafen von oben zu erflehen, die beide nur verzettelt gereicht werden, so dass man mit dem verirrten Volke den Hauptzweck völlig aus den Augen verliert* (Noten und Abhandlungen zu besserem Verständnis des west-östlichen Divans, Werke, S. 2187, vgl. Goethe-BA Bd. 3, S. 257ff.).

Warum erscheint uns das Geflecht der biblischen Texte als so verworren? Warum wird nicht einfach stringent von A nach B erzählt? Konnten es die biblischen Verfasser nicht besser? Oder wollten sie nicht? Wenn ja, warum nicht?

Wie, zum Beispiel, ging es bei der Sintflut zu? Welche Tiere sollte Noah in seiner Arche mitnehmen? Zunächst lesen wir: *Und von allem, was da lebt, von allem Fleisch, sollst du je zwei in die Arche führen, dass sie mit dir am Leben bleiben, und zwar sollen es ein Männchen und ein Weibchen sein; aller Art Vögel und aller Art Vieh und von allem, was auf Erden kriecht, sollen je zwei von jeder Art zu dir kommen* (1 Mose 6,19f.). Noah soll also von allen lebenden Tieren, sogar von Schlangen und Gewürm, je ein Paar mitnehmen und braucht daher ein Riesenschiff, wenn er diese Anweisung wirklich befolgen will.

Aber im nächsten Kapitel tut's auch ein kleineres, denn nun lesen wir: *Nimm von allem reinen Vieh zu dir je sieben und sieben, das Männchen und sein Weibchen; von dem unreinen Vieh aber je ein Paar, das Männchen und sein Weibchen; auch von den Vögeln des Himmels je sieben und sieben, Männchen und Weibchen* (1 Mose 7,2f.), also insgesamt nur fünfzehn Paare.

Wer versuchte, anhand der drei Kapitel (6, 7 und 8) den genauen Verlauf von der ersten Anrede Gottes an Noah über das Kommen der Flut bis zu deren Ende zu schildern, würde scheitern, weil einfachste Fragen, nicht nur die nach den Tieren, nicht klar und widerspruchsfrei zu beantworten wären, zum Beispiel die Frage nach dem Grund der Flut. Einmal ist es die Bosheit der Menschen (6,5), aber dann heißt es ein paar Verse später (6,12), *die Erde war verderbt*. Man kann sich über diese kleine Differenz großzügig hinwegsetzen und sagen, damit sei letztlich dasselbe gemeint. Aber warum wird es dann zweimal erzählt, und warum mit dieser Differenz?

Und wie kam es eigentlich zu der Flut? Ursprünglich von Gott angekündigt war, dass er es vierzig Tage lang regnen lassen wollte (7,4). Als es dann aber wirklich losgeht, regnet es nicht nur vierzig Tage und Nächte lang, sondern es brechen auch die *Quellen der Tiefe* auf, und *die Fenster des Himmels öffnen sich* (7,11f.) Dass das Wasser nicht nur von oben als Niederschlag auf die Erde kam, sondern auch von unten aus der Erde hervorquoll, wird indirekt im nächsten Kapitel bestätigt, wo die Flut aufhört, weil nicht nur der Regen aufhört, sondern auch *die Brunnen der Tiefe verstopft sind* (8,2).

Wiederum kann man sagen: Ist das denn so wichtig, welche und wie viele Tiere genau Noah auf seiner Arche mitgenommen hat und ob die Flut nun allein durch Regen verursacht wurde oder auch durch Wasser, das aus der Erde kam? Kann ja sein, dass durch den Dauerregen und den Druck des Wassers, das auf der Erde lastete, der Grundwasserspiegel so hoch anstieg, dass er über die Erde trat, aber wesentlich ist doch, dass es die Sintflut gab und Noah mit seiner Familie und zahlreichen Tieren diese Flut überlebte, weil Gott es so wollte.

So kann man argumentieren. So wird man dann aber im weiteren Verlauf noch oft argumentieren müssen, zum Beispiel bei der Exodusgeschichte. Der Pharao will das Volk Israel nicht aus Ägypten wegziehen lassen. Gott schickt daher zehn Plagen. Die fünfte Plage besteht in einer Viehpest. *Alles Vieh der Ägypter starb* (2 Mose 9,1–6).

Mit der sechsten Plage schickt Gott die Blattern, und diese brechen nicht nur unter den Menschen aus, sondern auch unterm Vieh (9,8–12), das doch schon tot ist. Die siebte Plage – Hagel – tötet das tote Vieh zum dritten Mal: *Der Hagel erschlug in ganz Ägyptenland alles, was auf dem Felde war, Menschen und Vieh* (9,25). Und zum vierten Mal trifft es das Vieh bei der zehnten Plage: *da schlug der Herr alle Erstgeburt in Ägypten, von dem ersten Sohne des Pharao, der auf dem Throne saß, bis auf den ersten Sohn der Gefangenen, die in dem Gefängnisse waren, auch alle Erstgeburt des Viehes* (2 Mose 12,29).

Nach der zehnten Plage lässt der Pharao die Israeliten endlich ziehen, bereut aber kurze Zeit später seinen Entschluss, jagt deshalb seine Truppen hinterher, und da kommt es zu jener berühmten Szene, in der plötzlich das Meer zum Fluchtweg wird, weil Mose den Stab reckt und damit das Wasser teilt. Nun können die Israeliten auf trockenem Boden zwischen den Wassern wie zwischen zwei Mauern hindurchgehen. Noch heute ist mir das Bild aus meinem »Gottbüchlein« der ersten Grundschulklasse präsent, das den kilometerlangen Weg durch diese zwei Wassermauern zeigt, auf dem das Volk Israel dem rettenden Ufer in der Ferne entgegenstrebt, und weit vorne, auf halber Strecke zwischen Start und Ziel, sieht man die Wolkensäule, in der Gott vorauszieht und seinem Volk den Weg weist. Das nächste Bild zeigt, wie die Truppen des Pharao ebenfalls diesen Weg benutzen, dann aber unter den nun wieder zusammenfallenden Wogen des Meeres begraben werden.

Im biblischen Text wird diese Geschichte auch erzählt, jedoch enthält der Text noch weitere Varianten. In der zweiten Variante drängt Gott das Meer in der Nacht durch einen starken Wind so weit zurück, dass die Flüchtlinge auf dem trockenen Meeresboden entkommen können. Als die Ägypter kommen, hört der Wind auf, die Wassermassen rollen zurück, die pharaonischen Truppen befällt Panik, und sie fliehen kopflos in die Meereswogen hinein. In einer dritten Variante erscheint Gott den ägyptischen Truppen, versetzt sie in Angst und Schrecken, lähmt sie, stößt die Räder von ihren Kriegswagen, und die Soldaten wollen fliehen.

Merkwürdig ist auch der ständige Wechsel der Gottesnamen. Wo in unseren deutschen Bibelübersetzungen meist nur »Gott« oder der »HERR« steht, spricht der Urtext von Jahwe und Elohim, aber ganz offensichtlich nicht, um durch Abwechslung Monotonie zu vermeiden, denn über lange Textstrecken hinweg wird konsequent immer nur der eine der beiden Namen verwendet und in anderen langen Textstrecken nur der andere. Warum? Was hat das zu bedeuten?

Der gläubige Laie, der mit solchen Fragen konfrontiert wird, versteht diese in seinen Augen kleinliche Textfledderei nicht und denkt sich: Mein Gott, diese Texte wurden vor zwei- bis dreitausend Jahren zuerst nur erzählt, später aufgeschrieben, vielleicht waren verschiedene Varianten in Umlauf, vielleicht wurden diese dann zu einem einzigen Text verschmolzen, und so schlichen sich eben Ungenauigkeiten bei den Einzelheiten ein, die aber letztlich belanglos sind. Und vermutlich war den Menschen damals unsere kleinkarierte Faktenhuberei fremd.

Der Laie weiß in der Regel nicht, dass schon der erste Satz der Bibel – *Am Anfang schuf Gott Himmel und Erde* (1 Mose 1) – sorgsam komponiert wurde, kein Wort zufällig in den Satz gelangte und keines zufällig an seinem Platz steht. Nimmt man von jedem der sieben Worte des hebräischen Urtextes den ersten Buchstaben und addiert deren entsprechenden Zahlenwerte (nach dem Schema a = 1, b = 2 usw.), erhält man die Summe 22. Das ist die Zahl der Buchstaben des hebräischen Alphabets, und man kann sicher sein, dass dies kein Zufall, sondern von den Autoren so gewollt ist. Die Juden waren große Zahlenmystiker und verliebt in Zusammenhänge zwischen Zahlen, Buchstaben und dem mitgeteilten Sinn der Buchstaben. Wer von Beginn an so bewusst seine Worte setzt, ist kein Sprachschluderer und wird sich bei jedem Satz und jedem Wort etwas gedacht haben. Eben deshalb müssen wir jedes Wort ernst nehmen, und wenn die Wörter wechseln, sich ändern, einander widersprechen oder Rätsel aufgeben, wäre es falsch, darüber glättend hinwegzugehen und keine Fragen zu stellen.

Die Wahrscheinlichkeit, dass Brüche, Ungereimtheiten und Widersprüche nicht zufällig sind, den Verfassern oder Redakteuren bekannt waren und bewusst in Kauf genommen worden sind, ist hoch, und daher muss gefragt werden: Warum ist das so? Woher kommen die Unterschiede und Widersprüche? Und warum wurden sie nicht eliminiert?

Wenn es die biblischen Autoren mit der Sprache so genau genommen haben, warum sind dann so viele ihrer Geschichten so ungenau? Nehmen wir, nur als Beispiel, eine der bekanntesten und schönsten: die Geschichte von der Rettung des späteren Retters des Volkes Israel in Ägypten.

Der Pharao hat Angst, dass die Israeliten zu einem großen Volk in Ägypten heranwachsen, und befiehlt deshalb, jeden neugeborenen Jungen zu töten. Vor diesem Hintergrund beginnt nun die berühmte Geschichte von der Geburt und Rettung Moses' (2 Mose 2):

Und es ging hin ein Mann von dem Hause Levis und nahm eine Tochter Levis. Und das Weib empfing und gebar einen Sohn. Und als sie sah, dass er schön war, verbarg sie ihn drei Monate lang. Als sie ihn aber nicht länger verbergen konnte, nahm sie ein Kästlein von Rohr und verklebte es mit Lehm und Pech, tat das Kind darein und legte es in das Schilf am Gestade des Flusses. Aber seine Schwester stellte sich in einiger Entfernung hin, damit sie erführe, wie es ihm ergehen würde. Da kam die Tochter des Pharao herab, um im Flusse zu baden, und ihre Jungfrauen gingen an das Gestade des Flusses; und als sie das Kästlein mitten im Schilf sah, sandte sie ihre Magd hin und ließ es holen. Und als sie es öffnete, sah sie das Kind. Und siehe, es war ein weinendes Knäblein! Da erbarmte sie sich über dasselbe und sprach: Es ist eines der hebräischen Kinder! Da sprach seine Schwester zu der Tochter des Pharao: Soll ich hingehen und eine hebräische Säugamme rufen, dass sie dir das Kindlein säuge? Die Tochter des Pharao sprach zu ihr: Geh hin! Die Jungfrau ging hin und rief des Kindes Mutter. Da sprach des Pharao Tochter zu ihr: Nimm das Kindlein hin und säuge es mir, ich will dir deinen Lohn geben! Das Weib nahm das Kind und säugte es. Und als das Kind groß geworden, brachte sie es der Tochter des Pharao, und es ward ihr Sohn, und sie hieß ihn Mose. Denn sie sprach: Ich habe ihn aus dem Wasser gezogen.

Eine schöne Geschichte. Zu schön, um wahr zu sein. Schon der Anfang ist merkwürdig. Da wird der größte und wichtigste Mann der Juden geboren, aber der Erzähler hält es nicht für nötig, die Namen der Eltern zu nennen. Ein Anonymus und eine Anonyma aus dem Hause Levi werden uns als Eltern des jüdischen Religionsstifters genannt. Später, vier Kapitel weiter, haben sie dann plötzlich Namen: *Und Amram nahm seine Base Jochebed zum Weibe, die gebar ihm den Aaron und den Mose* (2 Mose 6,20). Warum werden die Namen nicht von Anfang an genannt? Namenlos bleibt auch Moses' Retterin, die Pharaonentochter, namenlos ist der Ort am Ufer des Nils, und namenlos ist Moses' Schwester, bei der man sich überrascht fragt, wie sie in den Text kommt. Klang es zu Beginn nicht so, als sei Mose das erste Kind dieses wohl noch jungen Paares? Im hebräischen Urtext stehen hier drei Verben für die eindeutige Reihenfolge Eheschließung,

Empfängnis und Geburt des ersten Kindes. Woher kommt die große Schwester?

Die Pharaonentochter badet im Nil, mit kleinem Gefolge, in einem breiten Fluss mit gefährlicher Strömung. Die vornehmeren Häuser Ägyptens verfügten allesamt über Bäder. Aber die Tochter des Höchsten in Ägypten muss sich zum Baden an den gefährlichen Nil begeben?

Moses' Schwester schaut zu und geht dann einfach zur Pharaonentochter und redet sie von der Seite an, als ob sie zu ihresgleichen redete. Niemand versperrt ihr den Weg? Hat jede x-beliebige Sklavin freien Zugang zur Pharaonentochter?

Die hohe Tochter identifiziert das Kind als Hebräerkind, kennt vermutlich das Gebot ihres Vaters, aber widersetzt sich diesem Gebot, rettet das Kind vor dem Tod, nimmt es sogar zu sich und adoptiert es. Alles ohne Wissen und Einwilligung des Vaters?

Mose wuchs am Königshof auf, wird also dem König des öfteren begegnet sein. Aber später, als Mose mehrfach mit dem Pharao verhandelt, damit dieser das Volk Israel aus Ägypten ziehen lasse, stehen sich offenbar zwei Fremde gegenüber. Nicht ein einziges Mal wird in den Gesprächen zwischen Mose und dem Pharao auf die Kindheit und Jugend Moses' am Königshof Bezug genommen.

Und schließlich: Die Geschichte von einem auf dem Fluss ausgesetzten Kind, das von einer Königstochter oder einer anderen hochgestellten Persönlichkeit gerettet und adoptiert wird, ist alt, älter als die jüdische Mose-Erzählung. Man findet zahlreiche Varianten dieses Topos schon in älteren Kulturen. Die Juden haben den Topos übernommen und ihn ihrem eigenen Gründungsmythos einverleibt, und das ist beileibe nicht die einzige Geschichte der Bibel, die Vorläufer in jüdischen Nachbarvölkern oder früheren Kulturen hat. Die Sintflutgeschichte liest man so ähnlich auch im sehr viel älteren Gilgamesch-Epos der Sumerer.

Die zehn Gebote, die Mose am Berg Sinai empfängt, findet man zu einem großen Teil so oder so ähnlich auch im Codex Hammurapi, einer der ältesten Gesetzessammlungen der Welt, die auf den babylonischen König Hammurapi (1728 bis 1686 v. Chr.) zurückgeht.

Wie mit der Sintflut-, der Mose- und der Sinai-Geschichte verhält es sich mit vielen Geschichten der Bibel. Sie transportieren ältere Erzählstoffe aus anderen Kulturen. Unsere heiligen Texte sind oft nur heidnische Texte, die jüdisch umgearbeitet und später von den Christen übernommen wurden.

Solche Befunde legen die Einsicht nahe, dass man die Bibel nicht voraussetzungslos lesen und verstehen kann. Wer ernsthaft herausfinden will, ob uns diese alten Texte heute noch etwas zu sagen haben, und wenn ja, was, wird scheitern, wenn er sich nicht um ein angemessenes Hintergrundwissen bemüht, und dazu gehört eben, möglichst viel über die Zeit zu erfahren, von der die Texte erzählen. Dabei darf man sich aber nicht auf das kleine, damals noch junge Volk der Juden beschränken, sondern muss sich auch mit jenen älteren, größeren und mächtigeren Völkern und Kulturen beschäftigen, die zeitgleich existierten. Die Juden sind nicht aus dem Nichts entstanden, sondern aus älteren Kulturen hervorgegangen, waren deren Einflüssen ausgesetzt, haben mit ihnen Handel getrieben und hatten nicht nur einen wirtschaftlichen, sondern auch einen geistigen Austausch.

Daher dürfen wir die althebräische Literatur nicht isoliert betrachten, sondern müssen sie als Teil der altorientalischen verstehen, die den biblischen Texten die literarischen Formen, Gattungen, Motive und Erzählstoffe geliefert hat. Deshalb muss man sich zwangsläufig mit der Literatur, Geschichte und Wirtschaft der Sumerer, Ägypter, Babylonier, Assyrer, Aramäer, Ammoniter, Moabiter, Edomiter, Perser, Hethiter, Phönizier, Philister, Griechen und Römer beschäftigen. Dann erst wird man einem biblischen Text ansehen, ob es sich dabei um etwas originär jüdisches oder christliches handelt oder um die jüdische oder christliche Bearbeitung älterer Stoffe, und in der Differenz zwischen der älteren Vorlage und dem, was die jüdischen Autoren daraus gemacht haben, wird man die eigentliche Pointe des jüdisch-christlichen Glaubens suchen müssen. Heerscharen von Theologen, Judaisten, Altphilologen, Ägyptologen, Assyrologen und Orientalisten haben daher auch seit Beginn der Aufklärung so viel Material zusammengetragen und so viele antike Quellen ausgewertet, dass zu fast jedem Wort der Bibel gelehrte Kommentare existieren, an denen immer noch weitergeschrieben wird.

Klar ist auch, dass man sich einer weiteren Hilfstruppe zu bedienen hat: der Archäologen. Ihnen verdanken wir die in Keilschrift oder Hieroglyphen beschriebenen Tontäfelchen und Papyri, die Auskunft geben über das Leben der alten Völker in Mesopotamien. Sie haben die Städte und Dörfer ausgegraben, in denen die Sklaven, Bauern, Handwerker, Beamten und Könige lebten, darunter auch Städte, die in der Bibel erwähnt sind. Die Archäologen haben die Kunst des Spurenlesens zu solch einer Perfektion entwickelt, dass jeder Knochenfund, jede Tonscherbe und jede Grab-Beigabe eine Geschichte erzählt, und dank der Summe dieser Geschichten wissen wir tatsächlich etwas über die versunkene Zeit, aus der die Funde stammen.

Daher kennen die Archäologen heute die Lebensstile der damals in Mesopotamien lebenden Völker. Sie wissen ziemlich genau, wann und wo die ersten Nomaden sesshaft wurden, wie lange sich die Sesshaftwerdung in den verschiedenen Regionen hinzog und wie sich die Lebensweise der Bauern von der nomadischen und halbnomadischen unterschied. Sie wissen, dass die Viehherden der Nomaden zunächst nur aus Schafen, Ziegen und Rindern bestanden und das Kamel erst später gekommen ist. Sie wissen, wie es in den mesopotamischen Städten aussah, wie man dort wohnte, wie regiert, Recht gesprochen und nach welchen Regeln das Zusammenleben organisiert wurde, welche sozialen Schichten es gab, was Zinsknechtschaft bedeutete und welche Arten der Fron und der Sklaverei in einer bestimmten Kultur üblich waren. Sie kennen die Könige, Königsdynastien, deren Herrschaftsbereiche und die Dauer ihrer Herrschaft. Sie wissen, was auf den Feldern angebaut wurde und was die Menschen gegessen haben. Sie haben Inschriften und Siegel entdeckt, die man mit bestimmten biblischen Personen in Verbindung bringen kann.

Aber sie verfügen auch über Befunde, die manche biblische Darstellung als zweifelhaft oder glatt erfunden erscheinen lassen. Und von weiteren in der Bibel berichteten Ereignissen fehlt jede Spur, sei es, weil diese Spuren noch nicht gefunden oder vernichtet wurden, sei es, weil das Ereignis nie stattgefunden hat und daher auch keine Spuren hinterlassen haben konnte.

Von Abraham beispielsweise, dem Stammvater des Glaubens der Juden, Christen und Muslime, fehlt bisher jeder Hinweis, dass er tatsächlich gelebt hat, und die meisten Theologen rechnen auch nicht damit, dass die Archäologen noch je irgendwelche Hinweise finden werden, denn sie halten Abraham für eine mythische Figur. Andererseits können die Archäologen aufgrund der in den Abrahamsgeschichten enthaltenen Ortsnamen, geographischer Hinweise, Angaben über die Lebensweise und Beschreibungen bestimmter Bräuche bestätigen, dass alles zusammen ein stimmiges Bild ergibt, das zeitlich ungefähr in die Jahre zwischen 2.000 und 1.800 vor Christus passt. Hinter den Abrahamsmythen könnte sich also eine reale Figur verbergen.

Wieder anders verhält es sich beim Auszug des Volkes Israel in Ägypten. Hier behauptet die Bibel, *sechshunderttausend Mann Fußvolk, die Kinder nicht inbegriffen*, hätten das Land verlassen, und mit ihnen *viele Mischlinge und Schafe und Rinder und sehr viel Vieh* (2 Mose 12,37).

Dazu sagen die Archäologen: Das kann nicht sein. Verschiedene Orts- und Zeitangaben in den Exodusgeschichten legen die Vermutung nahe, dass sich dieser Auszug um das Jahr 1.200 v. Chr. ereignet haben muss. Zu jener Zeit verfügte Ägypten bereits über eine lückenlose, ausführliche und penible Geschichtsschreibung, aber seltsam: Israel kommt darin nicht vor. Auch vor und nach dem Jahr 1.200 weiß die ägyptische Geschichtsschreibung nichts von einem Volk Israel in Ägypten, nichts von einer versklavten Nation und nichts von einer Massenflucht.

Dagegen wissen die Archäologen, wie perfekt Ägypten damals regiert wurde, wie gut die Überwachung der Grenzen funktionierte, wie fest Ägypten die umliegenden Länder unter Kontrolle hatte. Dass unter solchen Bedingungen 600.000 Männer plus Frauen und Kinder und Viehherden gegen den Willen des Herrschers entkommen, in die Wüste fliehen und dort vierzig Jahre überleben konnten, ist ausgeschlossen. Nicht auszuschließen ist aber, dass einer kleinen Gruppe die Flucht unter Lebensgefahr gelang, dieser Gruppe dabei ein Rettungserlebnis widerfuhr, das sie als wundersam betrachtete, und dass daraus der jüdische Gründungsmythos entstand.

Auch bei den Landnahme-Erzählungen sagen die Archäologen: Kann nicht sein. Die Bibel berichtet, dass die Israeliten nach vierzigjährigem Umherirren in der Wüste den Jordan überquerten und Kanaan, das verheißene Gelobte Land, einnahmen, und zwar gewaltsam, kriegerisch, grausam und gnadenlos gegenüber den Bewohnern der unterworfenen Städte. Die berühmteste Geschichte erzählt, wie die Mauern von Jericho durch bloßes Blasen der Posaunen einfallen und die Stadt zur leichten Beute der Israeliten wird. Aus diesen Geschichten stammt das Bild vom alttestamentarisch-grausamen, rachedürstigen Kriegsgott.

Dazu sagen die Archäologen: Es war anders. Die Israeliten haben das Land nicht militärisch erobert, sondern sind friedlich eingesickert, haben sich zunächst in den Bergen niedergelassen, wo niemand Anspruch auf das Land erhoben hat. Dieses Land war auch nicht besonders fruchtbar, aber dafür war man da oben einigermaßen sicher vor den kanaanäischen Stadtkönigen. Erst König David eroberte die fruchtbaren Ebenen.

So kann man jetzt Geschichte für Geschichte sezieren, auf innere Unstimmigkeiten abklopfen, mit außerbiblischen Quellen vergleichen, archäologische Befunde hinzuziehen, wie es die Theologen tatsächlich getan haben, und dann wird man, wenn man denn intellektuell redlich ist, angesichts der Fülle der Fakten anerkennen müssen, dass es zwischen dem Berichteten und dem tatsächlich Geschehenen immer eine mehr oder weniger große Kluft gibt. Auch der frömmste Evangelikale, der radikalste Orthodoxe und der fundamentalistischste Islamist müsste eigentlich, wenn er offen wäre für vernünftiges Argumentieren, einsehen, dass man heilige Schriften nicht wörtlich nehmen und nur unter der Bedingung verstehen kann, dass man ihre Entstehungsgeschichte und die wichtigsten damit zusammenhängenden Fakten kennt.

Wer behauptet, dass die Welt an sechs Tagen durch göttliches Wort erschaffen und Eva aus einer Rippe Adams gemacht wurde, weil es nun mal so in der Bibel steht und dieses Buch heilig und darum unantastbar ist, oder wer behauptet, dass Ehebrecherinnen zu steinigen sind, weil es nun mal so im Koran steht, ist als Gesprächspartner so wenig ernst zu nehmen wie jemand, der behauptet, die Erde sei eine Scheibe. Er hat jeglichen Anspruch verwirkt, einem Menschen des 21. Jahrhunderts Ratschläge für sein Leben zu erteilen oder ihm gar Vorschriften zu machen.

Bevor jemand sich anmaßt, aus der Bibel oder dem Koran abzuleiten, wie Menschen des 21. Jahrhunderts zu leben haben, sollte er erst einmal zur Kenntnis nehmen, dass weder die Bibel noch der Koran als fertiges Buch vom Himmel gefallen sind. Es hat auch keine göttliche Stimme irgendwelchen Schreibern den Text in die Feder diktiert, sondern wir wissen heute, dass die heiligen Schriften vom ersten bis zum letzten Buchstaben Menschenwerk sind, in einem vielschichtigen Prozess aus mündlichen Überlieferungen, Rechtsprechungen, Gesetzessammlungen, Dichtungen, Märchen, Sagen und Legenden im Verlauf von vielen Jahrhunderten gewachsen sind. Was uns heute als Bibel vorliegt, stammt aus verschiedenen Quellen unterschiedlicher Epochen, ist gesammelt, gesichtet, geprüft und nach uns oft unbekannten Kriterien ausgewählt, redigiert, neu komponiert, kunstvoll miteinander verwoben und irgendwann kanonisiert worden.

Jene, die das alles auf- und umgeschrieben haben, hatten nicht im Traum daran gedacht, dass das noch Jahrtausende später gelesen wird und Menschen sich ihre Köpfe zermartern, um aus diesen Texten herauszulesen, was sie glauben, hoffen, denken, tun und wie sie leben sollen. Sollte solch eine Lebens-Anweisung für das 21. Jahrhundert tatsächlich aus diesen uralten Texten extrahierbar sein, dann sicher nicht ohne die Kenntnis der Entstehung dieser Texte und der Umstände, unter denen sie sich entwickelt haben. Wer meint, solch eine unter Umständen verborgene, überzeitlich gültige Weisheit und Wahrheit ohne jegliches Vor- und Hintergrundwissen aus der Bibel schürfen zu können, schürft Blech, und Goldstaub vielleicht mal aus Zufall. Deshalb wenden wir uns im nächsten Kapitel der Frage zu, wie die Bibel eigentlich entstanden ist.

14 – Die Konstruktion von Sinn

Jesus Christus war kein Christ, sondern Jude. Wer Christus verstehen will, muss die Juden verstehen. Wer die Juden verstehen will, muss das Alte Testament verstehen, die Bibel der Juden, den Teil, der drei Viertel der christlichen Bibel ausmacht. Das Alte Testament ist das Fundament der Christen. Wer es verstehen will, muss wissen, wie es entstanden ist und warum danach ein Neues Testament nötig wurde.

Das Alte Testament beginnt mit den fünf Büchern Mose. Aber Mose hat diese Bücher nicht geschrieben. Es geht weiter mit dem Buch Josua, aber Josua hat es nicht geschrieben. Alle sechs Bücher zusammen schildern die Geschichte von der Erschaffung der Welt bis zur Landnahme der Israeliten in Kanaan, erstrecken sich also auf einen Zeitraum, welcher die Lebenszeit Moses' und Josuas – falls es sich denn wirklich um geschichtliche Gestalten handelt – weit übersteigt. Selbst wenn Mose und Josua die Verfasser gewesen wären, hätten sie sich auf ältere Quellen stützen müssen.

Die zwei Bücher Samuel wurden nicht von Samuel geschrieben und die zwei Bücher der Könige nicht von Königen. Keines dieser Bücher wurde in der Zeit geschrieben, über die sie berichten. Und keines hat einen einzelnen Verfasser, dessen Autorenschaft man mit einem konkreten Namen verbinden könnte. An diesen Texten haben, wie bei Märchen, Sagen und Legenden, viele Menschen über Generationen hinweg mitgeschrieben. Nur die prophetischen Texte stammen, sofern es sich um »Schriftpropheten« handelt, von den Propheten. Diese haben aber zumeist nicht selber geschrieben, sondern nur gesprochen, andere haben mitgeschrieben, aber nicht wortwörtlich und zeitgleich, während der Prophet sprach, sondern später, aus dem Gedächtnis und so, wie sie ihn verstanden oder interpretiert haben.

Die ganze Bibel kann verstanden werden als Versuch des Volkes Gottes, seine Erfahrungen mit Gott zu erzählen. Es sind Reflexionen über Ereignisse, mit dem Ziel, die Ereignisse als Gottes Handeln zu deuten und zu erklären, warum er gerade so und nicht anders gehandelt hat.

Der Versuch beginnt im Übergang von der Spätbronzezeit zur Eisenzeit zwischen 1200 und 1000 vor Christus. In jener Zeit entstanden in Palästina die Reiche Israel und Juda, wobei das Wort »Reich« für dieses Gebilde eine ziemliche Übertreibung darstellt. Es war ein überschaubares Gebiet mit ländlicher Bevölkerung, vielen Nomaden, einer nicht sehr großen Zahl von Dörfern, und der einzige Ort, der den Namen Stadt verdient, war Jerusalem. Wir wissen nicht, wie viele Menschen damals in diesem Land lebten. Es können nicht sehr viele gewesen sein. Die Archäologen Israel Finkelstein und Neil A. Silberman schätzen, dass es circa 45.000 gewesen sind. Und dieses kleine Volk wurde um das Jahr 1.000 vor Christus von König David und nach ihm von dessen Sohn Salomo regiert.

Unter deren Regentschaft sind die im Volk zirkulierenden Geschichten erstmals gesammelt, gesichtet, verdichtet und aufgeschrieben worden. Die Schreiber, vermutlich Priester am Jerusalemer Tempel, vielleicht auch Beamte des Königshofs, verfügten bereits über einen Schatz von Stammes-, Helden-, Heiligtums- und Ortssagen, über Lieder, Sprüche und Rechtssätze. Es gab Geschichten von einem gemeinsamen Urahn namens Abraham, dem Gott Land und viele Nachkommen verheißen hatte. Es gab Isaaks- und Jakobsgeschichten, die Geschichte von Jakobs Sohn Josef, der seinen Vater mit seinen elf Brüdern nach Ägypten holt und die Frage beantwortet, wie Abrahams Nachkommen in Ägypten zu einem Volk heranwuchsen. Schließlich zirkulierten noch Geschichten über den Auszug aus Ägypten, die Flucht durch die Wüste, das Ankommen im verheißenen Land und das freie Leben der zwölf Stämme.

Um das Jahr 1.000 formierten sich diese zwölf Stämme zu einem Staat, zunächst mit König Saul an der Spitze, dann mit den Königen David und Salomo. Nun entwickelte sich ein nationales Eigenleben mit Festen, Liturgien, Mythen, einem Staatskult, aber auch die Notwendigkeit, für Recht und Ordnung zu sorgen, Macht auszuüben und die Königsherrschaft zu legitimieren. Dazu brauchte man eine Geschichte, deshalb leistete sich der Königshof den Luxus, ein paar Schriftkundige eigens dafür zu bezahlen, dass sie aufschrieben, was bisher überwiegend nur mündlich überliefert war.

Das Erlernen von Lesen und Schreiben setzt das Vorhandensein einer Literatur voraus. Die gab es im vorderen Orient zur Zeit von David und Salomo schon reichlich. Aus sumerischen, ägyptischen und phönizischen Literaturen hatte sich so etwas wie ein klassischer Kanon entwickelt, der an den diversen Ausbildungsstätten die Grundlage des Unterrichts bildete. Geschrieben wurde in althebräischer Schrift auf Tonscherben, die sich aus der phönizischen entwickelt hatte, der Urschrift aller Alphabetschriften, erfunden in der ersten Hälfte des zweiten Jahrtausends vor Christus.

Die Schulung anhand klassischer mesopotamischer Literatur verschaffte den Schriftkundigen so etwas wie eine internationale Aura, einen geistigen Horizont, der über die nationalen Grenzen hinausging. Daher bildeten sie an jedem Königshof eine kleine, gebildete kulturelle Elite mit ausgeprägtem Standesbewusstsein. Solche Leute machten sich nun am davidischen Königshof daran, die Geschichte ihres Volkes aufzuschreiben als die Erfahrung mit ihrem Gott. Dabei entfalteten sie den Ehrgeiz, nicht nur das Wissen über die Ursprünge Israels zusammenzutragen und einzelne Geschichten unverbunden nebeneinanderzustellen, sondern eine geschlossene Geschichte vom Anfang der Welt bis zur Gegenwart zu schreiben und ihre eigene Geschichte in dieses große Ganze einzubetten. Was sie vorhatten, war nicht die Schaffung von Literatur, sondern etwas Anspruchsvolleres: die Konstruktion von Sinn, die Deutung des Erlebten als Handeln ihres Gottes, die Einordnung alles Geschehens in einen göttlichen Plan und die Beschreibung Israels als göttliches Instrument der Weltveränderung.

Auf diese Weise entstand eine erste Fassung der fünf Bücher Mose und des Buches Josua. Bei dieser ersten Fassung blieb es natürlich nicht. Sie wurde immer wieder verändert, wenn neue Geschichten auftauchten oder wenn neue geschichtliche Erfahrungen des Volkes Änderungen am Gottesbild und Änderungen der traditionellen Interpretationen des Geschehenen nötig machten.

Aber diese erste Fassung schimmert noch heute in der Bibel durch, und zwar an all den Stellen, an denen von Jahwe die Rede ist, denn der Autor – oder die Autoren, man weiß es nicht genau –

benutzt konsequent Jahwe als Gottesnamen. Daher muss es sich bei den Passagen, in denen Elohim als Gottesname benutzt wird, um einen anderen Autor oder eine andere Autorengruppe handeln.

Julius Wellhausen hat diese Zweiquellen-Theorie 1886 erstmals entworfen, seitdem spricht man in der Forschung vom Jahwisten und vom Elohisten, und seitdem versucht man, die Quellen zu scheiden, sie zu datieren, ihre Herkunft zu lokalisieren und ihre theologischen und sonstigen Absichten zu erschließen. Durch dieses Bemühen stieß man auf weitere Quellen, etwa auf eine Priesterschrift, eine Laienquelle, eine Nomadenquelle, ein Ur-Deuteronomium (5. Buch Mose). Diese Quellen aus unterschiedlichen Zeiten wurden im Lauf der Zeit von Priestern oder Beamten redaktionell bearbeitet, in den vorhandenen Bestand eingefügt und miteinander verwoben.

Das erklärt, warum so vieles zwei- oder gar dreimal erzählt wird und warum die einzelnen Schilderungen derselben Ereignisse voneinander abweichen oder in andere Worte gefasst sind. Und es zeigt: Den heiligen Respekt der Fundamentalisten vor heiligen Schriften haben die Verfasser der heiligen Schriften nicht gekannt. Wenn sie Erfahrungen machten oder Erkenntnisse gewannen, die zum bisher Geschriebenen in Widerspruch standen, oder wenn sie auf neue Quellen und Erzählstoffe stießen, haben sie ihre heiligen Texte einfach ergänzt, neuinterpretiert oder gleich ganz umgeschrieben. Ein genauer Vergleich der Texte zeigt auch, dass keineswegs immer Einigkeit herrschte im Gottesvolk, dass es vielmehr Streit gab über die Interpretation des Geschriebenen, die Deutung der Ereignisse und die Auslegung der Gesetze.

Durch die Vielzahl unterschiedlicher Quellen aus verschiedenen Zeiten und deren mehrfache Bearbeitung ist zwei- bis dreitausend Jahre später das Geschäft der Quellenscheidung naturgemäß ein schwieriges bis unmögliches Unterfangen. Es herrscht denn auch ein fröhlicher Gelehrtenstreit um jedes Wort bei der Frage, welcher Quelle ein Wort, ein Satz oder ein ganzer Passus zuzuordnen sei. Und es ist bis heute keineswegs genau geklärt, wann, wo und wie die einzelnen Texte entstanden und gewachsen sind, wann sie von wem verändert und wie miteinander verschmolzen wurden. Und auch die Frage, warum ein Text entstand, wer seine eigentlichen Adressaten waren, ob sich in ihm historische Ereignisse oder Einflüsse niederschlagen, und wenn ja, welche, ist bei vielen Texten weithin ungeklärt.

Aber in zentral wichtigen Fragen stimmen heute alle Forscher überein, zum Beispiel darin, dass die Texte des biblischen Kanons im Lauf eines Jahrtausends aus einfachsten Anfängen gewachsen sind wie ein Baum. Wie man an den Baumringen des Stammes sein Alter ablesen kann, so kann man an den Schichtungen der biblischen Texte ungefähr deren Alter abschätzen. Und wie der Stamm immer mehr Äste und Zweige gebildet hat, so verästeln sich auch die Texte der Bibel. Aber irgendwann steht fest, wo die Wurzel steckt, der Stamm beginnt und aus ihm die Krone wächst. Genauso ist es mit dem Alten Testament. Seine wesentliche Gestalt, und auch darin stimmen die Forscher überein, hat der Baum des Alten Testaments während der Zeit der babylonischen Gefangenschaft des Volkes Israel und kurz danach erhalten, ungefähr ein halbes Jahrtausend nach David und Salomo.

Deren Großreich war nur von kurzer Dauer. Salomo starb 926. Gegen seinen Sohn und Nachfolger Rehabeam gab es einen Aufstand, weil er dem Volk Fronarbeit auferlegte und hohe Steuern abpresste. Der Konflikt führte zur Teilung des Reiches in einen Nord- und Südstaat. Jerusalem war nun nur noch die Hauptstadt des Südreichs Juda. Der Nordstaat Israel wurde von Sichem aus regiert. Religiös betrachteten sich zwar beide Staaten noch als zusammengehörend, der Tempel in Jerusalem wurde regelmäßig von den Bewohnern des Nordreichs besucht, auch die Tempelsteuer wurde von ihnen entrichtet, dennoch rivalisierten die beiden Teile nun miteinander, und diese Spannung spiegelt sich noch heute in den Texten aus dieser Zeit.

Die zwei kleinen Reiche waren von mächtigen Großreichen umgeben, wie etwa den Ägyptern und Assyrern. Besonders die aufstrebenden Assyrer versuchten durch Eroberungen zu expandieren, und diesem Eroberungsdrang fiel der nördliche Teilstaat Israel zum Opfer. Er wurde 722 dem assyrischen Imperium einverleibt und verschwand für immer aus der Geschichte. Übrig blieb Juda, aber auch nicht mehr lange. Eine neue Großmacht, Babylon, begann mit ihren Raubzügen, überfiel Juda, belagerte

Jerusalem, und im Jahr 587 war es auch mit Juda vorbei. Die gesamte judäische Oberschicht wurde ins Exil geführt, das ehemalige Staatsgebiet wurde babylonische Provinz.

Der Erzählfaden der Geschichte, die vom Ende der Wüstenwanderung bis zur Zerstörung Jerusalems durch die Babylonier reicht, reißt an dieser Stelle ab und wird von den betreffenden Autoren nicht wieder aufgenommen. Andere greifen den Faden nun auf und spinnen ihn weiter. Über das Schicksal der Zurückgebliebenen in Juda berichtet das Buch Jeremia, das Schicksal der Exilierten in Babylon erzählt das Buch Ezechiel.

Es war die Zeit der tiefsten Krise im Leben des damals noch jungen Volkes der Juden. Am Anfang dieses Volkes stand eine großartige göttliche Verheißung: Nachkommen, so viel wie Sterne am Himmel sind, wurden Abraham versprochen, dazu ein Land, worin Milch und Honig fließen. Aber nur wenige Nachkommen brachte Abrahams Schoß hervor, und diese landeten als Sklaven in Ägypten. Ihr Gott holte sie von dort heraus, versprach ihnen abermals ein Land voll Milch und Honig. Aber dann ließ er sein Volk erst einmal vierzig Jahre in der Wüste umherirren und die ganze erste Exodusgeneration darin umkommen.

Schließlich gelangten die Flüchtlinge doch noch aus der Wüste in fruchtbares Land, nach Kanaan, aber dieses Land war schon von anderen besiedelt, besonders die fruchtbaren Ebenen waren verteilt, für die Flüchtlinge blieb nur das karge Bergland. Von Milch und Honig keine Spur, und ständig hatte man sich anderer Völker zu erwehren. Das änderte sich mit David und Salomo, aber zu welchem Preis? Nun mussten sie Steuern zahlen, ihre Söhne dem König als Soldaten zur Verfügung stellen, und unter Salomo wurden sie auch noch, wie einst in Ägypten, zur Fronarbeit verdammt.

Und es wurde nicht besser. Das Reich zerfiel in zwei Teile, von denen eines von den Assyrern überfallen und dem Erdboden gleichgemacht wurde, und in das andere kamen die Babylonier, zerstörten ihr Sinnzentrum, den Tempel, und verschleppten die Führung. Warum? Wie konnte geschehen, was geschehen ist?

In der Fremde, versklavt, ohne Land und eigenen Besitz, hat ihre Geschichte begonnen. In der Fremde, ohne Land und eigenen Besitz, hört die Geschichte auf, und die Zeit dazwischen war auch nicht so toll. Immer war das Volk der Juden nur der Spielball fremder Mächte, ist es von anderen durch die Weltgeschichte geschubst worden, und dabei hätte es doch das Werkzeug sein sollen, mit dem Gott sein Ziel der Geschichte erreicht. Daher fragten sich die Juden: Hat Gott sich abgewandt von uns? War es gar ein falscher Gott, dem wir anhingen? Sind wir einer Illusion aufgesessen? Und wenn nicht, wenn unser Gott der richtige ist, warum hat er uns dann in diese Katastrophe geführt? Was hat die ganze bisherige Geschichte für einen Sinn? Was ist mit der göttlichen Verheißung an Abraham? Hat Gott sein Wort gebrochen, den Bund mit seinem Volk aufgekündigt?

Diese Fragen nehmen die Deportierten mit ins babylonische Exil. Um diese Fragen scharen sich die Zurückgebliebenen im zerstörten Juda. Mit diesen Fragen und ersten Versuchen einer Antwort kehren die Exilierten aus Babylon nach Juda zurück, als die Weltgeschichte eine erneute Wende nimmt. Babylon zerbröckelt, ein neuer Stern steigt auf am Himmel: Persien mit seinem König Kyros erobert 539 Babylon und »erbt« dadurch die jüdischen Exilanten und die Provinz Juda.

Kyros' Sinn steht nach weiteren Eroberungen, aber er ist politisch klug. Er braucht, wenn er nach außen expandieren will, Ruhe im Innern. Die verschafft er sich durch Freundlichkeit gegenüber seinen Untertanen und den Unterworfenen. Er behandelt sie gut, auch die Juden. Ihnen erlaubt er die Rückkehr nach Juda, den Wiederaufbau des Tempels, und sogar eine finanzielle Beteiligung soll er gewährt haben. Die Bücher Esra, Nehemia und die Propheten Haggai und Sacharja berichten davon.

In dieser Zeit, zwischen 586 und 440, arbeiteten die Gehirne der religiösen Denker in Juda fieberhaft, erklommen die Priester und Schriftgelehrten ein höheres intellektuelles Niveau, unterzogen den ganzen bisherigen Glauben einer kritischen Prüfung, lasen die alten Texte mit neuen Augen, und das Ergebnis war eine Umschmelzung alles Vorhandenen zur eigentlichen jüdischen Religion, wie sie noch heute existiert.

Alle Texte wurden nun grundlegend überarbeitet, andere Gewichtungen wurden vorgenommen, es wurde gestrichen und ergänzt, und so entstand das Alte Testament in seinen wesentlichen Teilen, wie wir es heute kennen. Zwar kamen im Verlauf weiterer Jahrhunderte noch einige Schriften hinzu, geschlossen wurde der Kanon erst um 100 nach Christus, aber die Tora in ihrem Grundbestand war um das Jahr 400 vor Christus fertig. Was danach kam, hat den Kern nicht mehr verändert, sondern um Teile erweitert, die nicht mehr ganz so wesentlich waren.

Die ganze Sammlung dieser Schriften nennt sich zwar Altes Testament, aber was drinsteht, war für damalige Verhältnisse revolutionär neu, modern, profan, aufklärerisch, herrschaftskritisch, ideologiekritisch, zum Teil sogar satirisch, polemisch und blasphemisch, und ist es für den, der zu lesen versteht, noch heute.

In die Zeit der Rückkehr aus dem Exil fällt die weltgeschichtlich einschneidendste Veränderung, die Entwicklung des Judentums zu einer wirklichen Weltreligion: die endgültige Wende zum reinen Monotheismus. Vorher war Israel noch nicht monotheistisch, sondern nur monolatrisch. Man betete zwar seinen Gott an, hielt ihn aber für einen unter vielen und dachte, jedes Volk habe seinen eigenen Gott. Nun aber drängte sich den Heimkehrern eine schier unglaubliche, ungeheuerliche, neue religiöse Erkenntnis auf: Die Götter der anderen existieren überhaupt nicht, haben nie existiert, sind Götzen aus Holz und Ton. Unser Gott ist der einzige und wahre auf der Welt.

Diese monotheistische Wende ergab sich aus der Deutung der Katastrophe. Sie wurde verstanden als Strafe Gottes für den permanenten Verstoß des Volkes gegen Gottes Gesetz und gegen die Anbetung fremder Götter. Die Propheten hatten dies ständig angeprangert und vorausgesagt, dass ein solches Verhalten nicht ohne Strafe bleiben werde. König, Volk und Tempelpriester wollten es nicht hören. Nun aber hatten sich die Unheils-Prophezeiungen erfüllt.

Die Tragweite dieser Deutung als Strafgericht war den Deutern vermutlich zunächst gar nicht so klar. Erst über drei gedankliche Zwischenschritte entfaltete sich die folgenschwere Konsequenz ihrer Deutung. Der erste Gedanke lautete: Gott hat die Assyrer und Babylonier benutzt, um uns zu strafen, und Kyros, um uns zurückkehren zu lassen.

Der zweite Gedanke ergab sich logisch aus dem ersten: Wenn Gott die Assyrer, Babylonier und Perser benutzen konnte, dann musste er auch Herr und Lenker dieser Völker sein.

Daraus folgte drittens: Wenn unser Gott auch über die machtvollen Völker in unserer Nachbarschaft herrscht, beten diese Völker nicht nur falsche Götter an, sondern Götter, die schwächer sind als unser Gott. Oder existieren deren Götter vielleicht gar nicht?

Von da war es dann nur noch ein kleiner Schritt zu der provokanten, die Welt erschütternden Aussage: Es gibt überhaupt nur einen Gott, unseren. Und uns, ausgerechnet uns, das kleinste und machtloseste unter den Völkern, hat dieser Gott als sein Volk erwählt. Logisch zwingend war dieser letzte Schritt nicht mehr, aber mutig und konsequent.

Angebahnt hatte sich der reine Monotheismus schon vor dem Exil. Durchsetzen konnte er sich aber erst im Licht der gemachten Erfahrungen und den an sie geknüpften Überlegungen während des Exils und danach.

Das neue revolutionäre Gottesbild veränderte das Volk der Juden tief, isolierte es von allen anderen Völkern, die einem als natürlich empfundenen Polytheismus anhingen. Es gab jetzt für die Juden den Unterschied zwischen wahr und falsch, zwischen ihnen und den Heiden, zwischen ihrer vom wahren Gott gestifteten Religion und der natürlichen, falschen, abergläubischen Religion der anderen. Es gab jetzt nur noch sie, die Juden, und ihren Gott und die Aufgabe, diesem Gott zu dienen und zu gehorchen, alles andere wurde zweitrangig. Ob man Land hatte oder nicht, einen eigenen Staat mit einem eigenen König oder nicht, das war nun nicht mehr so wichtig. Wichtig war allein das religiöse Leben rund um den Tempel, die Befolgung des Gesetzes, die Alleinverehrung Gottes. Es war nun wirklich ein aus der Welt herausgenommenes, abgesondertes Volk.

Dass man weiterhin ein Spielball anderer Völker blieb – nach den Persern kamen die Griechen mit Alexander, danach die Ptolemäer aus Ägypten, nach ihnen die Seleukiden aus Syrien, schließlich die Römer –, konnte man jetzt gelassen ertragen. Das Volk Gottes lernte, sich mit den jeweils herrschenden irdischen Machthabern zu arrangieren. Man zollte ihnen Tribut, zahlte Steuern, solange sie sich nicht in das Verhältnis zwischen Gott und seinem Volk einmischten und solange sie den Tempel als exterritoriales Gebiet respektierten, an dessen Grenzen ihre Macht endete.

Meistens wurden diese Grenzen respektiert, denn die polytheistischen heidnischen Machthaber hatten kein Problem damit, die Götter der unterworfenen Völker anzuerkennen. Sie glaubten, es handle sich um dieselben, und sie hätten nur einen anderen Namen.

Das Volk aber wusste: Die Eroberer irren. Auch sie sind nur Spielbälle in der Hand Gottes, des einzigen und wahren Gottes. Das Volk erkannte: Die Eroberer fallen ein wie die Heuschrecken und gehen irgendwann an sich selbst zugrunde. Der eigentliche Herr und Lenker der Geschichte ist und bleibt Gott, ihr Gott, der Gott Abrahams, Isaaks und Jakobs. Was aber ist sein Ziel der Geschichte?

Wir finden es bei den Propheten Jesaja und Micha, eine neue Verheißung, eine Steigerung der alten Verheißung an Abraham, viel größer, utopischer und phantastischer: *Täler sollen erhöht werden und alle Berge und Hügel sollen erniedrigt werden, und was ungleich ist, soll eben, und was höckericht ist, soll schlicht werden* (Jesaja 40,4). *Da wird der Wolf bei dem Lämmlein wohnen, der Leopard bei dem Böcklein niederliegen. Das Kalb, der junge Löwe und das Mastvieh werden beieinander sein, also dass ein kleiner Knabe sie treiben wird. Die Kuh und die Bärin werden miteinander weiden und ihre Jungen zusammen lagern. Der Löwe wird Stroh fressen wie das Rindvieh. Der Säugling wird spielen am Loch der Otter und der Entwöhnte seine Hand nach der Höhle des Basilisken ausstrecken* (Jesaja 11,5–9).

Da werden sie ihre Schwerter zu Pflugscharen und ihre Spieße zu Sicheln machen. Denn es wird kein Volk gegen das andere ein Schwert aufheben, und werden hinfort nicht mehr kriegen lernen (Jesaja 2,4). *Ein jeglicher wird unter seinem Weinstock und Feigenbaum wohnen ohne Scheu* (Micha 4,3). *Denn siehe, ich will einen neuen Himmel und eine neue Erde schaffen* (Jesaja 65,17).

Von dieser neuen Hoffnung, diesen gewaltigen Verheißungen lebt das Volk jetzt. Aber wie lange? Naturgemäß stellt sich die Frage ein: Wann wird es so weit sein? Wie wird es dabei zugehen? Können wir etwas tun, damit diese Zukunft möglichst bald kommt, vielleicht noch zu unseren Lebzeiten?

Im Verlauf weiterer Jahrhunderte schwindet die Gelassenheit, wächst die Ungeduld. Sie wächst besonders während der Herrschaft der Seleukiden, als Antiochus IV. Epiphanes (175–164 v. Chr.) das als Gewohnheit empfundene Recht der freien Religionsausübung bricht, die Grenzen des Tempels nicht respektiert, die Jahwe-Verehrung ausrotten will und auch noch den Tempel plündert. Da ist es mit der Gelassenheit vorbei. Jetzt steht das Volk auf und rebelliert. Unter Führung eines Mannes namens Judas Makkabäus jagen seine Truppen die Seleukiden aus dem Land. Sie ziehen in Jerusalem ein, reinigen den entweihten Tempel, errichten einen neuen Altar, und ein kurzes Jahrhundert lang, bis 63 vor Christus, bleibt Juda frei von Fremdherrschaft. Dann kommen die Römer.

Wie es danach weiterging, wird im nächsten Kapitel erzählt, aber anhand dieses Kapitels dürfte klar geworden sein, dass das Alte Testament kein historischer Bericht ist, sondern eine politisch-religiöse Interpretation historischer Ereignisse. Die Historie wird von den biblischen Autoren immer als bekannt vorausgesetzt und ist daher für sie zweitrangig. Wie es wirklich gewesen war, interessiert sie nicht. Was die Ereignisse *bedeuten*, interessiert sie. Die Grundannahme jeder Deutung ist, dass hinter jedem Ereignis Gott steckt. Die Grundfrage lautet stets: Was will Gott uns damit sagen? Was sollen wir tun? Was dürfen wir hoffen? Dass die Antworten selbstverständlich in der Sprache des damals herrschenden Weltbilds gegeben wurden, versteht sich von selbst. Daher können wir präzisierend sagen: Das Alte Testament ist eine politisch-theologisch-literarische Sinnkonstruktion in mythologischer Sprache. Und Gleiches gilt, wie sich noch zeigen wird, für das Neue Testament. Bultmann hat recht.

15 – Wer hat die Bibel geschrieben?

Unter dem tyrannischen Druck der Seleukiden entstanden eine neue Schrift und eine neue Literaturgattung: das Buch Daniel, eine Apokalypse. Diese enthält die Vision von vier Weltreichen, symbolisiert durch vier Tiere, die aus dem Meer aufsteigen. Welche Reiche damit gemeint sind, ist umstritten, weil auch umstritten ist, ob das gesamte Danielbuch in jener Zeit der Seleukiden entstanden ist oder ob es auch ältere Stoffe transportiert. Die populärste Deutung identifiziert die Abfolge der vier Reiche mit den Babyloniern, den Medern, den Persern und den Griechen.

Nach den vier Tieren, die allesamt aus dem Meer heraufgestiegen sind, kommt dann auf den Wolken des Himmels der Menschensohn, und mit ihm bricht ein neuer Äon an, eine neue Herrschaft als vollkommener Gegensatz zu den vorausgegangenen Weltreichen. Das Alte, das diese Reiche symbolisierten, verschwindet für immer aus der Weltgeschichte, etwas weltumstürzend Neues beginnt, die Herrschaft Gottes über alle Völker und die ganze Welt. Alles wird gut, ewiger Friede kehrt ein.

Aber bevor es dazu kommt, müssen noch ein paar alte Rechnungen beglichen werden. Eine Art göttliches Weltgericht wird den seleukidischen Tempelschändern und überhaupt allen Bösen, allen falschen Propheten und Verkündern des falschen Glaubens den Prozess machen, sie verdammen und ausrotten. Es ist der literarische Ausdruck der Sehnsucht eines nach Vergeltung lechzenden unterdrückten, missachteten, verspotteten, machtlosen, in der Welt herumgestoßenen Volkes.

Diese Sehnsucht wird nun nicht mehr verschwinden, sich unter der Römerherrschaft noch steigern und Messiashoffnungen, Erlösungsphantasien und weitere Endzeitvisionen gebären. In diese aufgeregte, erwartungsgeschwängerte Phase der jüdischen Geschichte wird Jesus hineingeboren.

Er wird es mit den Zeloten zu tun bekommen, die das Weltende gewaltsam herbeiführen und die Römer aus dem Land vertreiben möchten, wie einst die Seleukiden vertrieben wurden. Er wird sich mit den Schriftgelehrten, Hohepriestern, Pharisäern,

Sadduzäern, Essenern und mit Johannes dem Täufer auseinandersetzen. Er wird auf Herodes treffen, den opportunistischen Vasallen Roms. Und er wird Pontius Pilatus kennenlernen, den Statthalter der römischen Weltmacht.

Über sie alle wird er sich kühn hinwegsetzen, sich als Menschensohn bezeichnen, den Beginn der Endzeit verkünden und sich aus den komplizierten, im Lauf eines Jahrtausends gewachsenen Verästelungen des jüdischen Baums der Religion lösen sowie versuchen, die Juden an ihre Wurzeln zurückzuführen, und sie an den eigentlichen Zweck ihrer Existenz erinnern. Das hyperkomplexe, unüberschaubare, von tausend eitlen Schriftgelehrten, Priestern und Rabbinern geschaffene Gespinst aus verschiedensten Lehrmeinungen, Schulen und Deutungsmustern des jüdischen Glaubens wird er so radikalisieren und zugleich vereinfachen, dass es jeder versteht und alle merken: Israel denkt falsch, handelt falsch, lebt falsch.

Doch das eigentlich einfach zu Verstehende wird nicht mehr verstanden. Nicht einmal seine Jünger verstehen Jesus wirklich. Er aber legt sich weiter stur mit allen an, der Meister aus Nazareth, der kein Theologiestudium, keine Rabbinerausbildung und keine schriftgelehrte Existenz vorweisen kann. Und das überlebt er nicht.

Aber danach verstehen ihn seine Jünger. Oder glauben, ihn endlich verstanden zu haben. Was sie verstanden zu haben glauben, erzählen sie weiter. Mit wenig Erfolg bei ihren jüdischen Landsleuten, für die das Erzählte eigentlich gedacht ist. Aber ein anderer, der nicht zum Jüngerkreis gehört hat, Paulus, erzählt die Geschichte von diesem Jesus denen, an die Jesus nie gedacht hatte, den Heiden. Und die glauben der Geschichte. So entsteht, was Jesus vermutlich nie angestrebt, woran er vermutlich nie gedacht hatte: das Christentum, die Kirche, eine neue Weltreligion.

Unter den Juden setzen sich unterdessen die Zeloten durch. Immer wieder zetteln sie Aufstände gegen die Römer an. Immer wieder werden sie blutig niedergeschlagen. Der letzte große Aufstand endet mit einer weiteren Katastrophe. Unter Führung eines Mannes namens Simon bar Kochba marschieren Hunderttausende voller Glauben in ihr letztes Gefecht, denn ein Rabbi Akiba hatte Simon bar Kochba als den sehnlich erwarteten Messias identifiziert und prophezeit, dass die Sache siegreich enden werde.

Dieses letzte Gefecht zog sich über drei Jahre hin, bis schließlich Kaiser Hadrian seinen Feldherrn Julius Severus schickte, der um das Jahr 135/136 den Aufstand brutal niederschlug. 580.000 Juden verloren ihr Leben, 50 Städte und 985 Dörfer wurden zerstört, auch Jerusalem. Die meisten der überlebenden Juden flüchteten in alle Himmelsrichtungen. Bereits vorher hatte ein Großteil der Juden außerhalb des jüdischen Kernlands gelebt, aber jetzt hatte die judäische Provinz aufgehört zu existieren. Seit dem Jahr 136 leben die Juden über die Welt verstreut in der Diaspora, und erst seit 1948 gibt es wieder einen jüdischen Staat, dessen Existenz aber seit Anbeginn tödlich bedroht ist.

Ganz anders verlief die Geschichte der Jesus-Anhänger. Sie agierten im Sinn ihres Herrn und Meisters ganz und gar gewaltlos, bildeten Gemeinden, feierten das Abendmahl und Gottesdienste, missionierten und verkündeten die Botschaft Jesu Christi.

Was aber war eigentlich die Botschaft Jesu Christi? In den ersten Jahrzehnten nach Jesu Tod waren seine Anhänger auf mündliche Überlieferungen angewiesen und auf das Alte Testament. Von der Jerusalemer Urgemeinde aus wurden die Geschichten über Jesus zunächst von dessen Jüngern, später von den Bekehrten weitererzählt. Möglicherweise haben sich dabei gewisse Stereotypien herausgebildet, die so oder so ähnlich an immer anderen Orten wiederholt wurden. Und vielleicht wurde dabei das eine oder andere besonders Markante oder schwer zu Merkende auch schon aufgeschrieben. Sicher ist das aber nicht, schriftliche Belege aus dieser Zeit gibt es nicht.

Die frühesten Schriftstücke, die wir haben, sind Briefe, geschrieben von Paulus. Dieser missionierte entlang der Mittelmeerküste von Kleinasien bis Rom und gründete Gemeinden im ganzen römischen Reich.

Um das Jahr 50 schrieb Paulus von Korinth aus einen Brief an die Gemeinde in Thessalonich. Es ist der erste Paulusbrief in einer Reihe von insgesamt dreizehn, die erste und älteste Schriftsammlung der Christen, der Grundstock eines nun neu entstehenden zweiten Testaments. Aber nicht bei jedem Paulusbrief ist gesichert, ob er wirklich von Paulus geschrieben wurde. Bezweifelt wird Paulus' Autorenschaft bei den Briefen an die Epheser, Kolosser und Hebräer sowie bei den so genannten Pastoralbriefen an Timotheus und Titus. Alle Briefe, die wir haben und die wirklich von Paulus geschrieben wurden, können zwar nicht genau datiert werden, müssen aber innerhalb eines Jahrzehnts verfasst worden sein, denn um das Jahr 60 herum verliert sich die Spur des Paulus in Rom, wo er sehr wahrscheinlich den Märtyrertod erlitten hat.

Gesammelt und unter den christlichen Gemeinden verbreitet werden die Paulusbriefe erst ab ungefähr dem Jahr 70. Diese Briefe helfen den Gemeinden, das erste Jahrhundert zu überstehen, aber sie brauchen mehr, mehr auch als immer nur das Alte Testament. Sie brauchen eine geschlossene Darstellung des Lebens und Sterbens Jesu und vor allem seiner Worte, seiner Lehre, seiner Botschaft. Dieses Bedürfnis befriedigen die Evangelien von Markus, Matthäus, Lukas und Johannes.

Von diesen Namen sollte man sich nicht beirren lassen, denn obwohl wir uns seit Mose um 1.200 Jahre vorwärtsgearbeitet haben, gilt noch immer: Man kann nicht von den Namen der Schriften auf deren Verfasser schließen. Wir wissen nicht, wer das Markus-Evangelium geschrieben hat, und auch die Autorenschaft der anderen Evangelisten ist umstritten.

Es gibt altkirchliche Behauptungen, dass Johannes Markus das Markus-Evangelium geschrieben haben soll, ein in der Apostelgeschichte erwähnter Begleiter des Paulus, aber die historisch-kritische Forschung bezweifelt das sehr, weil dem Verfasser ein paar kleine Fehler unterlaufen, die darauf schließen lassen, dass er weder mit der Geografie noch mit den Sitten Palästinas besonders gut vertraut war. Zusätzliche Datierungsfehler deuten darauf hin, dass er die paulinische Theologie gar nicht kannte. Wer aber statt dessen als Autor in Frage kommt, ist ungewiss. Ebenso, wann und wo es geschrieben wurde. Die meisten Theologen halten eine Entstehungszeit zwischen 66 und 74 für wahrscheinlich.

Ähnlich verhält es sich mit dem Matthäus-Evangelium. Wiederum stehen die altkirchlichen Behauptungen im Widerspruch zur heutigen Forschung. Behauptet wurde, bei Matthäus handle es sich um den Jünger Jesu, den früheren Zöllner. Aus Gründen, auf die wir später noch kommen, gehen aber die Theologen heute davon aus, dass das Markus-Evangelium Matthäus als Vorlage diente und dieser daraus abgeschrieben hat. Würde ein engster Vertrauter Jesu aus dem Kreis der Jünger von einem unbekannten Autor abschreiben? Das ist schwer vorstellbar. Wenn es aber nicht der Apostel Matthäus war, dann bleibt auch in diesem Fall ungewiss, wer es denn dann gewesen sein soll. Auch bei der Datierung herrscht keine Einigkeit. Die Schätzungen schwanken zwischen den Jahren 80 und 100.

Ebenfalls unklar ist, wer das Lukas-Evangelium geschrieben hat und wann. Wiederum soll es sich nach altkirchlicher Auffassung bei dem Autor um einen in der Apostelgeschichte genannten Reisebegleiter gehandelt haben, einen Arzt namens Lukas, der auch als Verfasser der Apostelgeschichte gilt. Aber wieder ist das meiste ungewiss. Einigkeit besteht weitgehend darüber, dass die Apostelgeschichte und das Lukas-Evangelium denselben Verfasser haben. Dass dieser ein Reisebegleiter des Paulus gewesen sein soll, das wird wiederum bestritten, weil die paulinische Theologie, die sich aus dessen Briefen herauslesen lässt, in einem gewissen Widerspruch zur Apostelgeschichte und zum Lukas-Evangelium steht. Aber auch diese Bestreitung wird bestritten, so dass sich also nur sagen lässt: Wir wissen nicht, wer es war. Und wir wissen nicht, wann es geschrieben wurde. Die Schätzungen schwanken beim Evangelium zwischen 80 und 90 und bei der Apostelgeschichte zwischen 63 und 90.

Manche Theologen haben an der späten Datierung beider Werke erhebliche Zweifel, weil die Apostelgeschichte, die vorgibt, das gesamte Wirken der Apostel zu erzählen, den Tod der drei wichtigsten Apostel mit keinem Wort erwähnt. Im Jahr 62 wurde Jakobus, der Leiter der Gemeinde in Jerusalem, ermordet, und ungefähr zeitgleich sterben in Rom Petrus und Paulus als Märtyrer, aber die Apostelgeschichte weiß nichts davon. Das heißt: Möglicherweise konnte der Verfasser deshalb nichts davon wissen, weil er noch zu Lebzeiten dieser drei Apostel, also vor dem Jahr 62, geschrieben hat.

Schließlich das Johannes-Evangelium: Auch von dieser Schrift hat die Kirche ursprünglich behauptet, sie stamme aus der Feder eines Apostels, eben des Jüngers mit dem Namen Johannes. Und auch hier widerspricht die heutige Forschung, weil der ganze Text nicht, wie die anderen drei Evangelien, nach einem Augenzeugenbericht klingt, sondern als fortgeschrittene theologische Reflexion konzipiert ist. Das Johannes-Evangelium hebt sich von den anderen dreien als eigenständiges Werk ab, weicht in der Chronologie einzelner Ereignisse, besonders bei der Passionsgeschichte, von den anderen ab, verzichtet auf Gleichnisse, bringt dafür sehr lange Reden von Jesus und kommt in einem ganz anderen Stil daher als die anderen drei. Daher wird dieses Evangelium für ein Spätwerk gehalten, geschrieben zu einer Zeit, da alle Apostel längst tot gewesen sein mussten.

Bei den anderen drei Evangelien lautet die gängige Entstehungstheorie: Markus hat als Erster sein Evangelium geschrieben und dabei aus heute nicht mehr erhaltenen Quellen und vielleicht mündlichen Überlieferungen geschöpft. Lukas und Matthäus verfügten über eine heute ebenfalls nicht mehr erhaltene Spruchquelle, darüber hinaus diente ihnen das Markus-Evangelium als Vorlage, und obendrein verfügte jeder der beiden noch über sein eigenes Sondergut. Daraus haben sie dann unabhängig voneinander ihre Evangelien geschrieben. So erklären sich die Unterschiede und Gemeinsamkeiten dieser drei Evangelien. Unumstritten ist auch diese Theorie nicht.

Am umstrittensten ist das Johannes-Evangelium. Hat er die anderen Evangelien gekannt oder wenigstens das Markus-Evangelium? Oder die Spruchquelle? Ja, wahrscheinlich, sagen etliche Forscher. Zumindest das Markus-Evangelium sei dem Verfasser des Johannes-Evangeliums bekannt gewesen, er habe es aber nicht benutzt, weil er eine eigenständige Darstellung des Geschehenen abliefern wollte. Andere vermuten, Johannes habe über eigene Quellen verfügt, möglicherweise sogar über solche, die älter waren als das Markus-Evangelium.

Weil die Meinungen über Johannes so weit auseinandergehen, gehen sie auch bei der Frage nach der Datierung weit auseinander. Um das Jahr 100 sei es geschrieben worden, sagen viele, zwischen 130 und 150 sagen andere. Früher, um das Jahr 80, sagen dritte, nein, noch früher, sagen vierte. Alle haben plausibel klingende Gründe für ihre Vermutungen, Beweise jedoch hat keiner.

Die Christen stehen also vor demselben Dilemma wie die Juden. Sie können auf einfachste Fragen – wer hat was wann geschrieben? – keine sichere Antwort geben. Sie wissen nicht, was Jesus wirklich gesagt, gelehrt und getan hat. Fast bei jedem Jesuswort ist umstritten, ob es »echt« ist, wirklich von ihm stammt, oder ob es ihm von einem Apostel, einer Gemeinde oder einem Evangelisten in den Mund gelegt worden ist. Die Theologen spalten Jesus Christus heute in einen »historischen Jesus«, über den wir kaum mehr wissen, als dass er vor 2.000 Jahren gelebt hat, und in einen »verkündigten Christus«, an den wir glauben müssen und dessen Glorienschein den historischen Jesus überstrahlt.

Darum haben Bultmann und seine Schüler abermals recht, wenn sie sagen, dass wir uns nicht an die Worte des Neuen Testaments halten können, sondern uns an das dahinter verborgene Wort halten sollen. Auch das Neue Testament ist kein historisches Werk, das getreulich berichten will, wie es wirklich gewesen ist, sondern eine theologische Sinnkonstruktion, die erzählen will, wie Gott in der Welt gehandelt hat und immer noch weiter handelt.

Die Frage aber ist: Wie macht man das, wie geht das denn, das eigentliche Wort hinter den Worten zu finden? Wie dringen wir durch die Mythologie zur eigentlichen Botschaft vor, wenn wir über so wenig gesichertes Wissen verfügen? Wie können angesichts dieser deprimierend dünnen Faktenlage die Autoritäten des christlichen Glaubens aus unsicherem Wissen sichere Handlungsanleitungen gewinnen? Wie können sie aus der Relativität alles Geschriebenen absolute Wahrheiten und Antworten auf letzte Fragen und ewig gültige Botschaften ableiten. Wie geht das zusammen?

Und schließlich: Wenn Bultmann und seine Schüler sagen, wir können und sollen das zeitlos gültige Wort hinter den zeitbedingten Worten suchen – haben sie's denn getan? Und falls ja, sind sie fündig geworden? Falls ja, was haben sie gefunden?

Das war die spannendste aller Fragen meines Theologiestudiums. Im nächsten Kapitel steht die Antwort.

16 – Was vom Wort noch übrig bleibt

Der christliche Glaube stützt sich auf das Alte und Neue Testament. Das Alte Testament teilen die Christen mit den Juden. Das originär Christliche, also das, worin sich die Christen von den Juden unterscheiden, stützt sich auf die 27 in griechischer Sprache geschriebenen Schriften des Neuen Testaments.

Diese 27 Texte – vier Evangelien, 21 Briefe, dazu Apostelgeschichte und Johannesapokalypse – sind zwischen circa 50 und 130 n. Chr. entstanden. Keiner der Verfasser dieser 27 christlichen Schriften hat zum Kreis der Jünger gehört. Keiner war ein Augenzeuge dessen, was darin berichtet wird, keiner von ihnen hat die berichteten Wunder gesehen, keiner hat Jesus beim Predigen erlebt, keiner war dabei, als Jesus von den Toten auferstand.

Wie im vorigen Kapitel schon angedeutet, sind von den 21 Briefen wahrscheinlich zehn unecht, d.h. die beiden Petrusbriefe wurden nicht von Petrus geschrieben, der Jakobusbrief nicht vom Jünger Jakobus, der Judasbrief nicht von einem Judas, der sich als Bruder des Jakobus bezeichnet, und die Johannesbriefe wurden so wenig vom Jünger Johannes geschrieben wie das gleichnamige Evangelium und die Apokalypse. Der Brief an die Hebräer, der suggeriert, er stamme von Paulus, stammt nicht von Paulus, und bei den Briefen an die Epheser, Kolosser und Thessalonicher (dem zweiten) streiten sich die Theologen, ob Paulus deren Urheber sei oder nicht. Wahrscheinlich wurden diese Briefe von Paulus-Schülern geschrieben.

Betrügerische Absichten muss man denen, die falsche Namen über ihre Werke schrieben, nicht unterstellen. Sowohl unter Juden wie Griechen war es damals üblich, dass Schüler großer Meister ihre Texte unter den Namen ihrer Meister veröffentlichten – einerseits aus Bescheidenheit, andererseits, um den Texten Autorität zu verleihen. So haben es auch die Urgemeinden und die Schüler, Mitarbeiter und Nachfolger von Paulus gehalten.

Was die verschiedenen urchristlichen Autoren meist unabhängig voneinander schrieben, stimmt oft überein, wenn auch selten bis in die Details, häufig unterscheiden sich die Texte aber auch deutlich voneinander, manchmal widersprechen sie einander sogar, korrigieren sich, entwickeln differierende Theologien und Glaubenslehren. Darum kann man die biblischen Texte einfach nicht, wie es naive Leser, Evangelikale und Fundamentalisten tun, eins zu eins wörtlich nehmen. Darum muss man diese Texte kritisch lesen.

Für einen kritischen Umgang mit den Texten des Neuen Testaments sprechen aber noch weitere Gründe, zum Beispiel die spärlichen außerchristlichen Hinweise auf Jesus. Viel mehr, als dass er wahrscheinlich gelebt hat und gekreuzigt wurde, können diese Quellen nicht bestätigen, und das ist schon seltsam, denn die römische Besatzungsmacht verfügte damals bereits über eine sehr detaillierte Geschichtsschreibung, der wir umfangreiche, mit mancherlei Nebensächlichkeiten angereicherte Berichte über die Zeit der Römer in Palästina verdanken. Aber eben diese relativ zuverlässige und detailreiche Geschichtsschreibung weiß nichts von den spektakulären Ereignissen, von denen die Evangelien berichten.

Wie kann es sein, dass die Römer einen Mann ignoriert haben, der auf dem Wasser laufen konnte, Wasser in Wein verwandelt, Kranke geheilt und Tote auferweckt hat? Als Jesus gekreuzigt wurde, habe die Erde gebebt, sei der Tempelvorhang von oben bis unten entzweigerissen, am Nachmittag sei es drei Stunden lang dunkel gewesen, berichten die Evangelien, viele Tote seien aus ihren Gräbern gestiegen, drei Tage nach der Kreuzigung sei Jesus wieder als Lebender vierzig Tage lang unter seinen Jüngern gewesen und danach sei er auf einer Wolke aufgestiegen in den Himmel. Aber in den reichlich vorhandenen Dokumenten antiker Historiker steht nichts davon. Nicht eine einzige Episode dieser Häufung wundersamer Ereignisse an einem überschaubaren Ort in relativ kurzer Zeit war den römischen Geschichtsschreibern bekannt, obwohl ihnen sonst nicht viel entging.

Seit wir eine kritische Geschichtsschreibung haben, ist nicht ein Fall vom Kaliber der biblischen Wunder bezeugt. Warum also sollen wir glauben, vor dem Beginn der kritischen Geschichtsschreibung sei so etwas möglich gewesen? So fragen nicht nur Laien, Atheisten und Agnostiker, so fragen auch neuzeitliche Theologen: Regiert Gott etwa die Welt wie ein Marionettentheater, ist er »ein willkürlicher Spieler, der vor 1.900 Jahren mit Wundern verschwenderisch war, seit langem aber geizig geworden ist«? (Rudolf Pesch, Leben für alle. Das Wunder der Brotvermehrung, Verlag Josef Knecht Frankfurt/M 1998.) »Warum spendete er der schon trunkenen Hochzeitsgesellschaft in Kana damals 700 Liter besten Weines, und warum lässt er heute so viele Kinder verhungern?« (Ebd.)

Wir haben gelernt, die Welt als ein geschlossenes Ganzes zu begreifen, in dem die Naturgesetze ausnahmslos gelten und solche Dinge, wie sie die Evangelien berichten, nicht passieren können. Wir wissen sogar: Die Naturgesetze galten auch vor zweitausend Jahren, sie gelten seit Beginn der Welt. Und wir wissen: Sie gelten und galten nicht nur auf der Erde, sondern im gesamten Kosmos. Die Verwandlung von Wasser in Wein durch das bloße Wort war und ist in diesem Kosmos nicht möglich und wird wohl auch nie möglich sein, es sei denn, irgendeine Forschergruppe entwickelt irgendwann einen nanotechnischen Apparat, der das kann, aber dann wäre es kein Wunder mehr.

Die Gründe für berechtigte Zweifel an den biblischen Texten sind damit aber noch nicht erschöpft. Zu deren ungeklärter Verfasserschaft, ihren inneren Widersprüchen und unglaubwürdigen Wunderberichten kommt noch ein handfester Irrtum. Nach Matthäus 9,1 hat Jesus gesagt: *Wahrlich, ich sage euch, es stehen etliche hier, die werden den Tod nicht schmecken, bis sie sehen das Reich Gottes kommen mit Kraft.*

Unter dem *Kommen des Reiches Gottes* stellten sich Jesus und dessen Zeitgenossen jenes kosmische Drama vor, wie es hauptsächlich in dem schon erwähnten Buch Daniel, aber auch in anderen jüdischen Schriften geschildert und in der Johannes-Offenbarung fortgeschrieben wurde. Gott selbst steigt vom Himmel herab auf die Erde, die Toten werden auferweckt, vor ein göttliches Gericht gestellt und entweder ewig verdammt oder ewig selig gesprochen werden.

Manche Theologen halten dieses Jesuswort vom nahen Weltende für ein unechtes Jesuswort, das heißt, sie vermuten, spätere Gemeinden hätten diesen Satz Jesus zugeschrieben. Letztlich ist die Urheberschaft aber unerheblich, denn die Urgemeinden haben Jesus geglaubt, und wir sollen Jesus glauben, weil ihm die

144

Urgemeinden geglaubt haben. Christlicher Glaube ist Vertrauen in den Glauben der Urgemeinden, aber diese haben sich in der Erwartung eines nahen Weltendes offensichtlich geirrt. Auch Paulus hatte eine Naherwartungs-Hoffnung und sich darin geirrt. Er deutete seine Gegenwart als Interregnum, als die Zeit zwischen der Auferstehung und der Wiederkunft Christi. Das Interregnum zieht sich jetzt schon über zwei Jahrtausende. Für Gott mögen tausend Jahre sein wie ein Tag, aber Paulus war Mensch und dass sich die Welt nach ihm einfach zweitausend Jahre lang unbekümmert weiterdrehen würde, hätte er wohl nicht erwartet.

Dieser christliche Anfangs-Irrtum einer Naherwartung, unsere Kenntnis der Naturgesetze, die Erfahrung ihrer lückenlosen Geltung, die unsichere Quellenlage, unser Wissen über die Entstehung der Bibel und über das ihr zugrunde liegende mythologische Weltbild zwingen jeden Vernünftigen zu der Einsicht: Die biblischen Texte sind nur mit höchster Vorsicht zu genießen, und die biblischen Wunder können so, wie sie erzählt werden, nicht stattgefunden haben.

Darum gilt heute unter Theologen als Konsens, dass das Neue Testament kein historisches Werk ist, das getreulich berichten will, wie es wirklich gewesen ist, sondern eine theologische Sinnkonstruktion, die erzählen will, wie Gott in der Welt gehandelt hat und immer noch weiter handelt. Was uns da als historisches Geschehen berichtet wird, ist nicht das Geschehen selbst, sondern bereits die Deutung und Beurteilung des Geschehenen.

Wenn also von Christen bekannt wird, Jesus sei für unsere Sünden gestorben, dann handelt es sich dabei nicht um ein mitgeteiltes Faktum, sondern um eine frühchristliche Deutung des Todes Jesu am Kreuz, und mir steht es frei, mir diese Deutung zu eigen zu machen oder wie Rudolf Bultmann zu fragen: *Wie kann meine Schuld durch den Tod eines Schuldlosen (wenn man von einem solchen überhaupt reden darf) gesühnt werden? Welche primitiven Begriffe von Schuld und Gerechtigkeit liegen solcher Vorstellung zugrunde? Welch primitiver Gottesbegriff? Soll die Anschauung vom Sünden tilgenden Tode Christi aus der Opfervorstellung verstanden werden: welch primitive Mythologie, dass ein Mensch gewordenes Gotteswesen durch sein Blut die Sün-*

den der Menschen sühnt! (Neues Testament und Mythologie, 1941,20).

Die Schriften des Neuen Testaments sind, genau wie die des Alten, Glaubenszeugnisse, Interpretationen von Ereignissen. Die Ereignisse selbst schimmern durch diese Interpretationen nur noch mehr oder weniger hell hindurch. Daher stellt sich uns die Frage, warum wir zweitausend Jahre später diesen vielfach nur aus Mythologie und vielleicht sogar religiöser Propaganda bestehenden Deutungen noch unseren Glauben schenken sollen? Mögen diese Zeugnisse und Kampfschriften frühchristlicher Propagandisten von der späteren Kirche auch für heilig erklärt worden sein, so darf zweitausend Jahre danach dennoch mit einigem Recht gefragt werden, warum Christen ihr Denken, Handeln, Wissen und Hoffen an den Vorstellungen sehr einfacher, überwiegend ungebildeter, ziemlich unwissender, einem längst überwundenen Weltbild verhafteter Menschen orientieren sollen?

Und schließlich: Auch die neuzeitlichen Theologen behaupten, dass Gott in der Welt handelt. Wie aber geht das zu, wenn dieser nicht unter Umgehung oder Außerkraftsetzung der Naturgesetze supranaturalistisch in die Welt eingreift? Wie soll man sich das Handeln Gottes in der Welt vorstellen?

Das waren die Fragen, die mich nun im weiteren Verlauf meines Theologiestudiums in Atem hielten. Mein erster Gedanke damals war: Eigentlich kann man doch nur noch die gesamte Mythologie als Ballast über Bord werfen und sich an das halten, was übrig bleibt, an die Lehre Jesu, an die Ethik der Evangelien. Die ganze Bibel schnurrte zwar auf ein sehr dünnes Büchlein zusammen, wenn man alles Mythologische, Märchenhafte, Sagenhafte und Legendäre ausschiede, aber vielleicht würde der kümmerliche Rest als Überlebensration ausreichen.

Bultmann aber, seine Schüler und so gut wie alle anderen Theologen lehnten und lehnen ein Ausscheiden der mythologischen Anteile der Bibel ab. Die Bibel entmythologisieren hieß für Bultmann und heißt noch heute für die Theologie nicht, die alten Mythen zu entsorgen, sondern unter deren Decke ihre tiefere, eigentliche, überzeitlich gültigen Bedeutungen zu suchen und herauszufinden, was diese alten Geschichten heute für mich und für jeden Einzelnen zu sagen und zu bedeuten haben.

Der eigentliche Sinn des Mythos ist nicht der, ein objektives Welt-bild zu geben; vielmehr spricht sich in ihm aus, wie sich der Mensch selbst in seiner Welt versteht; der Mythos will nicht kosmologisch, sondern anthropologisch – besser: existential interpretiert werden (Bultmann, Neues Testament und Mythologie, 1941,22).

Wenn also Jesus nicht wirklich von den Toten auferstanden ist, wie Bultmann und seine Nachfolger meinen, was leistet dann die existentiale Interpretation der Ostergeschichten? Was gibt es unter der Decke der Mythologie zu ent-decken? Was haben mir die Wundererzählungen heute noch mitzuteilen, wenn es die biblischen Wunder nach allgemeiner Überzeugung der meisten Theologen nicht gegeben hat?

Darauf war ich nun äußerst gespannt.

17 – Die Wahrheit hinter den Mythen

Mythen, sagt Rudolf Bultmann, »sprechen von Göttern und Dämonen als Mächten, von denen der Mensch sich abhängig weiß«, deren Gunst er braucht, deren Zorn er fürchtet. Mythen seien Ausdruck für die Einsicht, dass alles eine Grenze in einer Macht hat,»die außerhalb all dessen ist, was wir berechnen und kontrollieren können« (Bultmann, Jesus Christus und die Mythologie. Das Neue Testament im Licht der Bibelkritik, Hamburg 1967).

Die Mythologie spreche über diese Macht auf unzureichende und ungenügende Art, denn sie spreche von ihr wie von einer weltlichen Macht, von Göttern, als wären sie Menschen, aber fähig, die normale, gewohnte Ordnung des Geschehens zu zerbrechen. Man könne sagen,»Mythen geben der transzendenten Wirklichkeit eine immanente weltliche Objektivität. Der Mythos objektiviert das Jenseitige zum Diesseitigen« (Bultmann), und das gelte auch für die Vorstellungen in der Bibel. Wenn wir dort lesen, Gott wohne im Himmel, dann werde damit ausgedrückt, »dass Gott außerhalb der Welt ist, dass er transzendent ist. Das Denken, das noch nicht die abstrakte Idee der Transzendenz ausdrücken kann, drückt seine Absicht in der Kategorie des Raumes aus.«

Bis hierher bin ich, damals im Studium, Bultmann und dessen Schülern bereitwillig, ja sogar begeistert gefolgt, denn hier war ein radikales Streben nach Wahrhaftigkeit am Werk. Mir gefiel, wie schonungslos die Dinge beim Namen genannt wurden und wie rücksichtslos gegen sich selbst und gegen eine beinahe zweitausendjährige Tradition die Theologen mit altkirchlichen Dogmen und Überlieferungen aufgeräumt haben.

Aber nun war ich gespannt auf die eigentlichen, überzeitlich gültigen Bedeutungen und Botschaften hinter den Mythen. Ich wollte wissen: Was kommt denn zum Vorschein, wenn man von jedem einzelnen Mythos die Decke wegreißt?

Und die für mich erschütternde Antwort lautete: Nichts.

Oder genauer: Nichts, was ich nicht eh schon wusste. In der Summe bleibt von den christlichen Mythen nicht viel mehr übrig als die allgemeine Vernunft, gekleidet in die Gewänder christlich-abendländischer Philosophie. Wenn Jesus, Paulus und alle neutestamentlichen Schriften vom Ende aller Zeiten sprechen, vom Kommen des Reiches Gottes, der Auferstehung der Toten, dem Weltgericht und der Wiederkunft Christi, dann besagt das laut Bultmann nichts weiter, als »dass diese jetzige Welt, die Welt der Natur und der Geschichte, die Welt, in der wir leben und unsere Pläne machen, nicht die einzige Welt ist, ja letztlich leer und unwirklich im Angesicht der Ewigkeit« (Bultmann, ebd., S. 22).

Das aber haben die alten Griechen auch schon gewusst, und Bultmann zitiert es begeistert: »Was ist Sein? Was Nichtsein? Eines Schattens Traum ist der Mensch« (Pindar). Oder Sophokles: »Denn wir sind Scheingestalten allzumal, die wir da leben, oder nichtige Schatten.« Oder Shakespeare: »Die wolkennahen Türme, die Paläste, die hehren Tempel, selbst der große Ball, ja alles, was er birgt, muss untergehn …«

Wozu brauche ich das Neue Testament, wenn es letztlich auch nicht mehr weiß als die griechische Tragödie und über Shakespeare nicht hinausgelangt? Dass ich nicht Herr der Welt und meines Lebens, sondern von vielen Zufällen und außerhalb meines Einflussbereichs liegenden Entwicklungen abhängig bin, weiß ich auch ohne Bibel. Dass die Erde ein Staubkörnchen im weiten All und die Existenz der Menschheit vor dem Hintergrund einer Jahrmilliarden währenden Entwicklung des Kosmos zeitlich dem Hauch eines Augenblicks entspricht und darum nichtig ist, wissen wir heute noch besser und genauer, als man es vor zweitausend Jahren wissen konnte.

Gerade dieses Gefühl der Nichtigkeit und der möglicherweise sinnlosen Existenz alles Seienden hat die Menschen aller Zeiten in den Glauben getrieben und die Hoffnung genährt, dass über allem und hinter allem verborgen eine allmächtige Instanz waltet, die dem Ganzen einen Sinn gibt. Eine Zeit lang war die Christenheit von der Existenz dieser sinngebenden Macht so sehr überzeugt, dass sie glaubte, ihr Ort, die Erde, sei der Mittelpunkt des Kosmos. Und noch als die Christen widerstrebend anerkennen mussten, dass ihr Planet weder im Mittelpunkt des Sonnensystems noch im Mittelpunkt des Weltalls seine Bahnen zieht, sondern am Rand einer Galaxie unter Milliarden anderer Galaxien durch Zufall und Notwendigkeit entstanden ist und mit naturgesetzlicher Notwendigkeit auch wieder vergehen wird, hielten sie trotzig an der Vorstellung fest, im Mittelpunkt des Interesses eines Gottes zu stehen, der sie und diesen gesamten gewaltigen Kosmos erschaffen hat, um ein Ziel damit zu verfolgen.

Sie glaubten, dass dieser Gott sich eines Tages Abraham, Jakob, Mose und den Propheten offenbart hatte. Sie glaubten, dass dieser Gott seinen eigenen Sohn auf die Welt gesandt hatte, um das von Anbeginn gesetzte göttliche Ziel der Geschichte zu vollenden. Fünfzehn- bis achtzehnhundert Jahre lang erschien es den Christen als ganz selbstverständlich, dass diese Taten Gottes stets von wundersamen Ereignissen begleitet waren, denn die Wunderhaftigkeit der Ereignisse galt stets als Beweis dafür, dass Gott selbst am Werk war.

Wie hätte sich denn Israel als auserwähltes Volk Gottes verstehen können, wenn nicht Gott tatsächlich zu einem Menschen namens Abraham hörbar geredet und ihm viele Nachkommen versprochen hätte? Wie hätte sich Israel als von Gott geführt erfahren können, wenn er nicht seinem Volk bei der Flucht aus Ägypten einen Weg durch das Meer gebahnt und es anschließend in der Wüste versorgt und sich am Sinai dem ganzen Volk offenbart hätte? Wie hätte man behaupten können, Jesus sei der Sohn Gottes, wenn sich bei seiner Taufe am Jordan nicht der Himmel geöffnet und keine göttliche Stimme verkündet hätte, dies ist mein lieber Sohn, an dem ich Wohlgefallen habe? Was bleibt von der Gottessohnschaft, wenn Jesus keine Wunder vollbracht hat und nicht von den Toten auferstanden ist? Was bleibt von der christlichen Erlösungslehre und von der Hoffnung auf die eigene Auferstehung, wenn Jesus einfach nur ein Mensch war?

Mag er auch ein besonderer, einmaliger, die Menschen begeisternder und faszinierender Mann gewesen sein, letztlich läuft die moderne Theologie auf das unausgesprochene Eingeständnis hinaus, dass Jesus als ein Leidender und am Kreuz Gescheiterter gestorben ist und diesem Sterben etwas folgte, was sich vielleicht aus seltsamen Erscheinungen und Visionen einiger seiner Jüngerinnen oder Jünger per Massensuggestion zum Auferstehungsglauben steigerte.

Nichts bleibt vom herkömmlichen christlichen Glauben, wenn all die wundersamen Geschichten der Bibel nur Dichtungen sind, menschliche Erfindungen, Einbildungen und Projektionen – und das habe ich in den Theologievorlesungen auch gesagt, aber die Theologen wehrten sich heftig gegen diesen Einwand, behaupteten stur, nun erst, nach Wegfall dieser kindlichen Vorstellungen, trete das Eigentliche des christlichen Glaubens in seiner ganzen Deutlichkeit hervor. Sosehr ich mich auch anstrengte, dieses Eigentliche zu erkennen, so wenig erkannte ich es. Die von den Theologen neuzeitlich interpretierten, ihres Mythos entkleideten Mythen erschienen mir günstigstenfalls als verschiedene Auskleidungen eines aufgeklärten Humanismus, manchmal aber auch nur als Sammelsurium allgemein anerkannter Binsenweisheiten.

Nehmen wir als Beispiel das Brotwunder, eine ziemlich zentrale Geschichte des Neuen Testaments, denn sie wird in allen vier Evangelien erzählt, bei Markus und Matthäus sogar in je zwei Varianten. Jesus hatte den ganzen Tag gepredigt, war nun müde und wollte sich mit seinen Jüngern zurückziehen. Aber das Volk hatte noch nicht genug, folgte Jesus und den Jüngern einfach an einen abgelegenen Ort in der Wüste, und darüber wurde es Abend, allmählich wurden die Leute hungrig, jedoch gab es weit und breit nichts zu essen. Die Jünger wollen das Volk wegschicken, damit sie die nächstgelegenen Orte aufsuchen und sich dort etwas zu essen kaufen. Jesus aber verblüfft seine Jünger mit der Aufforderung: Gebt ihr ihnen zu essen. Die Jünger antworten entgeistert: Wir haben fünf Brote und zwei Fische für fünftausend Leute, nicht gerechnet Frauen und Kinder. Sie schlagen vor, Geld zu sammeln und damit Nahrung zu besorgen. Jesus lehnt diesen Vorschlag ab, nimmt statt dessen die fünf Brote und zwei Fische, blickt zum Himmel, dankt, bricht das Brot, gibt Brote und Fische an seine Jünger weiter, diese verteilen es an das Volk, und alle werden satt. Am Ende bleiben sogar noch Reste übrig, die zwölf Körbe füllen.

Sechsmal wird dieses Wunder in den vier Evangelien erzählt – die zwei Varianten bei Markus und Matthäus unterscheiden sich hauptsächlich in der Zahl der Sattgewordenen, da gibt es neben der 5000er-Version jeweils eine 4000er: Kein anderes Wunder wird so häufig erzählt wie dieses Brotwunder. Das zeigt, wie wichtig den Evangelisten diese Geschichte ist.

Gäbe man nun die sechs Texte unbefangenen Erst-Lesern zur Lektüre und fragte sie hinterher nach der Pointe der Geschichte, würden sie sehr wahrscheinlich übereinstimmend sagen: Jesus hat es auf eine nicht näher beschriebene und darum unerkläriche Weise geschafft, mit fünf Broten und zwei Fischen fünftausend bzw. viertausend Männer samt deren Frauen und Kinder zu sättigen. Er hat ein Wunder vollbracht.

Mehr als achtzehnhundert Jahre lang wurde diese Geschichte von der Christenheit in diesem Sinn gelesen. Dann äußerten erste Theologen erste Zweifel an dieser und an allen anderen Wunder-Erzählungen, und seit Bultmann behaupten die Theologen, das Speisungswunder sei gar nicht die Pointe der Geschichte, das sei nur Mythologie, und es sei doch wohl klar, dass Jesus nicht gezaubert habe. Darum müsse man die Geschichte ganz anders lesen.

Was aber ist dann die eigentliche Pointe? Wie sollen wir die Geschichte denn anders lesen?

Entmythologisierung heiße »existentiale Interpretation, da sie, bewegt von der Existenzfrage des Interpreten, nach dem in der Geschichte jeweils wirksamen Existenzverständnis fragt«, lehrte Bultmann. Die biblischen Texte berichten daher nicht über Vergangenes, sondern sie sprechen jetzt zu uns. Sie haben uns jetzt, in unserer augenblicklichen Lage etwas zu sagen, und zwar heute etwas anderes als gestern oder morgen, und um dieses Jetzt gehe es. Auf dieses Jetzt hin müssen die Texte abgeklopft und interpretiert werden.

Und was sagt uns demnach die Geschichte von der Brotvermehrung jetzt und hier und heute? Dass wir den Hunger in der Welt bekämpfen sollen – darauf liefen die mir damals bekannten verschiedenen Interpretationen des Brotwunders hinaus. Mal war die Geschichte ein Protest gegen den Hunger in der Welt und die ungerechte Verteilung der Güter, mal war es ein Aufruf zum Teilen des Wohlstands. Letztlich endete die Sache immer in einem müden Appell an den einzelnen Christen, jedes Jahr kurz vor Weihnachten seinen Obulus an »Misereor« oder an »Brot für die Welt« zu schicken und im übrigen die Politiker dazu anzuhalten, die Entwicklungshilfe nicht zu vergessen. Bedarf es dafür wirklich noch der Mär vom Brotwunder?

Den Schöpfern einer solchen banalen Nun-teilt-mal-schön-Theologie war und ist offenbar selbst nie ganz wohl dabei, denn sie stimmen das Lied vom Teilen immer nur sehr kurz an, um anschließend um so ausführlicher beim spirituellen Gehalt der Geschichte zu verweilen und auf den Zusammenhang mit der Eucharistie hinzuweisen. Von dort gelangt man dann leicht zur »geistlichen Speisung« und der Einsicht, dass der Mensch nicht vom Brot allein lebe, sondern auch und vor allem vom Wort Gottes und der Erfahrung, dass Christus Leib und Seele satt macht.

Das ist theologisch einwandfrei, passt fast immer, nur auf die Geschichte von der Brotvermehrung passt es nicht, denn das Wort Brotvermehrung steht hier ganz eindeutig für materielles, den leiblichen und nicht den geistlichen oder seelischen Hunger stillendes Brot. Es geht auch noch nicht um die Eucharistie und das Abendmahl, das kommt erst später, sondern es geht ganz schlicht um das Faktum, dass vielen der Magen knurrt, nichts zu essen da ist, und Jesus es dann auf geheimnisvolle Weise schafft, alle satt zu kriegen. Der Mensch lebt zwar nicht vom Brot allein, sagt die ganze Bibel, aber an dieser einen Stelle sagt sie: Vom Wort allein kann er auch nicht leben. Von Zeit zu Zeit braucht sein Leib auch echtes, physisch essbares, materielles Brot.

Sechsmal wird diese durch und durch materialistische Geschichte in der Bibel erzählt, aber die Theologen und Prediger spiritualisieren sie kaputt, behaupteten damals, als ich studierte, und behaupten noch heute, auf diese wundersame Sättigung der Fünftausend komme es gar nicht an. Viel wichtiger sei dieses oder jenes, wobei unter den Predigern aber keinerlei Einigkeit über die Wichtigkeit von diesem oder jenem besteht. Jeder Prediger bestückt die Platzhalter »dieses« oder »jenes« aus seiner eigenen Prioritätenliste und kommt dabei vom Hölzchen aufs Stöckchen. Natürlich fehlt nie das Teilen, häufig wird über das Brot als Symbol meditiert, und beinahe immer endet die Sache in Christus, dem eigentlichen und wahren »Brot des Lebens«.

Ein Blick ins Internet lehrt, dass sich an dieser Interpretationslage bis heute nichts geändert hat. Ich stieß dort auf eine Predigt aus dem Jahr 2005, die typisch ist für viele Predigten ähnlicher Art und mit Arbeit, Wirtschaft, Bildung, Familie, Gesundheit beginnt, den aktuellen Mangel und die wirtschaftlichen Nöte allerorten konstatiert, im selben Atemzug von unserer Überfluss-gesellschaft spricht, unseren Wohlstand kritisiert, der auf Kosten der Armen, der Umwelt und des Klimas erwirtschaftet wird, kurz und metaphorisch die biblische Wundergeschichte streift, die Brot-und-Spiele-Politik der Mächtigen von den Zeiten Roms bis heute angreift und dann einen weiteren Anlauf zurück zur ei-gentlichen Geschichte nimmt mit den Worten: *Jesus teilt, obwohl er selbst nur wenig hat. Für ihn gilt wie wohl für keinen anderen sonst: Sich zu sorgen um das eigene tägliche Brot, ist eine materiel-le, sich zu kümmern um das Brot für den Nächsten, eine spirituelle Frage. Erst wo aus freien Stücken gegeben wird, mit Händen, die nichts zurückhaben wollen, wird aus der Brotgabe ein Liebesbeweis. Dann ist Brot wirklich mehr. Dann ist Erdenbrot eine Himmelsga-be. Fünf Brote und zwei Fische – gerade in diesem Wenigen steckt ein großer Mehrwert und Nährwert.*

Es folgen ein kleiner Exkurs über das *Manna in der Wüste*, die *Fleischtöpfe Ägyptens*, das *Brot der Sklaverei* und das *Salz der Trä-nen* und von dort ein kühner Sprung in unsere dekadente Ge-genwart: *Sollte mancher Überdruss aus schierem Überfluss kom-men? … Die Neigung, alles genießen zu wollen – und zwar sofort –, könnte genau die Krankheit sein, für deren Therapie sie sich hält! Man hat von einer »MacDonaldisierung« unserer Gesellschaft ge-sprochen. Da ist etwas dran. Denn Fastfood, sei es auf dem Teller oder im TV, macht mehr süchtig als satt. Vielleicht sind deshalb so viele Gourmets pure Nihilisten und Genießer Verächter des Lebens. Geschmacksverstärker können einem die Geschmacksnerven auf Dauer verderben. Lebenssattheit kann zu Lebensmattheit führen – und der Versuch, mit eigenen Mitteln die Erde zum Himmel zu machen, führt auf kurzem Weg zu den Pforten der Hölle.*

Es ist alles drin in dieser Predigt, aber fehlt nicht Hitler, eine kleine Anspielung auf den Holocaust? Keine Sorge, wir befinden uns erst am Ende der ersten Hälfte. Die zweite Hälfte beginnt mit einer Meditation über das Brot und walzt den Gedanken aus, dass Brot mehr ist als nur Brot, aber so viel auch wieder nicht, denn noch mehr liege in der Hoffnung, wie schon Jurek Becker mein-te, wenn er in seinem Roman *Jakob, der Lügner* einen der schwer drangsalierten Bewohner eines jüdischen Gettos sagen lässt: *Du kannst länger ohne Brot als ohne Hoffnung leben.*

Hitler und Holocaust abgehakt, auch die Hoffnung noch untergebracht, nun kann's weitergehen zum Tischgebet und Abendmahl, in dem Lebensbrot und Lebenswort zusammenkommen, im gebrochenen Brot sei diese Heiligkeit bewahrt. Vielleicht kämen wir wieder einmal dahin, dass uns das Brot erst schmeckt, wenn wir zu Tisch gebetet haben. Das Tischgebet sei, recht verstanden, kein Appetitzügler, sondern ein Appetitanreger.

Die Predigt endet mit der Kurzgeschichte »Das Brot« von Wolfgang Borchert aus der Zeit kurz nach dem Krieg, als es Brot nur rationiert auf Lebensmittelkarten gab: Eine Ehefrau ertappt ihren Mann, wie er nachts heimlich Brot isst und sich mit Geräuschen herauszureden versucht, die er angeblich gehört habe, vielleicht ein Dieb, vielleicht nur der Wind. Am nächsten Abend, beim Abendbrot, hat die Frau ihrem Mann eine Scheibe mehr zugeteilt: Iss du man eine mehr. – Nein, du kannst doch nicht nur eine Scheibe essen. – Doch. Abends vertrag ich das Brot nicht gut. Iss man. Iss man.

Eigentlich ein Scheidungsgrund. Der Prediger erkennt *dennoch Liebe. Und dennoch Himmel mittendrin. Auf irgendeine verborgene Weise ist Jesus Christus dabei. Von diesem »Brot des Lebens« scheint die Frau sehr viel abbekommen zu haben. Denn sie versteht die Sorge um das Brot ihres Nächsten, ihres Mannes, als Frage an sich. Sie lebt so, als sei für sie schon gesorgt. Und das ist ja auch die Botschaft, die uns beim Abendmahl in jedem Stück Brot entgegenkommt: Für dich ist gesorgt, für alles, was du dir nicht selbst geben kannst: den Glauben und die Hoffnung und die Liebe, die Gnade und die Vergebung und das Leben selbst, über Tag und Tod hinaus. … So ist Glaube die Hand, die empfängt und betet, und die Hand, die weitergibt und zupackt, wo Not ist. … Das erfahren wir durch den, der sagt: »Ich bin das Brot des Lebens.« Durch Jesus Christus. Er sagt vor allem immer wieder: »Iss man! Iss man!« Amen.*

Iss-man-Predigten dieser Art hört man zuhauf in den Kirchen. Die Bibel dient solchen Predigern nur noch als Steinbruch, aus dem sie sich beliebige Stücke herausbrechen, um sich die Frage vorzulegen: Mal sehen, was mir dazu alles einfällt. Dann stellt sich der Prediger tatsächlich auf die Kanzel, assoziiert sich fröhlich durch den Text und meint, er habe ihn ausgelegt.

Nicht alle Predigten sind so. Es gibt durchaus noch genügend Pfarrer und Theologen, die es sich schwerer machen, die hart am Text bleiben und sich ganz bultmannsch mühen, die alten Texte zu Menschen von heute sprechen zu lassen – und dabei zuverlässig scheitern, scheitern müssen, denn wer über das Brotwunder zu predigen hat, wird, wenn er intellektuell einigermaßen redlich argumentiert, nicht daran vorbeikommen, es als unhistorisch zu bezeichnen. Wenn es aber das Wunder so nicht gegeben hat, bricht die ganze Geschichte zusammen, und man müsste sich ehrlicherweise eingestehen, dass es daher keinen Sinn mehr hat, über diese Geschichte zu reden. Aber das gälte dann für so viele Geschichten der Bibel, dass am Ende kaum noch etwas übrig bliebe, worüber zu predigen sich noch lohnte. Daher steht der Prediger unter dem Zwang, über sinnlos gewordene Geschichten weiter zu sprechen, als hätten sie noch einen Sinn. Dazu muss der Prediger zwangsläufig den ursprünglichen Sinn einer Geschichte, ihre Pointe, herunterspielen, für unwichtig erklären, die Frage nach der Historizität als belanglos und nebensächlich hinstellen und die Aufmerksamkeit auf das »eigentlich Wichtige« umlenken. Eine neue Pointe muss gefunden, ein neuer Sinn muss an den Haaren herbeigezerrt werden.

So behauptet ein Prediger des Jahres 2007: *Viel wichtiger als das Wunder der Speisenvermehrung ist das gemeinsame Essen,* aber der Prediger verschwendet keinen Gedanken an die Frage, wie gemeinsames Essen möglich ist, wenn es kein Wunder gibt? Dafür schwärmt er von *der Nähe Gottes* und *der Fülle Gottes … Dieses Speisungswunder zeigt an: Gott gibt im Überfluss, er wird ein Reich schaffen, in dem kein Mangel herrscht, in dem sich niemand Sorgen machen muss, dass er zu kurz kommt. … Es ist genug für alle da.*

Genauso reichlich wie Jesus Fische und Brote gibt, verteilt Gott Gerechtigkeit, Nähe, Barmherzigkeit, Gnade … Deswegen ist die Frage, ob dieses Wunder geschehen ist, auch nicht so wichtig. Viel wichtiger ist der Gedanke, dass Gott keine Zurückhaltung übt. Mit seiner Gnade und seiner Barmherzigkeit geht er ganz verschwenderisch um, sozusagen mit großer Geste. An der Geschichte von der Speisung der Fünftausend lernen wir die Speisenfolge der Barmherzigkeit kennen. Barmherzigkeit ist kein leerer Gedanke, sondern

*eine Einladung zum Essen. Und die Barmherzigkeit Gottes geht
durch den Magen. Und von dort aus ergreift sie den Menschen mit
Leib und Seele. Amen.*

Satt werden wir also nicht, statt Brot gibt's Gerechtigkeit, Nähe,
Gnade und Barmherzigkeit in verschwenderischer Fülle –
allerdings nicht mehr in dieser Welt, sondern erst in jenem künftigen Reich, das der liebe Gott schon noch irgendwann und irgendwo schaffen wird. So ähnlich klang es im Kommunismus
auch siebzig Jahre lang. Und genauso jämmerlich wie die kommunistische Zukunftsverheißung immer gewesen ist, war und ist
die christliche Reich-Gottes-Verheißung. Kein Hungernder wird
davon satt, und verschwenderische Gerechtigkeit erst nach dem
Tod oder dem Ende der Welt ist auch ein ziemlich billiger Trost.

Ein anderer Prediger des Jahres 2007 spricht durchaus die Probleme moderner Menschen mit dieser Wundergeschichte an, aber
er empfiehlt, den neuzeitlichen Skeptizismus für einen Augenblick zurückzustellen, denn *dann könnten wir anhand dieser Erzählung den neutestamentlichen Jesus in seiner ganzen Eigentümlichkeit erkennen. Er wird als Wundertäter geschildert, wie es der
antiken Vorstellung vom heiligen Mann entspricht ... Die Taten
sind es, die das Zutrauen der Hörer wecken. Die ausgezeichnete
Lehre hören sie dann gewissermaßen im Windschatten der schon
anerkannten Besonderheit des Wundermannes.*

Dann aber zwingt den Prediger seine Ehrlichkeit, den Zuhö-
rern mitzuteilen, dass man ab ungefähr dem achtzehnten Jahrhundert zunehmend Schwierigkeiten hatte, an eben diese Taten,
die doch das Vertrauen der Zuhörer wecken sollten, zu glauben.
Statt aber nun das darin steckende Problem zu lösen – wie man
weiterhin dem Mann vertrauen soll, der die Taten, die Vertrauen
stiften sollten, gar nicht vollbracht hat, und wie man der im
Windschatten sich bewegenden Lehre glauben soll, wenn nie ein
Wind geweht hat –, beschränkt sich der Prediger darauf, einfach
weiter ein Stück Theologiegeschichte zu referieren: *Jesus wurde
seines zauberischen Wesens entkleidet. Die Wundertaten verloren
an Bedeutung. Im Zuge einer symbolischen Auslegung wurde die
Existenz Jesu selbst zu dem einen, wahren Wunder. Demgegenüber
traten die Heilungstaten, die Totenauferweckungen und Massen-
speisungen als sekundäre Konkretisierungen zurück. Man sah in*

ihnen mitlaufende, aber eben unhistorische Produktionen einer auf Bilder fixierten Vorstellungskraft. Die Wunder waren etwas für die einfältigen Seelen; der aufgeklärte Geist hatte genug an den Worten Jesu, an seiner Erscheinung als solcher. Sie bedurfte der Illustrationen durch Mirakel nicht.

Ehrlich bekennt der Prediger: *Auch mir selbst ist ein lehrhaft auftretender Jesus zugänglicher als ein letztlich unfassbarer Wundermann, der wie aus fernen Welten in die Gegenwart einbricht. Ich kann mit den Wundererzählungen nicht viel anfangen, wenn ich sie für bare Münze nehmen soll. Als geschehenes Geschehen will ich sie nicht verstehen. Im vorliegenden Fall halte ich eine Auslegung für Unsinn, bei der am Ende im materiellen Sinne die von Jesus bereitgestellte Nahrung für zehn- oder mehr tausend Menschen tatsächlich aus den fünf Broten und zwei Fischen hervorgegangen sein soll.*

Einfacher, kürzer und verständlicher hätte der Prediger auch sagen können: Auch ich glaube das Märchen nicht. Aber da bekäme er möglicherweise Ärger mit seiner Kirchenleitung. Und er müsste wohl auch damit rechnen, dass dann das eine oder andere Gemeindemitglied aufsteht und sagt: Wenn es nicht wahr ist, dass Jesus das Wunder vollbracht hat, mit fünf Broten und zwei Fischen eine hungernde Volksmenge zu sättigen, dann soll man die Geschichte aus der Bibel herausnehmen, sie in eine Märchensammlung aufnehmen und sie dort auf die Geschichten vom Schlaraffenland und vom »Tischlein deck dich« folgen lassen. Das aber muss unbedingt vermieden werden. Darum ist hier umständlich waberndes, verklausuliertes, verschleiernd-kleingedrucktes Herumdrucksen nötig, das scheinbar offen bekennt: *Es verhält sich anders, und warum dürfte es nicht offen ausgesprochen werden? Jene Erzählungen transportieren einen Sinn, der in der Tat auf einer anderen Darstellungsebene liegt als auf der unmittelbar anschaulichen. Sie operieren mit dem Wunderbaren; es ist das Mittel, durch das die tatsächliche Aussage übertragen wird. Die Wunder sind Mittel zum Zweck, so wie sie das auch in allen anderen antiken Heldengeschichten sind.*

Nein, so kompliziert waren die antiken Erzähler nicht. Die waren einfacher gestrickt. Wunder haben sie nicht zu dem Zweck erzählt, um theologische Aussagen zu transportieren und abstrakte Glaubensinhalte in Bilder zu kleiden, sondern das Wunder war die tatsächliche Aussage. Dieser Jesus hat Wunder vollbracht, darum ist er ein Gottessohn, und darum sollen wir ihm glauben – das war die tatsächliche Aussage, woraus sich der Umkehrschluss ergibt: Hätte er keine Wunder vollbracht, wäre er auch kein Gottessohn und hätte keinen Anspruch auf Glauben und Gefolgschaft, basta.

Unsere heutigen Prediger aber behaupten mutig: Er hat zwar keine Wunder vollbracht, aber er ist trotzdem der Sohn Gottes. Von unsereinem wird verlangt, ohne Wunder an die wunderbare Herrlichkeit Gottes zu glauben. Wie aber geht das? Der Prediger weiß es auch nicht so genau, denn er fährt fort: *Nicht als eine Vorwegnahme und Vorausdeutung auf das spätere Abendmahl* wolle er die Brotwunder-Geschichte verstehen, *sondern als das, was sie selbst im Kontext des Evangeliums zu sein beansprucht: als Bericht von einer speziellen Begebenheit, bei der Jesus seine vielzählige Zuhörerschaft aus einem vollkommen unzulänglichen Speisevorrat heraus mit ausreichender Nahrung versorgt, so wie seinerzeit das durch die Wüste wandernde Volk von Gott mit dem lebensspendenden Manna versorgt worden war.*

Wie? Also doch ein Wunder? Der Prediger lässt die Frage offen und lenkt unvermittelt auf Grundsatzfragen über, die sich bei diesem Text nicht unbedingt stellen: *Wenn es bei uns um Glaube und Religion geht, dann macht sich oft eine starke Abwertung der Dinge des Alltags breit. Alles ist plötzlich – als wäre das anders nicht denkbar – auf absolute Richtpunkte eingestellt … Worauf das Leben eigentlich gerichtet sein soll, verdeckt, was man heute isst und trinkt oder gerade getan hat. Religion sei ja schließlich das, was uns unbedingt angeht. Häufig leitet man daraus ab, dass Aspekte der praktischen Lebensführung unwesentlich seien im Vergleich zu den zentralen Fragen der Existenz. Es geht dann nur noch um die elementaren Entscheidungen, um Werte und Grundorientierungen, die sich aus dem Glauben ergeben.*

Nach Ausführungen über die Leiblichkeit des Menschen erahnt der gutwillige Hörer, wozu die Grundsatzerwägungen angestellt wurden: *Die Erzählung von der Speisung der Fünftausend sagt: Das Evangelium umfasst auch eine leibliche, konkret materielle Dimension. Es gibt eine Leiblichkeit der guten Botschaft, und*

diese wird, ohne große Entschlüsselungsarbeit, in der Speisungsge-
schichte sichtbar. Mir scheint es wichtig zu sein, wenn wir uns als
evangelische Christen klar vor Augen stellen: Beim Glauben geht es
nicht nur um das Große und Ganze des Lebens. Von entscheiden-
der Bedeutung ist etwas anderes, und dieses Entscheidende ist der
eigentliche Kern. Das Entscheidende ist, dass der Glaube mir zu
meinem persönlichen Leben wird. Das Wort Gottes ist immer nur
innerhalb der menschlichen Konkretionen und Vermittlungen hör-
bar. Wenn man Christus als eine solche Konkretisierung betrach-
tet, dann geht das nur innerhalb einer lebendigen Beziehung. Die
Beziehung zu Gott, die der Glaube selbst ja ist, ist eine erlebbare
Realität innerhalb der tatsächlichen Lebensvollzüge, nicht außer-
halb oder jenseits ihrer. Im religiösen Gebiet kann es deshalb auch
keine abstrakten Wertentscheidungen geben. Dies macht die neu-
testamentliche Erzählung von der Speisung der Fünftausend deut-
lich. Jesus war nicht nur ein faszinierender Redner und charisma-
tischer Prediger. Er wusste auch um die Nöte und Sorgen der
Niederung. Wenn man die Nähe Jesu zu seinen Hörern beschrei-
ben und wenn man von hier aus ein Bild seines Wirkens zeichnen
wollte, dann ließen sich große Teile der Überlieferung aus den Evan-
gelien heranziehen … Es ist so, dass von einer unbegrenzten Soli-
darität die Rede sein müsste, von einem Ideal vorbehaltloser Of-
fenheit, von einer Menschenfreundlichkeit, die wir sonst nirgendwo
finden. Für mich sind es diese Solidarität, Offenheit und Freund-
lichkeit, die Jesus spendet, wenn die Menge ihn umdrängt und sich
dann, man weiß nicht wie, gesättigt und gekräftigt wiederfindet.
Das ist das Wunder, und in dieser Haltung gewinnt für den Chris-
ten der Gott Gestalt, auf den er sein Vertrauen setzt und an dem
sein Herz hängt … Es sind nicht irgendwelche Wunder, nicht die
Zaubereien, die mit einem Mal aus einer geister- und magievollen
Parallelwelt heraufsteigen. Wohl aber können es solche Gescheh-
nisse sein, die wider den Augenschein den Blick weiten, das Ver-
trauen festigen und das Herz öffnen. Genau solch ein Wunder wird
in der Erzählung von der Speisung der Fünftausend geschildert.
Amen.

Ich habe diese Predigt so ausführlich zitiert, weil sie erstens
zeigt, dass die Theologie zu Beginn des 21. Jahrhunderts trotz
anderslautender Beteuerungen noch nicht über Bultmann hi-

naus ist, zweitens, dass sie deren Schwächen und Unzulänglich-
keiten bis heute nicht gelöst hat, und drittens vor allem, um die
sprachlichen Verrenkungen zu zeigen, die offenbar nötig sind, um
mit scheinbar guten Gründen weiter über göttliche Wunder zu
reden, die es nicht gegeben hat.

Was dabei herauskommt ist Gerede. Ein Krampf.

18 – Ab jetzt heimatlos

In vier Semestern Theologie verdichtete sich in mir der Eindruck: Bultmann und seine Nachfolger sind, höchst ehrenwert, vom Ethos der Wahrhaftigkeit getrieben, ganz mutig weit vorgeprescht, dann aber, erschrocken über das Gelände, in dem sie sich plötzlich bewegten, unvermittelt stehen geblieben. Plötzlich schienen sie Angst vor ihrem eigenen Mut bekommen und befürchtet zu haben, am Ende ihres Weges vom Nichts erwartet zu werden.

Was macht man in so einer Situation, in der man sich nicht mehr weiter vorwärts wagt und Zurückrudern als unehrenhaft empfunden würde? Man bleibt auf halbem Weg stehen, erklärt die erreichte Zwischenstation als Ankommen im Ziel und richtet sich dort gemütlich ein. Das aber kann nur funktionieren, wenn ein paar Denk- und Frageverbote erlassen werden.

Solche Verbote klingen an, wenn der Prediger behauptet, auf die Frage, ob sich dieses oder jenes Wunder tatsächlich ereignet habe, komme es gar nicht so an. Doch, genau darauf kommt es an. Bevor diese Frage nicht geklärt ist, braucht man sich mit anderen Fragen gar nicht erst zu beschäftigen.

Wer so argumentiert, bekommt dann zu hören, aber die Fragen seien doch geklärt: Natürlich habe Jesus nicht gezaubert, und darum brauche man sich damit nun wirklich nicht mehr länger aufzuhalten und solle sich statt dessen auf die Botschaften konzentrieren, die über solche Wundererzählungen transportiert werden. Dass aber der ganze christliche Glaube einen tiefgreifenden Wandel durchmacht, wenn biblische Geschichten nur noch als Metaphern und Symbole verstanden werden und die über Mythen und Metaphern transportierten Botschaften oft sehr banal sind, darüber wird dann flott hinweggepredigt, weil die Fragen, die sich auftäten, wenn man länger bei der lässigen Herabwürdigung eines achtzehnhundert Jahre gepflegten Textverständnisses zum bloßen Missverständnis verweilte, gar zu unbequem wären.

Schon Bultmann hat diese Gefahr gewittert, und darum war er selbst es, der die Frage nach dem historischen Jesus einfach verbot. Dieses historische Geschehen hinter den urchristlichen

Interpretationen sei gänzlich uninteressant, erklärte er immer wieder. Ist das nicht kurios?

Die Frage, wer der Mensch Jesus vor seinem Kreuzestod wirklich gewesen ist und wie er gelebt, gedacht und gefühlt hat, für uninteressant und belanglos zu halten, ist an sich schon sehr komisch. Noch komischer aber wird es, wenn Bultmann bekundet, ausdrücklich kein Interesse an diesem »Jesus nach dem Fleisch« haben zu wollen. Eigentlich ist das ein sicherer Hinweis dafür, dass an der Sache etwas faul ist. Ein normales Desinteresse könnte man ja noch hinnehmen, wenn auch unter Verwunderung, aber Bultmanns ausdrückliches Desinteresse und seine Forderung an alle anderen, ebenfalls kein Interesse haben zu sollen, riecht nach einer Leiche im Keller.

Und tatsächlich baut sich Bultmann vor der Kellertür auf und sagt, es liege im Wesen der Tradition des Kerygmas, dass nach der historischen Zuverlässigkeit des Überlieferten überhaupt nicht gefragt werden darf. Ganz fromm, ganz dogmatisch, sagt der Entmythologisierer Bultmann, Glaube sei nicht Wissen, sondern Gehorsam. *Das Wort der Verkündigung begegnet als Gottes Wort, demgegenüber wir nicht die Legitimationsfrage stellen können, sondern das uns nur fragt, ob wir es glauben wollen oder nicht* (Bultmann). Wozu dann der ganze Entmythologisierungsaufwand?

Dieser Punkt immerhin wurde von nachfolgenden Theologengenerationen, auch und gerade von Bultmann-Schülern wie Günther Bornkamm, Herbert Braun, Hans Conzelmann, Gerhard Ebeling, Ernst Fuchs, Ernst Käsemann und Willi Marxsen kritisiert. Besonders Käsemann, aber auch die anderen, setzten die Frage nach dem historischen Jesus wieder in ihr Recht und betrieben eine langjährige Jesu-Leben-Forschung.

Damit wagten sie sich an eine Aufgabe, an der schon Generationen von Theologen vor ihnen gescheitert waren, wie Albert Schweitzer 1906 in seiner *Geschichte der Leben-Jesu-Forschung* mit dem Titel: *Von Reimarus zu Wrede* (2. stark erweiterte Auflage 1913) nachgewiesen hatte. Darin belegt Schweitzer, dass der in der Bibel berichtete Christus-Gott den Menschen Jesus so überstrahlt, dass hinter der Korona nichts mehr zu sehen ist und daher jede Zeit ihre jeweiligen Ideale in die Jesusfigur hineininterpretieren konnte und auch hineininterpretiert hat.

Aufklärer sahen in Jesus einen Aufklärer, Tierfreunde einen Tierfreund, Kinderfreunde einen Kinderfreund, Patrioten einen Patrioten, Romantiker einen Romantiker. Schweitzer kam daher zu dem Schluss: Der Versuch, das Leben Jesu aus den vorhandenen Quellen zu rekonstruieren, ist ein unmögliches Unterfangen.

Warum haben es dann die Theologen nach Bultmann trotzdem wieder probiert? Es lag wohl am Stand der Forschung. Die Methoden der Text-, Literar- und Formkritik hatten sich weiterentwickelt und verfeinert, das Wissen über die Redaktionsgeschichte des Neuen Testaments erweitert. Archäologische und politisch-ökonomische Forschungen über die Jesus-Zeit, aber auch über die Zeit davor, dazu die Funde jüdischer und frühchristlicher Schriftrollen in Qumran haben die Theologen ermutigt, es doch noch einmal zu versuchen mit einer Rekonstruktion des Lebens Jesu und beispielsweise, wie etwa Ernst Käsemann, originale Jesusworte von bloßen »Gemeindebildungen« zu unterscheiden, um sich über einen kritisch gesicherten Kern authentischer Jesusworte an den wirklichen Jesus heranzutasten.

Das war spannend. Überzeugt hat es mich nicht.

Der Ertrag dieser Forschung erschien mir karg, trotz aller Wissenschaftlichkeit und ausgeklügelter Methoden weiterhin ungesichert und spekulativ, und vor allem drängte sich mir der Eindruck auf, dass die Theologen wieder in die alte Falle tappten und ihre eigenen, vom herrschenden Zeitgeist geprägten Ideale in ihren Jesus projizierten – ein Trend, der an den Kirchentagen der letzten vier Jahrzehnte bis heute abzulesen ist. Immer trug der auf diesen Kirchentagen verkündete Jesus die Gewänder des jeweils regierenden Zeitgeistes, während der wilden 68er Jahre etwa die Baskenmütze Che Guevaras oder den Palästinenserfeudel Arafats, später das T-Shirt der Friedensbewegung mit der Aufschrift »Make Love Not War«, danach die lila Latzhose der Feministinnen, den Anti-AKW-Aufkleber der Umweltschützer, den Norweger-Pullover der Ökofreaks, den Umhang eines indischen Meditations-Gurus, die Locken eines Rastafari. Seit die Individualisierung unter den Jugendlichen explosionsartig zunimmt, spaltet sich Jesus in einen Love-Parade-DJ, einen spirituellen Guru, einen coolen Manager, einen Mystiker, einen Hip-hopper, einen Rapper, einen Globalisierungskritiker und noch vieles mehr, während es den Latzhosen- und Norweger-Pullover-Jesus und all die anderen Jesusse auch weiterhin noch gibt.

Und diese der Mode unterworfenen Kirchentags-Jesusbilder sind nur ein kleiner Ausschnitt aus einer schier unübersehbaren Vielzahl. War Jesus nicht auch ein Weiser, ein Charismatiker, ein Wunderheiler? War er nicht auch Psychotherapeut, Narr, Rebell, Lehrer, Geschichtenerzähler, ein Mensch für andere oder schlicht der neue Mann?

Wer sich heute ein Bild vom historischen Jesus machen will, findet alles, und auch das Gegenteil, und alles ist angeblich irgendwie wissenschaftlich abgesichert. Noch immer gibt es Leute, die behaupten, dass Jesus nie gelebt hat, und auf der anderen Seite des Extrems Leute, die behaupten, man könne die biblischen Texte als historische Dokumente wörtlich nehmen, und dazwischen findet man alle Schattierungen und auch exotische Blüten, wie etwa die These, Jesus sei gar nicht gekreuzigt worden, Jesus lebte und starb in Indien oder vielleicht auch in Tibet, Jesus hatte Nachkommen und Kinder, oder Jesus sei die fiktive, von Gallien nach Galiläa transformierte Kopie des Lebens von Julius Caesar. Es gibt Theologen, die an der Historizität einer leiblichen Auferstehung festhalten, und andere, die sagen, Jesu Leiche sei im Grab verwest wie jede andere.

Dazwischen tummeln sich jene, die schwer verständlich drumherumreden und eine Art Prediger-Konsens produzieren, der sich auf den Nenner bringen lässt: Gott ist die Liebe, und darum meint er es gut mit uns Menschen, aber er kann nicht sehr viel für uns tun. Die Wunder, die Gott und sein Sohn in ferner Zeit angeblich vollbracht haben, werden nur deshalb erzählt, damit wir sie vollbringen. »Gott hat nur unsere Hände, unsere Arme, unsere Füße, unsere Augen, unsere Münder«, lautet ein beliebter Spruch moderner Prediger, die ihren Gemeinden nicht zumuten wollen, an Wunder zu glauben. Wenn wir nicht mit unseren Mündern den Hungernden und Entrechteten unsere Stimme leihen und für gerechtere politische Verhältnisse eintreten, wenn wir nicht mit unseren Augen auf das Elend schauen, wenn wir uns nicht auf unseren Füßen aufmachen, um den Elenden zu helfen, wenn wir nicht mit unseren Armen und Händen für sie tätig werden, dann wird niemand für sie tätig. Das ist leider wahr. Aber wozu braucht es dann noch einen Gott?

Gott kann den Elenden nur durch uns helfen – eine magere Ausbeute der existentialen Interpretation der Wundergeschichten und eine Überforderung der Christen dazu, vor allem aber ziemlich überflüssig. Dass ich Hungernde nicht verhungern lassen soll, weiß ich auch so, dafür brauche ich kein Neues Testament. Zugleich ist es aber gar nicht so einfach, als einzelner Christ erfolgreich etwas gegen den Hunger, Not und Unterdrückung in der Welt zustande zu bringen. Bei diesem Bemühen lassen einen Bultmann, die Wundergeschichten und der liebe Gott ziemlich allein. Die Hundert-Euro-Überweisung an Weihnachten auf das Konto »Brot für die Welt« und die paar Millionen unseres Ministeriums für wirtschaftliche Zusammenarbeit – das kann's ja wohl nicht sein.

Ich verkenne nicht, dass ein Teil der westlichen Ethik, die politische Entwicklungshilfe, die Wohltätigkeit, die Welthungerhilfe, die Caritas und die Diakonie in diesen alten Geschichten wurzeln und es leichtsinnig wäre, diese Wurzeln zu kappen. Trotzdem meine ich: Wenn die Wundergeschichten so nicht passiert sind, wie sie erzählt werden, und sie nichts anderes bedeuten als einen Protest gegen Hunger, Leid, Not, Unrecht und Unterdrückung in der Welt, dann würde es genügen, dies einmal ausgesprochen zu haben. Der Rest der Zeit wäre dann darauf zu verwenden, eine Lösung für das Problem der Armut und Unterdrückung zu finden. Aber eben das geschieht nicht. Es wird einfach weiter gebetet, gepredigt, protestiert, vertröstet und verbal beteuert, aber kein einziges Problem gelöst. Und weil das inzwischen auch schon einigen Theologen und Predigern aufgefallen und eine rasche Änderung nicht zu erwarten ist, lässt der Eifer des Protestes derzeit stark nach und bahnt sich eine massenhafte Flucht in die Mystik und Spiritualität an, was auch keinen Hungernden sättigt.

Deprimierend ist auch der theologische Ertrag des Osterglaubens. Wenn die Jünger nur Visionen von einem auferstandenen Jesus und sich nur einer massenhaften Selbstsuggestion hingegeben hatten, dann schwindet die christliche Hoffnung auf eine Auferstehung von den Toten, und dann missrät der ganze christliche Glaube zu einer ziemlich trostlosen Angelegenheit. Aus der gern gebrauchten Aussage, dass Jesus seit 2000 Jahren immer wieder neu in die Gemeinden hinein aufersteht und dass Auferstehung bedeute, Jesus werde sich auch im Tod weiter zu mir verhalten, vermag ich im Hinblick auf mein Lebensende nicht all zu viel Zuversicht zu saugen. Und wenn gesagt wird, die Auferstehung der Toten zum ewigen Leben sei Ausdruck der Hoffnung, dass das Unrecht nicht siegt (Dorothee Sölle), dann ist das zwar eine schöne Hoffnung, aber die Jünger haben nach Jesu Tod nicht von einer Hoffnung geredet, sondern von einem Ereignis. Und in diesem Ereignis sahen sie das Unrecht bereits besiegt. Sie mussten also gar nichts mehr erhoffen, denn das Erhoffte hatte sich nach ihren Aussagen bereits ereignet.

Das zu glauben fällt uns Heutigen zwar schwer, aber es hat keinen Sinn, das Unglaubliche so lange umzudeuten, bis wir's wieder glauben können. Es ist dann einfach ehrlicher zu sagen: Ich kann nicht glauben, was da geschrieben steht, ich kann es auch nicht leugnen, denn ich war nicht dabei, ich kann mich aber auch nicht einfach entschließen, es für wahr zu halten. Das ist nicht sehr glamourös, das stimmt niemanden besonders froh, aber die beiden Alternativen – ich glaub's einfach so, wie's dasteht; oder ich interpretiere es mir so lange zurecht, bis es neuzeit-kompatibel wird – sind auch keine Lösung.

Was ich damals im Studium angesichts der deutschen Universitätstheologie empfand, hatte der heutige Papst und damalige Professor Joseph Ratzinger sehr gut auf den Punkt gebracht, als er das Jesusbild dieser Theologie folgendermaßen karikierte: »Den historischen Jesus müsste man sich als eine Art von prophetischem Lehrer vorstellen, der in der eschatologisch erhitzten Atmosphäre des Spätjudentums seiner Zeit auftrat und darin … die Nähe des Gottesreiches verkündete. Das sei zunächst eine durchaus zeitlich zu verstehende Aussage gewesen: Jetzt kommt baldigst das Reich Gottes, das Ende der Welt. Andererseits sei aber doch das Jetzt bei Jesus so sehr betont, dass das Zeitlich-Zukünftige für den tiefer Blickenden nicht mehr als das Eigentliche gelten könne. Dieses könne man vielmehr – auch wenn Jesus selbst an eine Zukunft, an ein Reich Gottes dachte – nur in dem Ruf zur Entscheidung sehen: Der Mensch werde ganz auf das jeweils andrängende Jetzt verpflichtet.« (Joseph Ratzinger, Einführung in das Christentum, dtv 1972)

Ratzinger fährt dann fort: »Halten wir uns nicht dabei auf, dass eine so inhaltslose Botschaft, mit der man vorgibt, Jesus besser zu verstehen, als er sich selbst verstand, schwerlich jemandem etwas hätte bedeuten können. Hören wir lieber einfach zu, wie es weitergegangen sein soll. Aus Gründen, die nicht mehr recht zu konstruieren seien, sei Jesus hingerichtet worden und als ein Scheiternder gestorben. Danach sei auf eine auch nicht mehr recht erkennbare Weise der Auferstehungsglaube entstanden, die Vorstellung, er lebe wieder oder bedeute jedenfalls weiterhin etwas. Allmählich habe dieser Glaube sich weiter gesteigert und die auch anderwärts in ähnlicher Weise belegbare Vorstellung ausgebildet, Jesus werde in Zukunft als Menschensohn oder als Messias wiederkehren. In einem nächsten Schritt habe man diese Hoffnung schließlich auf den historischen Jesus zurückprojiziert, sie ihm selbst in den Mund gelegt und ihn entsprechend umgedeutet. Nun habe man es so hingestellt, als hätte er sich selber als den kommenden Menschensohn oder Messias angekündigt. Alsbald – so sieht es unser Klischee – sei aber dann die Botschaft aus der semitischen Welt in die hellenistische übergegangen.« (Ebd., S. 200f.)

Das habe bedeutende Folgen gehabt. An die Stelle der semitischen Schemata vom Menschensohn und vom Messias sei die hellenistische Kategorie des göttlichen Menschen oder Gottmenschen getreten, mit der man sich nun die Gestalt Jesu begreiflich gemacht habe. Der ›Gottmensch‹ im Sinn des Hellenismus sei Wundertäter und göttlicher Herkunft. Diese Attribute hätten die frühen Christen daher nun auf Jesus übertragen müssen, um im Hellenismus besser verstanden zu werden. Der Mythos der Jungfrauengeburt sei aus dem gleichen Grunde geschaffen worden und habe in logischer Konsequenz dazu geführt, Jesus als Sohn Gottes zu bezeichnen, weil nun Gott auf mythische Weise als sein Vater erschien. Auf dieser mythischen Spur sei dann der altkirchliche Glaube fortgeschritten bis zur Verfestigung als Dogma von der ontologischen Gottessohnschaft.

Ratzinger bezeichnet diese von ihm gegebene Kurzfassung der neueren Jesustheorien selbst als »Klischee« und »Vulgarisierungsform moderner Theologie«, womit er, wie er sagt, durchaus zugibt, »dass die Dinge in den Fachuntersuchungen differenzierter und auch im einzelnen vielfältig unterschiedlich gesehen werden«. (Ebd.) Die Ausrede, dass es so einfach auch wieder nicht sei, lässt er aber trotzdem nicht gelten, denn die Aporien bleiben die gleichen. Deshalb kommt er zu dem Urteil, das Ganze sei »für den historisch Denkenden ein absurdes Gemälde, auch wenn es heute scharenweise seine Gläubigen findet; für meinen Teil gestehe ich freilich, dass ich, auch vom christlichen Glauben abgesehen, rein von meinem Umgang mit der Geschichte her, lieber und leichter zu glauben imstande bin, dass Gott Mensch wird, als dass ein solches Hypothesen-Konglomerat zutrifft.« (Ebd., S. 202)

Den Trotz, der in diesen Ratzingerschen Sätzen zum Ausdruck kommt, verstehe ich, teile ich sogar, wenn ich mich dann aber wieder »erwachsen« verhalte und die Trotzphase hinter mir lasse, teilen sich die Wege. Ratzinger glaubt vermutlich nicht nur aus Trotz, sondern auch aus für ihn einleuchtenden theologischen Gründen weiterhin an die Jungfrauenschaft Mariens und überhaupt die historische Zuverlässigkeit der Bibel. Ich kann es nicht mehr.

Ich bin Teil jener Krise, die derselbe Ratzinger Jahre später einmal in der FAZ sehr treffend so beschrieben hatte:

Am Beginn des dritten christlichen Jahrtausends befindet sich das Christentum gerade im Raum seiner ursprünglichen Ausdehnung, in Europa, in einer tief gehenden Krise, die im bestrittenen Wahrheitsanspruch der Kirche liege. Durch die Evolutionstheorie scheint die Schöpfungslehre überholt, durch die Erkenntnisse über den Ursprung des Menschen die Erbsündenlehre; die kritische Exegese relativiert die Gestalt Jesu und setzt Fragezeichen gegenüber seinem Sohnesbewusstsein; der Ursprung der Kirche in Jesus erscheint zweifelhaft und so fort. Daher liege es nahe, den christlichen Inhalten keine höhere Wahrheit zuzusprechen als den Mythen der Religionsgeschichte – sie als Weise der religiösen Erfahrung anzusehen, die sich demütig neben andere zu stellen hätte. In diesem Sinn kann man dann – wie es scheint – fortfahren, ein Christ zu bleiben; man bedient sich weiterhin der Ausdrucksformen des Christentums, deren Anspruch freilich von Grund auf verändert ist: Was als Wahrheit verpflichtende Kraft und verlässliche Verheißung für

den Menschen gewesen war, wird nun zu einer kulturellen Aus-
drucksform des allgemeinen religiösen Empfindens, die uns durch
die Zufälle unserer europäischen Herkunft nahe gelegt ist.

Mit anderen Worten: Wenn mein Christentum nur die zufällig historisch gewachsene Gestalt eines allgemeinen religiösen
Empfindens ist, dann ist es nicht mehr besonders sinnvoll, an
diesen Zufällen festzuhalten und sie weiter zu pflegen. Es erscheint
dann vernünftiger, sich vom trennenden Ballast der bloß zufälli-
gen christlichen Spezifika zu befreien und sich auf jene kultur-
unabhängigen Inhalte zu konzentrieren, die allen Religionen gemein sind.

Wenn das aber so ist, dann kann man das ganze Christsein
auch bleiben lassen. Auch das Religiössein kann man bleiben lassen. Es spricht zwar prinzipiell nichts dagegen, weiterhin noch in
irgendeiner Form religiös beheimatet bleiben zu wollen, aber das
ist dann eine Angelegenheit der privaten Vorliebe und nichts
zwingend Notwendiges.

Hinzu kommt: Die kirchliche Rede wird durch die entmytho-
logisierte Theologie seltsam doppelzüngig. Da bekennt die Gemeinde jeden Sonntag in der Kirche, an Jesus Christus zu glauben, *Gottes eingeborenen Sohn, … empfangen durch den Heiligen*
Geist, geboren von der Jungfrau Maria, … am dritten Tage aufer-
standen von den Toten, aufgefahren in den Himmel und so weiter,
und die Oma und der Bauer verstehen diese Worte weiterhin so,
wie man sie achtzehnhundert Jahre lang in der Kirche verstanden hat, nämlich im Wortsinn, während der Pfarrer, die Theologen, Philosophen und Gebildeten bei diesen Worten einander unsichtbar zuzwinkern und signalisieren: Wir Eingeweihten wissen
schon, wie wir das alles richtig zu verstehen haben, nicht wahr?

Meinen großen Respekt kann und will ich Bultmann und allen seinen Nachfolgern trotzdem nicht versagen. Was sie gemacht
haben, war notwendig. Wären auch islamische Geistliche bereit,
den Schritt zu wagen, den die protestantische und später auch
die katholische Theologie riskiert haben, nämlich den Gang durch
die Aufklärung, löste sich der ganze Islamismus in Luft auf, und
wir könnten endlich in Frieden mit den Muslimen leben.

Das ist leider kaum zu erwarten, sagt der türkische Lyriker Zafer
Senocak: *Kaum ein islamischer Geistlicher, geschweige denn ein*

frommer Laie ist willens und in der Lage, das Kernproblem in der Denkstruktur des eigenen Glaubens zu sehen. Sie sind nicht bereit zur kritischen Analyse der eigenen Tradition, zu einer schonungslosen Gegenüberstellung ihres Glaubens mit der Lebenswirklichkeit in modernen Gesellschaften.

Die Mehrheit der katholischen und evangelischen Theologen hat diese kritische Analyse der eigenen Tradition geleistet, und dafür bin ich ihnen dankbar. Ich anerkenne auch die Leidenschaft, mit der sie als Glaubende versucht haben, trotz der sich aus dieser kritischen Analyse ergebenden Zertrümmerung der gesamten altkirchlichen Tradition weiterhin gläubig zu bleiben und weiter aufgeklärt an Christus zu glauben. Die Lösungen, die sie dafür ausarbeiteten, haben mich nicht überzeugt, und wenn ich sie in diesem Buch auch manchmal mit Sarkasmus und zum Teil polemischen Untertönen ironisiert habe, so habe ich davor dennoch mehr Respekt als vor dem dogmatisch-orthodoxen Beharren aller Fundamentalisten auf unbefragten heiligen Texten.

Bultmanns Rettungsversuche und die seiner Schüler haben mich nicht überzeugt, darum bin ich den Weg, den sie eingeschlagen haben, weitergegangen bis zum Ende. Dort hatte ich dann begriffen: Die Vorstellung, über ein Theologiestudium zu Gott zu gelangen, war von Anfang an verfehlt. Man kann Wissen über Wissen auftürmen, man kann zwanzig Semester studieren, promovieren, sich habilitieren und ein Leben lang theologische Forschung betreiben, das alles bringt einen keinen Schritt näher zu Gott. Alles theologische, philosophische und sonstige Wissen, die vielen Kilometer Regalmeter Buch, in denen es um Gott und die letzten Fragen geht, sind ein Kreisen um eine terra incognita. Niemand weiß wirklich etwas über Gott, und Karl Barth hatte Recht, als er sagte, wir können von uns aus nichts tun, um zu Gott zu gelangen. Wir können nur hoffen und warten, dass er zu uns kommt.

Zu Barth war Gott offenbar gekommen. Zu mir nicht. Ich war jetzt heimatlos. Und bin es geblieben. Ich hatte aufgehört mit der Gottsucherei und hatte zu akzeptieren, dass die langjährige Suche vergeblich und ergebnislos war und eine weitere Fortsetzung töricht wäre. Darum: Abbruch des Studiums. Jedes weitere Semester wäre sinnlos. Und der Beschluss: Ab sofort lebst du als

Agnostiker weiter in der Ungewissheit. Lerne, die Ungewissheit auszuhalten und zu akzeptieren.

Gab es keine Alternative? Eine der damals zur Verfügung stehenden Alternativen lautete: *Atheistisch an Gott glauben*. Das Wort stammt von Dorothee Sölle. Es gab damals Theologen und Philosophen, die auf Bultmanns Weg weitergegangen sind. Er endete, für mich nicht überraschend, in der Erkenntnis vom *Tode Gottes*. Überraschend aber war, dass die Verkünder dieser Tod-Gottes-Theologie nicht aufhörten, weiter Theologen und Christen zu sein und Theologie zu betreiben. Ernst Bloch prägte das abenteuerliche Wort: *Nur ein Atheist kann ein guter Christ sein, gewiss aber auch: nur ein Christ kann ein guter Atheist sein.*

Auf den ersten Blick war das überraschend und verblüffend, auf den zweiten erschien es mir als so absurd, dass ich mich weigerte, mich in einem dritten Blick damit zu beschäftigen und auseinanderzusetzen.

War vielleicht ein Fehler. Mit diesem absurden *atheistisch an Gott glauben* hätte ich mich vielleicht doch näher beschäftigen sollen, denn heute, ein Vierteljahrhundert später, ahne ich, was die Erfinder dieses Wortes vielleicht gemeint haben könnten.

19 – Glaube, Glück und Überleben

Wenn man frisch gelernt hat, zu akzeptieren, dass es auf die großen und letzten Fragen keine Antworten gibt, wenn man ganz neu mit dem Versuch beginnt, sich ernsthaft mit dem Gedanken anzufreunden, dass da möglicherweise kein höheres Wesen außerhalb der mich umgebenden Welt existiert, das sich für mich interessiert, ich nur ein zufällig entstandenes Produkt der Evolution bin, die ganze Welt, die Menschheit, ihre Geschichte, ihre Gegenwart und ihre Zukunft nichts weiter sind als eine Laune der Natur, am Ende aller Tage kein Gott für ausgleichende Gerechtigkeit sorgt, Verbrechen für immer ungesühnt bleiben, Niedertracht nicht bestraft, Edelmut nicht belohnt, der Tod nicht überwunden wird und die gesamte Existenz der Welt eine Absurdität und folglich alles sinnlos ist – wenn man diese Gedanken ernsthaft in sich einlässt und in Erwägung zieht, dass sie vielleicht wahr sind, dann hat man zwei Möglichkeiten: *Entweder man bringt sich um, oder man bringt diese letzten Fragen um.*

Der Überlebenswille in mir und die Neugier auf den weiteren Lauf der Welt entschieden sich für die zweite Möglichkeit, und allein schon wegen des späteren Erlebnisses des Mauerfalls hat sich diese Entscheidung gelohnt. Wie aber bringt man die letzten Fragen um?

Ich verfiel auf eine vergleichsweise einfache Lösung: Einen Beruf ergreifen, heiraten und Kinder kriegen. Und tatsächlich erwies sich diese Lösung als verblüffend effizient. Wer sich als Berufseinsteiger behaupten muss und darüber hinaus von den körperlichen Bedürfnissen eines Kleinkinds durch den Alltag gehetzt wird, hat es plötzlich nur noch mit ersten Fragen zu tun: Wer kocht, wer putzt, wer spült, wer kauft ein, wer wickelt das Kind, und wie ringe ich trotz allem meine kinderlosen Konkurrenten nieder, die sich ungestört und ausschließlich auf das tägliche Rattenrennen konzentrieren können? Nicht einmal mehr fürs Kino und für vorletzte Fragen – was ist Liebe, wird Bayern wieder Meister, was war vor dem Urknall oder wie funktioniert eigentlich die Börse? – hatte ich noch Zeit.

Ich gebe zu: Ganz so einfach, wie diese Worte jetzt suggerieren, war es damals, nach Abbruch des Theologiestudiums, nicht. Ich geriet in eine tiefe Lebenskrise. Herausgefunden habe ich aus ihr aber tatsächlich durch einen Beruf – ich wurde Journalist, was sowieso besser und interessanter war als Pfarrer, kam in der Welt herum und hatte stets eine volle Kirche – eine liebende Frau und zwei wunderbare Kinder. Der Wandel vom ewigen Gottsucher zum fröhlichen Agnostiker gelang. Ein Vierteljahrhundert lang lebte ich glücklich und zufrieden und unbehelligt von letzten Fragen in Köln, München und Mainz.

Das große Glück, einen festen Grund, Heimat und Geborgenheit im Glauben zu finden, hatte sich als für mich unerreichbar erwiesen. Also griff ich nach dem kleinen Glück, dem Familienglück. Die Philosophen halten nichts davon, schon gar nichts vom kleinen privaten Glück im stillen Winkel. Im Falschen kann es nichts Richtiges geben, tönen sie, im Sinnlosen nichts Sinnvolles und im Unglück kein Glück. Und Herr Freud sekundiert, »die Absicht, dass der Mensch ›glücklich‹ sei, ist im Plan der ›Schöpfung‹ nicht enthalten«.

Ach, Herr Freud, den Schöpfer leugnen, aber über den »Plan der Schöpfung« genauestens Bescheid wissen, was ist das denn für eine Wissenschaft? Ich erinnere mich an einen Urlaubstag, an dem ich meine Tochter, noch keine drei, auf meinem Rücken durch Pompeji schleppte. Im Museum standen wir vor einer stattlichen, bärtigen Statue. Es war Zeus. Meine Kleine zeigte mit dem Finger auf die Figur und sagte: »Papa«.

Nein, das ist noch nicht das Glück, das ich meine, ist auch schon lange her, aber irgendwann – ich plane es schon – werden wir mit unseren jetzt großen Kindern ein zweites Mal vor diesem Zeus stehen, uns unter familiärem Gelächter dieser Geschichte erinnern, und vielleicht wird meine Tochter oder der Sohn oder werden beide später, wenn ich tot bin, ein drittes Mal die Zeus-Statue besuchen und dann ihren Kindern erzählen, dass damals die knapp Dreijährige auf dem Rücken von Opa …

In solchen Momenten und Vorstellungen scheint es auf – mein ganz privates Glück. Und gibt mir und all den anderen Naivlingen recht, die trotzdem nach Glück streben. Ja doch, wir haben recht, denn was uns da als tiefere Erkenntnis über unser Dasein aufgetischt wird, das ist Philosophie, Logik, Wissenschaft. Es ist nicht das Leben. Dieses schert sich nicht um Philosophie und Wissenschaft. Dieses strebt einfach nach Glück, instinktiv, oft vergeblich zwar, zugegeben, aber doch nicht immer und zuverlässig ohne Erfolg.

In einem Meer des Sinnlosen für sich selbst ein kleines Eiland der Glückseligkeit errichten zu wollen, ist darum stets einen Versuch wert. Es könnte ja gelingen, und der Einfall, es mit dem Liebes-, Ehe- und Familienglück zu probieren, ist zwar nicht originell, aber dafür auch nicht von vornherein ganz aussichtslos. Natürlich summt dabei im Hintergrund der Chor der philosophischen Unken sein Lied von den zerbrochenen Beziehungen, glücklosen Ehen, tief zerstrittenen Familien, besingt die scheinbar heile Welt der Kleinfamilie als Ort, wo die Neurosen blüh'n, und erzählt von den Göttern und den Mächten der großen Weltpolitik, die schicksalhaft in das Leben jedes Einzelnen hineinfunkt und jederzeit jedes kleine Glück zertrümmern kann. Und es oft genug auch tut.

Im Jahr 1999 gab es einen schönen Film über eine Jugend in der DDR kurz vor der Wende. »Sonnenallee« hieß er und zeigte die Fähigkeit der Menschen, in kleinen Nischen ihr privates Glück zu finden.

Ja gut, die Stasi. Diktatur, ja sicher. Alles grau, alles knapp, alles trist, eingemauert und bewacht vom SED-Regime. DDR eben. Der Film verschwieg das Falsche, Unglückliche der DDR nicht, aber er endete mit dem Kommentar Michaels, einer der jungen Männer aus der Sonnenallee: »Es war die schönste Zeit meines Lebens, denn ich war jung, und ich war verliebt.«

Wer verliebt ist, hört nicht auf das Gesumm der Unken, und wer anschließend Kinder kriegt, ist plötzlich viel zu beschäftigt, um noch darauf zu hören. Hinzu kommt: Plötzlich ist dir die Welt auch nicht mehr so egal. Wegen mir kann ja das Wasser im Rhein zu 50 Prozent aus Schwefelsäure bestehen. Wo steht geschrieben, dass im Rhein Fische schwimmen müssen?

Aber wer sich plötzlich fragen muss, ob der Säugling noch an der Brust trinken kann, ohne sich zu vergiften, interessiert sich auf einmal, wie es eigentlich den Fischen im Rhein geht, und fängt an, Tunnel für die Krötenwanderung zu bauen. Man trifft dabei zwangsläufig auf andere Väter und Mütter, die ebenfalls irgendwo ihre Eiländer aufgeschüttet haben. Wenn die nun die Wassergräben zwischen ihren Inselchen zuzuschütten würden, könnte mit der Zeit eine richtig große Insel daraus entstehen, die so schnell kein Brecher mehr wegspült.

So erwiese sich als richtig: Das Glück von zweien, die sich selbst genügen und sich in ihrem kleinen privaten Glück einmauern, ist begrenzt. Nur wer sein Glück teilt, vermehrt es. Und nur wer am Glück der anderen mitwirkt, verlängert sein eigenes, denn wer von Unglücklichen umgeben ist, wird nicht lange glücklich bleiben.

Das vergessen oft jene, die behaupten, jeder sei seines Glückes Schmied.

Fast alle Glücklichen und Erfolgreichen behaupten das, sehen den Grund ihres Erfolgs vor allem in sich selbst, in ihrem eigenen Fleiß, ihrer eigenen Tüchtigkeit und ihrer eigenen Genialität. Natürlich, so viel geben sie zu, bedürfen auch sie jenes Quäntchen Glücks, ohne das der Erfolg nicht zu haben ist, aber selbst dieses letzte Quäntchen rechnen sie sich dann auch noch als eigenes Verdienst an, denn hier handelt es sich eben um das verdiente, ihnen eigene »Glück des Tüchtigen«.

Aber woher kommt denn all dies »Eigene«? Es kommt vom Elternhaus, von den ererbten Genen, Verwandten und Bekannten, Peergroups, Kindergärtnerinnen, Lehrern, Pfarrern und Büchern. Was die tüchtigen Glücksschmiede für ihr spezifisch »Eigenes« halten, besteht zum größten Teil aus Zugeeignetem.

Das Schicksal, das sich ein jeder schmiedet, hängt daher zum Geringsten von ihm selber ab. Viel entscheidender ist, ob einer in einem Dorf in Anatolien geboren wurde oder in einer Villa in München-Grünwald, an der Elbchaussee oder im gegenüberliegenden Wilhelmsburg. Und die 35 Kilometer Distanz zwischen Hof und Plauen haben für die dort zwischen 1945 und 1990 Geborenen völlig verschiedene Biografien strukturiert, denn zwischen diesen beiden Städten verlief der Eiserne Vorhang.

Noch bevor wir also beginnen können, bewusst unser Schicksal in die Hand zu nehmen, sind schon wesentliche, das Ergebnis unserer Bemühungen determinierende Entscheidungen gefallen allein dadurch, dass der eine sein Glück in einem Land suchen darf, das von Demokraten regiert wird, während der andere es unter den Bedingungen einer Diktatur suchen muss, wobei es noch einmal einen Unterschied macht, ob man gestern, vor zwanzig oder vierzig Jahren mit dieser Suche begann, ob man es im Krieg tut oder im Frieden, mit weißer Hautfarbe und männlichem Geschlecht oder als Frau mit schwarzer Haut, und schließlich: ob man als Kind geliebt wurde oder gehasst oder einfach nicht beachtet, ob man eine robuste körperliche und seelische Konstitution mitbekommen hat oder eine schwache.

Das scheinbar »Eigene« – es ist zum größten Teil Zugefallenes, Zufälliges. Wenn sich von all diesen Schicksalsfaktoren die günstigen mehrheitlich in einem Menschen vereinen, dann kann dieser durch eigenes Zutun sein Glück zu Ende schmieden, und selbst dabei braucht er noch ein bisschen Glück. Er muss auch noch zur richtigen Zeit am richtigen Ort schmieden und dort die richtigen Personen treffen, und ob wirklich alles richtig war, weiß man immer erst hinterher.

Es muss viel zusammenkommen, bis man von jemandes Leben sagen kann, es stehe unter einem glücklichen Stern. Und selten kommt in einem einzigen Leben alles zusammen, was nötig ist. Die Absicht, dass wir glücklich sind, ist im Plan der Schöpfung tatsächlich nicht vorgesehen, aber: Sie ist auch nicht von vornherein kategorisch ausgeschlossen.

Also zugegeben: Es ist ein brüchiges, von vielen Seiten gefährdetes und darum häufig nur flüchtiges Glück, was ich mir hier zusammenbaue. Schon morgen kann es durch einen Unfall, eine Krankheit oder durch plötzlichen Tod damit vorbei sein.

Solche Gedanken gingen mir durch den Kopf während einer Wanderung durch den Rheingau, an einem sonnigen Herbsttag Mitte oder Ende der neunziger Jahre. Unten glitzerte der Rhein und schlängelte sich als silbernes Band durch die Landschaft, oben leuchtete das Laub in den schönsten Farben, und wir liefen vorbei an Weinstöcken mit schweren Reben und an Obstbäumen, deren Äste vom Gewicht der Äpfel und Birnen nach unten gezogen wurden. Deutschland ist ein schönes Land, dachte ich, ein reiches und wohlgeordnetes Land, in dem sich gut leben lässt. Ich kann mir kaum ein Fleckchen Erde denken, in dem ich lieber lebte als hier, mitten in Europa.

Unwillkürlich musste ich an meine Eltern denken, die den größeren Teil ihres Lebens in einem ganz anderen Deutschland und einem ganz anderen Europa verbringen mussten. Sie haben zwei Weltkriege und zwei Inflationen erlebt, den Hunger kennen gelernt, die Diktatur und die Not. Meine Mutter hat drei ihrer Brüder im Krieg verloren. Das Haus meines Vaters wurde von einer Bombe zerstört. Der Schwiegervater war als gebrochener Mann aus dem Krieg zurückgekehrt, die Schwiegermutter mit zwei kleinen Kindern aus dem brennenden Dresden geflohen, sie hat ihre Heimat und Hab und Gut verloren.

Überall in Europa hatte die Generation meiner Eltern und Großeltern Ähnliches erlebt und erlitten, und sofern diese Generation jüdischen Glaubens war, endete ihr Leben mit hoher Wahrscheinlichkeit in einer von Deutschen betriebenen Gaskammer. Die meisten Beteiligten an diesem beispiellosen Verbrechen waren christlich Getaufte, auch humanistisch Gebildete. Wer aus der Generation unserer Eltern und Großeltern wie viel von diesem Verbrechen wusste, ist bis heute nicht ganz klar, aber lag stets als Schatten über ihrem Leben.

Wie anders dagegen ist mein Leben verlaufen, das meiner Frau und der ganzen Generation der Westdeutschen, Mittel- und Westeuropäer, die nach dem Zweiten Weltkrieg geboren wurden. Seit wir uns erinnern können, kennen wir nichts anderes als wachsenden Wohlstand in Frieden und Freiheit. Nie wurden wir vor die Wahl gestellt, Mitglied einer verbrecherischen Organisation zu werden oder im Fall der Weigerung Nachteile in Beruf und Privatleben hinnehmen zu müssen. Nie mussten wir um unser Leben fürchten, weil es einem Nachbarn gefallen hätte, uns wegen einer Lappalie zu denunzieren. Nie mussten wir uns wegen unseres Glaubens, unserer Herkunft oder unserer Rasse vor Verfolgung fürchten. Auch der Kelch der Stasi ist an uns vorbeigegangen. Glücklich das Land, das keine Helden nötig hat – meine Generation lebt seit ihrer Geburt in solch einem Land. Das Einzige, was uns hier abverlangt wird, ist ein bisschen Zivilcourage.

Dann blickte ich bei jenem Spaziergang auf meine zwei kleinen Kinder und fragte mich: Was wird sein, wenn sie und alle Angehörigen ihrer Generation sechzig Jahre alt sind? Werden sie dann rückblickend auch sagen können, nie etwas anderes kennen gelernt zu haben als Frieden in Freiheit und Wohlstand? Werden sie so alt werden dürfen, ohne je auf die Probe gestellt zu werden?

Das ist die Kehrseite des Glücks, Kinder zu haben. Von dem Moment an, an dem man erfährt, dass man Vater oder Mutter wird, beginnt das Sorgen. Wird das Kind gesund auf die Welt kommen? Werden Schwangerschaft und Geburt ohne Komplikationen verlaufen? Wird man körperlich, geistig und wirtschaftlich in der Lage sein, zwei, oft drei Jahrzehnte lang für das Kind oder die Kinder aufzukommen? Werden die Kinder ihren Weg problemlos und ohne Alkohol, Drogen und Gewalt durch die Schule gehen? Werden sie beruflich erfolgreich sein und sich eine gesicherte wirtschaftliche Existenz aufbauen können? So lange man nun noch lebt, so lange sorgt man sich um seine Kinder, auch dann noch, wenn sie längst erwachsen sind und selber für sich sorgen können.

Die Frage, was sein wird, wenn meine Kinder und alle Angehörigen ihrer Generation sechzig Jahre alt sind, beschäftigt mich bis heute, denn eigentlich spricht alle geschichtliche Erfahrung dagegen, dass es noch einmal fünfzig oder sechzig Jahre so gut weitergeht wie bisher. Unser zurückliegendes halbes Jahrhundert in West- und Mitteleuropa ist ein historisch noch nie da gewesener Ausnahmezustand. Armut, Krieg, Terror, Vertreibung, Folter, Korruption, das Recht des Stärkeren – das ist der Normalzustand dieser Welt seit dem Beginn der menschlichen Geschichte. Frieden, Freiheit, Gleichheit, Solidarität, Rechtsstaatlichkeit, Achtung der Menschenwürde – all die Werte, die uns mittlerweile als selbstverständlich erscheinen, waren noch bis vor hundert Jahren bloße Utopien. Tatsächlich sind sie ganz neue, schwer erkämpfte Ausnahmeerscheinungen in der Geschichte der Menschheit. Die Geltung dieser Werte wird schon gefährdet, wenn wir sie als zu selbstverständlich betrachten und sie deshalb zu gering schätzen.

Vier utopisch erscheinende Ziele, die im 19. Jahrhundert formuliert wurden, sind seit 1945 erreicht worden – eigentlich vier Wunder. Das erste, größte und wichtigste Wunder besteht darin, dass wir in Europa die viele Jahrtausende alte Institution des Krieges überwunden haben. Dass Deutsche, Engländer und Franzosen jemals wieder aufeinander schießen, ist nach heutigem Ermessen praktisch ausgeschlossen. Wer das vor hundert Jahren prophezeit hätte, hätte sich als Traumtänzer lächerlich gemacht. Heute ist uns diese erstaunliche Leistung schon so selbstverständlich, dass unser Verdruss über Brüssel und die Eurokratie größer ist als unser freudiges Erstaunen über den sechzigjährigen Frieden in Europa.

Dann fiel uns 1990 die deutsche Einheit in den Schoß, verschwand die kommunistische Bedrohung aus dem Osten, womit auch der Zwang des Wettrüstens entfiel, und wir erwarteten die Friedensdividende. Seit rund anderthalb Jahrzehnten gehören nun auch das östliche Mitteleuropa und Osteuropa zu uns. Heute leben wir in einer Friedenszone, die sich von Irland bis zur Ukraine erstreckt, vom Nordkap bis in die Ägäis. Europas Völker verzichten schrittweise auf ihre politische Souveränität, verschränken ihre Volkswirtschaften miteinander, begeben sich in gegenseitige Abhängigkeit, und je länger dieser Prozess fortschreitet, desto unwahrscheinlicher wird es, dass Konflikte jemals wieder kriegerisch ausgetragen werden – welch ein gewaltiger Entwicklungssprung!

Ein zweites Ziel ist schon seit so vielen Jahrzehnten realisiert, dass uns sein ursprünglich utopischer Charakter gar nicht mehr bewusst ist: die volle Teilhabe der Arbeitnehmer an politischen Entscheidungsprozessen, an Kultur und Bildung, sowie die möglichst gerechte Verteilung des durch Arbeit erwirtschafteten Wohlstands. Tatsächlich wurde fast alles, was die ersten Arbeitervereine des 19. Jahrhunderts als Ziele in ihre Programme hineingeschrieben hatten, in der zweiten Hälfte des 20. Jahrhunderts verwirklicht.

Ein drittes, vor hundert Jahren utopisch erscheinendes Ziel ist auf einem guten Weg: die volle Gleichberechtigung der Frau. Das Einzige, das noch nicht klappt, ist die Vereinbarkeit von Familie und Beruf, aber daran wird gerade gearbeitet. Trotz der nach wie vor männerdominierten Gegenwart kann schon heute behauptet werden: Die volle Gleichberechtigung der Frau ist, zumindest in der westlichen Welt, das größte neuere Ereignis der Weltgeschichte, auch wenn es bis zum Erreichen des angestrebten Ziels – die Hälfte der Welt für die Frau – noch ein bisschen dauern wird.

Das vierte, ebenfalls im Programm der Arbeitervereine aufgeführte und heute erreichte Ziel – der Sieg über die Armut, die finanzielle Absicherung gegen Arbeitslosigkeit, Krankheit und Alter – wird nicht mehr gefeiert, sondern relativiert: Denn derzeit werden diese Errungenschaften beschnitten, es gibt eine wachsende Armut, besonders unter Alleinerziehenden, Familien mit vielen Kindern und alten Menschen. Manchem dünkt schon, dass den kleinen Leuten peu à peu alles wieder genommen wird, was während der letzten hundert Jahre erkämpft wurde, aber diese Angst ist übertrieben.

Drei Viertel der heutigen Weltbevölkerung priesen sich glücklich, wenn sie in den Genuss jenes Zustands kämen, der heute bei uns als Armut definiert wird. Und die Zehntausende von Flüchtlingen, die täglich aus ihren Armutsregionen aufbrechen, um unter Einsatz ihres Lebens über Tausende von Kilometern an die Grenzen Europas zu gelangen und diese zu überwinden, teilen uns mit: Unser Land ist das Land ihrer Sehnsucht. Hier vermuten sie das bessere Leben. Die es schaffen, bei uns Fuß zu fassen, sind dann oft enttäuscht. So, wie sie es sich erträumt haben, ist dieses Europa ja gar nicht. Trotzdem will keiner zurück, denn das, was vom Traum übrig bleibt, ist immer noch besser als das, wovor sie geflohen sind.

Die zweifellos vorhandenen Probleme in unserer Region – Arbeitslosigkeit, Armutsverwahrlosung, aber auch Wohlstandsverwahrlosung, die Bildungs- und Erziehungsmisere, Terror und Islamismus, multikulturelle Konflikte, Ebbe in der Staatskasse, Rentenprobleme, demografische Probleme – ändern nichts am prinzipiellen Befund: Wir sind Bewohner einer Oase inmitten einer großen Wüste. Nicht allen geht es gleichermaßen gut, aber allen geht es besser als früheren Generationen und als denen, die anderswo ihr Leben fristen. Wir, die Nachkriegsgeborenen der westlichen Hemisphäre, haben den weltgeschichtlich günstigsten Zeitpunkt und günstigsten Ort erwischt, den man sich denken kann, um auf diese Welt zu kommen und in ihr aufzuwachsen. Keine Generation vor uns hatte größeres Glück als wir.

Können wir dieses Glück konservieren für unsere Kinder? Können wir den erreichten Zustand halten, vielleicht sogar noch ausbauen?

Die gegenwärtig herrschenden Politiker und ihre Beraterstäbe wissen nicht, wie die acht, demnächst fünfzehn Milliarden auf diesem Planeten lebenden Menschen zu ernähren sein werden. Sie wissen nicht, wie eine Welt ohne Terror und Krieg zu realisieren ist. Sie wissen nicht, wie das Problem der Arbeitslosigkeit gelöst werden kann. Sie wissen nicht, wie die weltweiten Flüchtlingsströme zu verhindern sind. Sie wissen nicht, wie der Missbrauch des Wissens über die Atomkraft, die Genetik oder die Informatik zuverlässig unterbunden werden kann. Sie wissen nicht, wie Demokratie unter den Bedingungen der Globalisierung noch realisierbar sein soll. Sie wissen nicht, wie die Probleme alternder Gesellschaften zu lösen sein werden. Und sie wissen nicht, wie das Überleben auf dieser Erde gewährleistet werden kann, wenn jeder Inder und jeder Chinese für sich das Recht in Anspruch nimmt, genauso viel Energie, Wasser und Rohstoffe zu verbrauchen wie jeder Durchschnittseuropäer und -amerikaner.

Zwar tagt die G8, aber ihre Ergebnisse erschöpfen sich in PR-Effekten für die Gipfel-Teilnehmer und dem Ausstoß der üblichen Gipfeltreffen-Kommuniqué-Phrasen, die keinen weiteren Zweck haben, als im Fernsehen wiedergekäut zu werden. Die Weltöffentlichkeit lässt sich davon immer weniger täuschen. Sie sieht ja, dass nach jedem Gipfeltreffen, jeder UN-Friedensmission und jedem Einsatz diverser UN-Löschtrupps die Brandherde weiter schwelen, die Kluft zwischen Arm und Reich unvermindert wächst, der Regenwald schrumpft und der CO^2-Ausstoß nicht geringer wird.

Lösungen sind nicht in Sicht. Zu Beginn des 21. Jahrhunderts scheint die Welt mit ihrer Weisheit am Ende zu sein. Die Marxistische Ideologie ist erledigt. Verschwunden ist aber auch der aufklärerische Glaube, durch Vernunft, Wissenschaft, Forschung und Erkenntnis eine humane Welt für alle schaffen zu können. Der Kapitalismus wird global und digital und füllt das Vakuum, das die entzauberten Ideologien und Weltanschauungen hinterlassen haben, mit dem Glauben an Markt und Technik, ein Glaube, der die Tendenz in sich birgt, unsere schwer erkämpften Werte wieder zu zerstören.

Ich entdeckte wirklich immer mehr religiöse Züge an diesem heidnischen Glauben an Markt und Technik. Er wuchs während der neunziger Jahre zu einer westlichen Fundamental-Ideologie heran, und ich, der Agnostiker, fing an, in der Süddeutschen Zeitung und später mit einem Buch gegen diesen Glauben anzuschreiben. Und bekam den Spott und die Wut seiner Priester zu spüren.

Und dann fiel mir noch auf: Die Grenzen unserer gut organisierten Friedens- und Wohlstands-Oase, in der wir leben, umspannen ziemlich genau jenes Gebiet, in dem das Christentum entstanden ist und sich verbreitet hat. Die Oase wurde dort geschaffen, wo man über Jahrhunderte den Faden jener großen Erzählung gesponnen hat, die man den christlichen Glauben nennt. Steckt also in diesem Glauben verborgen ein Code, der diese Oase strukturierte, fähig war und vielleicht noch ist, die Wüste in fruchtbares Land zu verwandeln?

Warum, so fragte der amerikanische Schriftsteller Walker Percy (1916 – 1990), wundern sich unsere Erfolgstypen eigentlich nicht, dass sie an der New Yorker Börse, an den großen Handelsplätzen dieser Welt, in den Medien und in der Kultur zwar vielen Juden begegnen, aber keinem einzigen Hethiter, Philister, Assyrer oder Babylonier? Warum hat von den vielen Kulturen der mächtigen Herrenvölker, von denen Israel einst umgeben war, die jüdische als einzige bis heute überlebt? Steckt vielleicht so etwas wie ein Überlebenscode im Alten Testament?

Plötzlich waren sie wieder da, die alten Fragen. Und das fröhliche Leben des Agnostikers hatte Risse bekommen.

20 – Die Krankheit zum Tode und ihre Chance auf Heilung

Im Sommer 2007 wunderten sich die Festspieltouristen und Klassik-Konsumenten über eine Woche der Absagen: Anna Netrebko, Rolando Villazón, Neil Shicoff und Elina Garanca haben in Salzburg nicht gesungen. In Bayreuth wurde Endrik Wottrich als Siegmund in der zweiten Vorstellung ersetzt.

Warum er nicht gesungen habe, hat daraufhin die FAZ[1] den Siegmund-Sänger Wottrich gefragt. Weil er krank gewesen sei, eine Erkältung hatte, antwortete er.

Kein Postbote ist vor Weihnachten krank, aber die Sänger melden sich ausgerechnet zur Festspielzeit, mitten in der Hauptsaison, krank, wie das?

Vielleicht, weil für die Stars der Oper immer Hauptsaison ist, ganzjährig, pausenlos, bis zum Umfallen, und weil, wie es Wottrich formulierte, »die ganze Opernwelt krank ist und es kein Wunder ist, wenn allmählich auch die Sänger krank werden«. Es sei nicht normal, dass die Stimme nicht mehr als empfindliches, menschliches Organ wahrgenommen werde, sondern als Maschine.

Ein anderer, Rolando Villazón, hatte in jenem Sommer, kurz bevor er seine Stimme verlor, gesagt, er sei kein Sänger mehr, sondern nur noch ein Produkt. Das Produkt musste bis Dezember aus den Regalen genommen werden, und ob es danach die Regale wieder füllen würde, war zu diesem Zeitpunkt sehr ungewiss – eine Katastrophe nicht nur für den Sänger, sondern ebenso für des Sängers Musikproduzenten, Agenturen und Werbepartner, die ihr Goldkehlchen bis Dezember und weit darüber hinaus verplant hatten. Das wäre ein guter Anlass gewesen, auf die fast zeitgleich verlorenen Stimmen der anderen großen Opernstars zu hören, Stimmen, die vermutlich nicht nur wegen Überanstrengung den Dienst verweigerten, sondern auch und vor allem, weil

---

1. 12.08.2007, Seite 26, Es ist eine Frechheit! Der Tenor Endrik Wottrich über Starkult, Doping und heisere Sänger, Interview von Axel Brüggemann

sie als Ausdruck der Psyche der Welt vielleicht zuflüstern wollten: Hört auf mit dem Wahnsinn.

Aber im Lärm des Showbusiness auf das Geflüster einer ehemals raumfüllend-schmetternden Sängerstimme zu hören, hat in diesem Geschäft offenbar noch niemand gelernt. Von Anna Netrebko wird nicht erwartet, dass sie leise Signale aus einer pervertierten Opernwelt sendet, es werde noch nicht einmal erwartet, dass sie Verdis Violetta spielt, sagte Wottrich. »Sie soll die Anna Netrebko aus der Werbung sein: hübsch, lustig und lebensfroh, egal ob sie wirklich singt oder mit Playback. Aber das bringt die Gefahr mit sich, dass es sich um Teufelspakte handelt.« Plötzlich seien da keine Manager mehr, die eine Karriere mehr als dreißig Jahre lang planen, sondern Höchst- und Schnellverwerter, die aus der Oper »ein Stundenhotel« machen, in dem man in möglichst wenigen Jahren möglichst viel Kohle verdienen müsse. Und während dieser Zeit hat die Maschine gefälligst zu funktionieren und einen reibungslosen Betrieb zu gewährleisten.

In diesem Betrieb werden nicht nur Sänger, sondern auch Geiger, Pianisten, Dirigenten von unter Rendite- und Erfolgsdruck stehenden Managern wie in der Pop-Industrie mit so viel Geld überhäuft, dass sie sich nicht mehr dagegen wehren können, wenn sie von Tournee zu Tournee gehetzt, durch Talkshows gejagt, von einem Festspiel zum anderen und von Event zu Event weitergereicht, zwischendurch an die Werbeindustrie ausgeliehen und zum Herumturnen vor Fotografen und TV-Kameras abkommandiert werden. Sie haben sich mit Haut und Haaren ihren Vertragspartnern ausgeliefert, und weil man nie wissen kann, wie lange das launische, oberflächliche, auf Glamour und Starkult dressierte Publikum samt seiner Medien an den im Instantverfahren aufgebauten Weltmarken Gefallen findet, müssen sie in der relativ kurzen Phase ihrer höchsten Leistungsfähigkeit so viel Preisgeld wie möglich einspielen, um dann, wenn sie ausgebrannt auf der Deponie für ausgediente Brennelemente endgelagert werden, blitzschnell ersetzt zu werden mit neuem Brennstoff.

Wer sich am Ende dieses Zyklus dagegen wehrt, gar auf Fairness und Anstand pocht, bekommt gesagt: Du bist doch ein Profi, kennst das Geschäft, weißt, worauf du dich eingelassen hast, also hab dich nicht so, hör auf zu jammern, und verspritz jetzt bloß kein Moralin. Wer dennoch gegen dieses Verfahren aufbegehrt, gar an die Öffentlichkeit geht, aus dem Nähkästchen plaudert und erzählt, was los ist, wird ab sofort von allen Geschäftsinhabern und -partnern als Betriebsgeheimnisverräter gehasst und geächtet.

Neben das Interview mit Wottrich hatte das FAZ-Feuilleton einen Artikel über Doping im Sport, Lifestylepillen und Medikamentenmissbrauch gestellt[2], und es war der Opernsänger Wottrich, der die Parallelen zwischen dem Musik- und Sportbusiness herstellte. Wie im Sport sei auch in der Musik das Doping längst Alltag, sagte Wottrich. »Solisten nehmen Betablocker, um ihre Angst in den Griff zu bekommen, einige Tenöre nehmen Cortison, um die Stimme in die Höhe zu schrauben, und Alkohol ist gang und gäbe. Die Angst ist zu einem großen Faktor geworden, so dass fast jedes Mittel recht scheint, um den Erwartungen gerecht zu werden.« Und wie im Sport werde auch in der Musik das Thema von allen Eingeweihten heftig beschwiegen.

Fast überall ist es inzwischen so wie im Sport und in der Musik. Überall, wo es nicht nur um Geld, sondern um viel Geld geht, ob bei Intel, Microsoft, Nestlé, Bertelsmann, Springer, Murdoch oder Berlusconi, ob bei Hedge-Fonds, Private-Equite-Unternehmen oder in Hollywood – überall, wo Renditen von zehn oder zwölf Prozent schon lange nicht mehr genügen, sondern zwanzig, ja sogar dreißig Prozent als Ziel vorgegeben werden, überall, wo höchste Professionalität und dauerhaft übermenschliche Perfektion verlangt werden, im Operationssaal, vor der Kamera, auf der Bühne, in der Politik oder auf dem Laufsteg, und schließlich überall dort, wo Kreativität durch Geld und Druck und Angst herbeizuzwingen versucht wird, in der Kunst, in den Werbeagenturen, Design- und Marketingabteilungen, Verlagen und in der Spitzenforschung, greifen viele, um standzuhalten, zu Pillen, Spritzen, Aufputschmitteln, leistungssteigernden Substanzen oder schlicht zu Kokain.

Krank, sei es am Leib, an der Seele, am Geist oder an allem, werden in solchen Druckkesseln früher oder später alle, auch die nadelgestreiften Hohepriester des Kapitalismus. Es sind nicht so

2. Carl Djerassi, Olympiade der Chemiker, a. a. O.

sehr die Ärzte, die Pharmaindustrie und die Kassenpatienten, die gemeinsam die Gesundheitskosten immer weiter in die Höhe treiben, es ist vor allem das immer schneller sich drehende Hamsterrad einer global entfesselten Ökonomie, die den größten Kostenfaktor im Gesundheits-, bzw. Krankheitswesen ausmacht, denn krank macht dieses auf Menschenverschleiß programmierte Wahnsystem nicht nur die Produzenten, sondern auch die Konsumenten.

Krank vor Neid macht es die vielen Verlierer, die vom wahnsinnig sich drehenden Wettbewerbskarussell hinausgeschleudert werden, wirtschaftlich nicht mehr mithalten können, aber mit ansehen müssen, wie die Betreiber des mörderischen Karussells immer reicher werden. Krank macht es jene von verrückt gewordenen Modemachern auf den Laufsteg getriebene Magermodels, die sich von einzelnen Salatblättern, lauwarmem Wasser und einer täglichen Prise Kokain ernähren. Krank macht es jene Teenager, die sich den ihnen präsentierten Vorbildern der Magersucht anzugleichen versuchen. Krank machen die von der Geiz-ist-geil-Wirtschaft erzeugten Lebensmittel, die darum eigentlich Todes- oder Krankheitsmittel heißen müssten. Krank macht eine Ökonomie, in der für Kinder kein Platz mehr ist, in der sie vor Fernsehern, Computern und Videospielkonsolen geparkt werden, um dort zu verfetten und zu verstummen. Krank macht eine Ökonomie, in der die Gehirne der Kinder durch die Kopfhörer der iPods verkapselt, von den Lärmmaschinen der Discos zugedröhnt und von »Vorbildern« wie Dieter Bohlen, Verona Pooth oder dem zotigen, nuttigen, durchsexualisierten Viva- und MTV-Personal der Pop-Industrie verseucht werden. Krank machen Computerspiele, in denen es darum geht, die Weltherrschaft zu erringen. Krank an Geist und Seele machen Spiele, in denen das Blut spritzt, krank machen Medien, die an die niedersten Instinkte im Menschen appellieren, zur Schadenfreude anstiften, die Sensationsgier ausbeuten, Empathie verhindern, Konzentration zerstören, desinformieren, desorientieren und zerstreuen.

Krank macht eine Gesellschaft, in der Kinder spüren, dass werktags etwas anderes gilt, als sonntags gepredigt wird. Krank machen uns jene Hochton-Prediger, die unsere höchsten Werte ergriffener im Munde führen, als es ihrem individuellen Egoismus und ihrer täglichen Praxis entspricht.

Wenn der Deutsche Sportbund sagt, der Sport vermittle Werte wie Teamgeist und Fairness, und das Kind sieht im Fernsehen, wie Bundesliga-Fußballer einander so geschickt zu foulen versuchen, dass der Schiedsrichter nichts merkt, lernt ein Kind: Fairness ist was für Amateure, für Profis gelten andere Gesetze. Und dass sich der Profi hauptsächlich durch die Anwendung von Mitteln aus dem Chemielabor vom Amateur unterscheidet, hat sich inzwischen ebenfalls schon bis zu unseren Kindern herumgesprochen. In der Schule lernen sie, Europa sei Teil der westlichen Wertegemeinschaft, draußen leben sie in einer Wertpapiergesellschaft.

Das Geschäft mit der Krankheit ist eines der umsatzstärksten und am schnellsten wachsenden Geschäfte überhaupt, und es wurzelt im Verschleiß der Menschen eines mörderischen, von Renditeerwartungen getriebenen Wahnsystems. Die ganze Welt gerät mittlerweile unter das Joch dieser Renditegier. Die Wucher-, Raubbau-, Ausbeutungs- und Totalverwertungsmentalität, die in den volks- und betriebswirtschaftlichen Seminaren gern harmlos als das der Marktwirtschaft zugrunde liegende ökonomische Prinzip beschrieben wird, war immer schon machtvoll, hat aber außer zu Zeiten des Manchester-Kapitalismus noch kaum je allein geherrscht. Nun aber ist das Prinzip seit einiger Zeit dabei, sich zu verabsolutieren, die Alleinherrschaft anzustreben und sich zu einer Art Weltgottheit aufzuschwingen.

Wann immer ein an und für sich vernünftiges Prinzip verabsolutiert und von keinerlei konkurrierenden, ebenfalls vernünftigen Prinzipien, korrigiert wird, lauert der Wahnsinn an jeder Ecke. Wie weit der Wahnsinn schon gediehen ist, erkennt man zuverlässig daran, dass das vergöttlichte Prinzip, in unserem Fall das ökonomische, Opfer fordert, Gesundheitsopfer, Menschenopfer und vor allem Gehorsam und Unterwerfung. Wir sollen keine anderen Götter haben neben ihm.

Unter der Alleinherrschaft dieses Gottes darf nur noch gemacht werden, was sich rechnet. Was sich nicht rechnet, darf nicht mehr gemacht werden, oder es muss nachgewiesen werden, dass es sich über diverse Um- und Zwischenwege doch noch rechnet. Daher ist der Tag absehbar, an dem Menschen einfach nur deshalb geklont werden, weil es eine Nachfrage dafür gibt, die Bedienung dieser Nachfrage sich rechnet und die Nachfrager als mündige, freie, am Markt agierende Hoheiten beschrieben werden, denen dreinzureden kein Staat, keine Kirche und keine Moral das Recht hat. Es ist das Argument der Dealer.

Der »Markt« genannte Moloch marschiert über die Welt »wie ein gottverdammter SA-Sturm, der alles in Scherben haut« (Peter Glotz). Der Arbeit hat er die Würde geraubt und sie zu einer auf dem Markt frei handelbaren Ware degradiert, deren Preis beliebig gedrückt werden darf. Arbeit sei auf der Welt so massenhaft vorhanden wie Dreck, darum auch so billig wie dieser, spricht der Moloch, und entsprechend wird die Arbeit auch behandelt. Seit sich die Zahl der Marktteilnehmer nach dem Zusammenbruch des Kommunismus quasi über Nacht explosionsartig um circa zweieinhalb Milliarden – Chinesen, Inder, Russen, Osteuropäer – vergrößert hat, werden alle, die nichts anderes anzubieten haben als ihre Arbeitskraft, tatsächlich auf der Welt herumgeschubst und behandelt wie Verbrauchsmaterial.

Der Mitbestimmung und den Arbeitnehmer-Rechten hat der Moloch den Status einer sozialen Errungenschaft geraubt und sie als Wettbewerbshindernisse denunziert, die es abzuschaffen gilt. Der arbeitsfreie Sonntag ist nicht mehr der Tag des Herrn, an dem der Arbeiter Mensch sein darf, sondern ein verlorener Arbeitstag, dessen Verlust auf den Cent genau berechnet werden kann.

Der Wunsch nach einem gewissen Maß an Sicherheit, Verlässlichkeit und Planbarkeit des Lebens, wozu auch das Vorhandensein eines Kündigungsschutzes gehört, das Bedürfnis, Wurzeln zu schlagen, sich eine Heimat zu schaffen, sich an eine Familie, Freunde und gemeinsame Werte zu binden, der daraus resultierende Widerstand gegen die totale Inanspruchnahme durch die Ökonomie, und die Weigerung, sich reibungslos als kleines Teilchen einer lückenlosen Verwertungskette einreihen zu lassen, das alles wird vom Gott der Ökonomie als betonköpfige Besitzstandswahrung, mangelnde Mobilität und mangelnde Flexibilität ausgelegt und mit der Strafe der Arbeitslosigkeit und des sozialen Abstiegs vergolten. Freiheit, Gleichheit, Menschenwürde, so gut wie alle gesellschaftlichen Errungenschaften, die im Grundgesetz stehen, werden heute fast nur noch als abzuschaffende Wettbewerbshindernisse und Standort-Nachteile wahrgenommen.

Der unendliche, absolute, sich aus der Gottebenbildlichkeit ergebende Wert des Menschen, der für keinen Zweck instrumentalisiert werden darf, ist dem Moloch nur noch eine relative Größe, dessen Wert sich gemäß seiner Instrumentalisierbarkeit auf dem Markt errechnen lässt. Die Gleichheit des Menschen vor Gott reduziert sich dadurch auf die Chancengleichheit auf dem Markt, und daher muss schon im Kindergarten begonnen werden, die späteren »Wertschöpfer« mit marktgängigen Fähigkeiten auszustatten.

Schulen sollen darum nicht mehr bilden und erziehen, sondern marktkonformen Nachwuchs liefern. Die Universitäten sollen nicht mehr frei forschen, sondern marktnahen Technologietransfer, »human resources« und nützliches Menschenmaterial für den Krieg um Marktanteile produzieren. Wissenschaftler sollen nicht mehr fragen: Was ist wahr, und was zu erforschen ist wichtig? Sondern: Was ist nützlich, womit verschaffe ich mir Drittmittel, neue Planstellen und viele Studenten? Und welche Ergebnisse müssen meine Publikationen liefern, um mediale Aufmerksamkeit zu erzielen?

Die unter dem Gesetz des Marktes und der Quoten stehenden Medien drucken und senden nicht mehr, was wichtig ist, sondern was kurzfristig die höchsten Auflagen und höchsten Werbeerlöse bringt. Ursprünglich einmal erfunden, um die Bibel unters Volk zu bringen und über die Freiheit eines Christenmenschen zu informieren, später gebraucht, um die mündigen Bürger einer Demokratie mit Information, Aufklärung, Bildung und anspruchsvoller Unterhaltung zu versorgen, haben sich die Medien unter der Herrschaft des Marktprinzips in eine Maschine verwandelt, welche möglichst viele Werbe- und PR-Botschaften möglichst effizient und billig an möglichst viele Menschen zu verteilen hat. Und diese lässt man für das Bombardement mit Werbung und Trash auch noch bezahlen, denn auch das scheinbar kostenlose Privatfernsehen ist in Wahrheit Bezahlfernsehen, weil im Preis eines jeden an den Konsumenten verkauften Produkts ein kleiner Betrag steckt, mit dem die Werbung im Fernsehen finanziert wird.

So werden, wie in einer Kriegswirtschaft, alle Ressourcen für ein einziges Ziel verbraucht, wird alles diesem einen Ziel untergeordnet: der Wettbewerbsfähigkeit, der Effizienz, der schnellen Maximierung der Rendite, dem ökonomischen Code, der alles, was dem christlichen Abendland mal heilig war, als Wettbewerbshindernisse aussortiert. Darum gibt's hier keine Christen mehr. Die Re-Paganisierung ist seit der Aufklärung in vollem Gang, aber seit dem Zusammenbruch des Kommunismus hat sich diese Entwicklung so beschleunigt, dass es nur noch eine Frage der Zeit ist, bis die Entchristianisierung total ist und die so genannte westliche Wertegemeinschaft nicht mehr wiederzuerkennen sein wird.

Das christliche Abendland hatte einen Rhythmus und eine Konstante. Sein Rhythmus war der Wechsel von Sonn- und Feiertag. Kirchliche Feste und Feiertage strukturierten das Jahr, und den Tagesrhythmus gaben die Mönche in den Klöstern vor mit ihren Gebeten zu jeder vollen Stunde. Die Konstante im Leben eines Bauern der Agrargesellschaft und auch die des Bürgers während der Industrialisierung war der sonntägliche Kirchgang. Mochten die Jahreszeiten, die Ereignisse, Kaiser, Könige und Päpste wechseln, eines blieb konstant, eines blieb so sicher wie das Amen in der Kirche: die regelmäßige Verehrung Gottes, das Gebet der Mönche zu jeder vollen Stunde. Dieser Rhythmus war so selbstverständlich, dass er gar nicht weiter auffiel. Man lebte in diesem Rhythmus so, wie man atmete.

Was ist heute der Rhythmus unseres Lebens? Was gibt heute den Takt vor? Welche Konstante ist heute noch so sicher wie das Amen in der Kirche? Gibt es nicht mehr? Doch, gibt es. Diese neue Konstante gehört so sehr zu unserem täglichen Leben, dass sie uns gar nicht mehr auffällt. Aufgefallen ist sie den Amerikanern, als sie eines Tages plötzlich fehlte. Am 11. September 2001 war im ganzen Land die Werbung im Fernsehen ausgefallen. Bis zu jenem Tag war sie die einzige Konstante im Leben des US-amerikanischen Volkes und ist es wieder seit dem 12. September. Die Programme im Fernsehen wechseln, die Moderatoren, die Nachrichten und die Inhalte wechseln, Präsidenten kommen und gehen, Moden kommen und gehen, die Zeiten ändern sich immer schneller, die Zukunft ist ungewiss, alles ist offen und unvorhersagbar, nur eines ist so sicher wie das Amen in der Kirche: die Werbeunterbrechung.

So wird den Menschen vom Kleinkindalter an bis zum Erwachsenwerden mit Millionen Werbeunterbrechungen unauslöschlich ins Hirn gebrannt, der Sinn des Lebens bestehe im Konsum. Kaufen und Verkaufen global und rund um die Uhr, auch sonntags, gerade sonntags, das ist die Bestimmung des Menschen in der Kultreligion des Kapitalismus. Geld ist zur alles bestimmenden Wirklichkeit geworden.

Angefangen hat diese Machtübernahme des ökonomischen Prinzips ungefähr um das Jahr 1990. Aufgefallen ist sie mir erstmals Mitte der neunziger Jahre, in Unruhe versetzt sie mich seit jener Wanderung durch den Rheingau, als ich mich fragte, was wohl meine Kinder und deren ganze Generation mal sagen werden, wenn sie sechzig sind und, wie ich heute, auf ihr Leben zurückblicken. Heute fürchte ich: Unsere Welt steuert, von kurzfristigen Gewinninteressen getrieben, von Quartalsbericht zu Quartalsbericht planlos, ziellos, blind in eine Zukunft, die am Ende niemand gewollt haben wird.

Unsere westliche Wertegemeinschaft, die angeblich am Hindukusch verteidigt wird, verwandelt sich derzeit mit hohem Tempo in eine Wertpapiergesellschaft. Demokratisch gewählte Politiker können daran nur wenig ändern. Der Gestaltungs-Spielraum nationaler Parlamente ist beschränkt in einer Welt, in der nationale Grenzen nur noch eine geringe Rolle spielen, und wesentliche, die Zukunft der Menschen betreffenden Entscheidungen nicht mehr in Parlamenten fallen, sondern in den Vorstandsetagen multinationaler Konzerne oder von den sogenannten Finanzmärkten diktiert werden. Die hohe Staatsverschuldung, die dazu zwingt, einen Großteil der laufenden Steuereinnahmen für Zins und Tilgung zu verwenden, schränkt den Spielraum zusätzlich ein.

Das bedeutet eine schleichende Entdemokratisierung, eine Aushöhlung der Demokratie. Der ehemalige Wirtschaftsminister Graf Lambsdorff hatte dies ganz offen, wenn auch vielleicht nicht in vollem Bewusstsein dessen, was er sagt, schon in den Neunzigern in einem Interview mit der ZEIT ganz unschuldig ausgesprochen, als er zu Protokoll gab, die Mobilität des Kapitals habe derart zugenommen, dass inzwischen »die internationalen Investoren unsere Jury« seien. Also nicht mehr das Volk ist der Souverän in unserem Lande, nicht mehr wir bestimmen, wie wir hier leben und arbeiten wollen, sondern die Lambsdorffsche Jury, und dieser kann es egal sein, wer unter ihr Bundeskanzler ist.

Auch die soziale Marktwirtschaft wird von dieser Jury ausgehebelt. Diese hat jetzt die Macht, die Früchte des technischen und wirtschaftlichen Fortschritts allein dem Investor, dem Shareholder, zuzuschanzen. Stand früher unser Wirtschaften unter der Prämisse, dass vom wachsenden Kuchen alle profitieren sollten – die Arbeitnehmer durch steigende Löhne, mehr Freizeit und mehr soziale Sicherheit, der Staat durch steigende Steuereinnahmen und der Unternehmer durch zwar moderate, aber dennoch steigende Gewinne – so soll jetzt der Wohlstandszuwachs allein den Kapitaleignern und deren oberster Führungsriege zugute kommen. Fühlte sich früher die Unternehmensführung ihren Mitarbeitern, ihren Kunden, der Gesellschaft und ihren Aktionären gleichermaßen verpflichtet, so werden sie jetzt unter dem Diktat des *shareholder-value* dazu verpflichtet, vorrangig die Interessen der Aktionäre zu bedienen.

Das in der sozialen Marktwirtschaft gut austarierte Kräftegleichgewicht zwischen Kapital und Arbeit geht seit 1989 verloren. Die Waffe der Gewerkschaften, der Streik, ist stumpf geworden in einer globalisierten Wirtschaft, in der ständig damit gedroht werden kann, Arbeitsplätze ins Ausland zu verlagern. Nicht nur die Parlamente, auch die Gewerkschaften, und mit ihnen die Arbeitnehmer, wurden entmachtet. Sie, die Arbeitnehmer müssen jetzt länger für weniger Geld und weniger sozialer Sicherheit arbeiten, gleichzeitig immer höhere Steuern und Abgaben in die Sozialsysteme bezahlen, deren Leistungen trotzdem sinken.

Die Ursachen und Folgen dieser Entwicklung hatte ich ab 1996 in Artikeln der Süddeutschen Zeitung zu beschreiben versucht und später, 1999, in dem Buch »Die Machtwirtschaft. Ist die Demokratie noch zu retten?« zusammengefasst. Naiv, wie ich war, hatte ich allen Ernstes geglaubt, die Menschen wachrütteln, die Entwicklung aufhalten zu können. Aber das Jahr 1999 war leider ein ganz schlechter Zeitpunkt für solch eine Aktion, denn die Aktienmärkte und die New-Economy-Gier strebten gerade ihren Höhepunkten und Höchstständen entgegen. Niemand wollte davon etwas hören. Nicht einmal die SPD und auch nicht die Gewerkschaften hatten ein Ohr für meine Kritik des Wirtschafts-Totalitarismus. Galt ich während der siebziger Jahre meinen Genossen als »reaktionäres Arschloch«, weil ich keinen Sozialismus wollte, sondern mich mit sozialer Marktwirtschaft begnügte, so galt ich jetzt denselben Genossen als »stehengebliebener Alt-68er« und »betonköpfiger Besitzstandswahrer«, weil ich keinen anglo-amerikanischen Manchester-Kapitalismus wollte, sondern weiterhin und immer schon auf einer sozialen Marktwirtschaft beharrte.

Ich kam mir sehr einsam und verlassen vor damals. Tief deprimiert sah ich den Milleniumsfeiern entgegen, und der Crash, der dann den New-Economy-Wahn beendete, hat weder mein Buch gerettet, noch dessen Thema und Anliegen Aufmerksamkeit verschafft.

Dann aber gab es plötzlich doch noch eine Interessentin, eine, an die ich im Traum nicht gedacht hatte: die Kirche. Natürlich nicht die Kirche als Ganzes. Aber Gemeinden, Pfarrer, einzelne Christen, Kirchenvorstände, evangelische und katholische Akademien, Dekanate und andere Gremien nahmen von meinem Buch Notiz, hielten es für wichtig, schrieben mir, luden mich ein – und viele Pfarrer machten davon Raubkopien für ihre Kirchenvorstände.

Zunächst dachte ich: Ist ja eigentlich ganz logisch, dass sich die Kirche für die Marktwirtschaft interessiert, denn der globale Kapitalismus und der damit verbundene Glaube an Markt und Technik ist eigentlich der natürliche Feind der Kirche. Deshalb wäre die Kirche als global organisierte Institution eigentlich die einzige Kraft, die sich dieser zur Weltherrschaft gelangenden Fruchtbarkeitsreligion in den Weg stellen könnte und sollte. Bloß, warum tut sie's nicht?

Darum begann ich, ganz gerührt, nach rund 20jährigem Desinteresse an der Kirche mich wieder für sie zu interessieren – und verfiel in die nächste Depression, denn was sah ich? McKinsey im Allerheiligsten. Auch in der Kirche war der Moloch schon zugange, auch sie war gerade dabei, sich unters Joch der Ökonomie begeben, sogar freiwillig und mit Begeisterung.

Die Kirche ließ sich von Vertretern der kapitalistischen Fruchtbarkeitsreligion einreden, sich als Unternehmen auf dem Sinnstiftungsmarkt begreifen zu sollen. Ihre eigenen Theologen begannen, das Kirchenmitglied als »Kunden« zu definieren und forderten die Kirchen zu »totalem Kundenkontakt« auf. Das »Unternehmen Kirche solle »kämpfen um Kundinnen und Kunden« und »Markt- und Meinungsführerschaft anstreben«.

Weiter las und hörte ich, die Kirche befinde sich auf dem »religiösen Markt«, bedürfe darum eines höheren Grades an »Kundennähe« und »Kundenorientierung«, einer »Corporate Identity« und der notwendigen »Konzentration aufs Kerngeschäft«. Das »Produkt« der Kirche, die Botschaft Jesu Christi, sei zwar zeitlos gut, las ich, aber – so konnte man heraushören – das Verkaufspersonal sei zu dumm und zu unfähig, um das hervorragende Produkt zu vermarkten, im Wettbewerb der »Sinnanbieter« mache die Kirche daher eine schlechte Figur. Die Kirchenleitungen begannen, ihre Existenz und die der Kirche dadurch zu sichern, dass sie sich als Nützlichkeits-Organisation etablierten, als Service- und Sinnvermittlungsagentur, als Unternehmen, dessen Wert in ihrer Funktionalität für Einzelne, Gemeinschaften und Staaten liegt. Und die Botschaft vom Kreuz stylten sie in eine Wellnessreligion um.

Ich war schockiert. Nun fühlte ich mich endgültig von Gott und der Welt verlassen. Ich setzte mich hin und schrieb meine Wut in das Buch »Kirche, wo bist du?« Seitdem polemisiere ich immer mal wieder gegen die lächerlichen Versuche der Bischöfe und ihrer PR-Abteilungen, eine zweitausend Jahre alte Dame einer Schönheitsoperation zu unterziehen, um sie anschließend als McKinsey-Kirche auf den Strich zu schicken.

Darüber bin ich dann in ein nun schon sieben Jahre währendes, nicht immer konfliktloses Gespräch mit Theologen, Pfarrern, Akademiedirektoren und gelegentlich sogar Bischöfen und Kardinälen geraten. Und so kamen mir jene alten Fragen wieder in die Quere, von denen ich gedacht hatte, sie schon vor längerer Zeit endgültig erledigt zu haben.

Atheistisch an Gott glauben – das geht nicht, hatte ich vor einem Vierteljahrhundert gedacht. Geht vielleicht doch, denke ich jetzt, nachdem ich den gerissenen Faden wieder aufgenommen und die Bibel noch einmal neu gelesen habe. Den Ertrag der Deutung entmythologisierter Mythen betrachte ich noch immer als banal, und der neuerdings in Mode kommende Fluchtweg in die Mystik erscheint mir als der Versuch, das Unerklärliche mit Unerklärlichem zu erklären und sich mit der Welt, wie sie ist, endgültig abzufinden.

Aber jener Rest, der übrig bleibt, wenn man alle Mythen über Bord wirft, und der mir vor 25 Jahren als so kümmerlich erschien, dass ich ihn für nicht der Rede wert hielt, dieser kümmerliche Rest erscheint mir heute als ein Goldklumpen, denn er enthält das Heilmittel gegen die Krankheit zum Tode und die Anleitung für die Befreiung von der Herrschaft des totalen Marktes. Ein religionsloses Christentum, wie es Dietrich Bonhoeffer vorgedacht hatte, erscheint mir heute als die einzig angemessene Antwort auf das derzeitige Weltgeschehen, und dieses religionslose Christentum lässt sich tatsächlich aus der Bibel gewinnen, wenn man ihre Mythen Mythen sein lässt.

21 – Eine kurze Geschichte der Freiheit in drei Minuten

Vor ungefähr 3.200 Jahren haben sich ägyptische Sklaven die grundlegende Frage gestellt, warum es eigentlich Herren und Sklaven geben muss. Und sie kamen zu dem Schluss: Es gibt keinen richtigen Grund dafür. Daraus folgerten sie: Dann gibt es auch keinen Grund, dass wir uns hier für den Pharao zu Tode schinden lassen. Daher beschlossen sie: Wir hauen ab.

Das war allerdings nicht ganz einfach. Die Flucht aus Ägypten war – ähnlich wie die »Republikflucht« aus der DDR – ein Abenteuer, das mit dem Tod enden konnte. Die Sklaventruppe riskierte es trotzdem, floh, wurde entdeckt und von den Truppen des Pharaos verfolgt. Aber im letzten Moment, inmitten größter Todesangst, als viele schon dachten, nun sei es vorbei, wurden sie auf wundersame Weise gerettet. Deshalb leuchtete ihnen allen ein, als hinterher einer sagte, das muss ein Gott gewesen sein, der uns da gerettet hat. Dieser Gedanke stellte sich im weiteren Verlauf als richtig heraus, denn mitten in der Wüste offenbarte sich ihnen dieser Gott und sagte zu ihnen: Ich habe euch befreit, ihr seid jetzt mein Volk, jeder von euch ist mir gleich lieb, und das könnt ihr ruhig herumerzählen.

Und so verbreitete sich in der Welt die unerhörte Idee: Alle Menschen sind frei und gleich. Der ägyptische Pharao in seiner ganzen Pracht zählt vor Gott nicht mehr als der Ziegenhirt in seinen Lumpen.

Natürlich hat die Menschheit eine Zeit lang gebraucht, um so einen Gedanken zu verdauen. Er war einfach zu groß, um ihn auf einmal und quasi über Nacht zu verdauen.

Sogar den Urhebern dieser Idee, den ehemaligen Sklaven aus Ägypten, war die Sache nicht ganz geheuer, weshalb sie die Freiheit und Gleichheit vorsichtshalber zunächst mal auf sich selbst beschränkten. Die anderen waren Heiden, als solche unrein, also nicht ganz so gleich, und daher durfte man sich mit denen nicht vermischen. Und die Frauen, gänzlich andere Wesen als die Männer, konnte man sowieso nicht für voll nehmen, denn sie zählten ja, wie das Vieh und das Gesinde, zur persönlichen Habe der Männer.

Unabhängig von den Juden haben zur gleichen Zeit die Griechen ebenfalls behauptet, die Menschen seien gleich. Aber auch sie hatten ihr Kleingedrucktes, beispielsweise die Barbarenklausel. Die bezog sich auf die fremden Völker mit ihren komischen Sprachen, die allesamt klangen wie *bar bar*. Diese bar-bar-Stotterer konnten natürlich nicht ganz so gleich sein wie die kultivierten und rhetorisch begabten Griechen. Und weil der intelligente Grieche lieber geistig brillierte als körperlich schuftete, gern auch mit hübschen Knaben spielte und stets in der Erwartung lebte, dass ihn gleich die Muse küsse, hatte er für die normale Arbeit und die Bewältigung des Alltags seine Xanthippen und Sklaven. Die konnten daher auch nicht so richtig gleich sein.

Aber dann kam Jesus und sagte: Doch, doch, das mit der Gleichheit hatte der liebe Gott von Anfang an schon ganz universal gemeint. Auch Sklaven und Frauen sind Menschen, und selbst Nichtjuden, Römer, Samaritaner können Menschen und manchmal sogar besser, freier und gleicher sein als mancher Pharisäer. Schock im Establishment. Skandal, riefen die Hüter der alten Lehre, der Kerl muss weg, und daher nagelten sie ihn der Einfachheit halber ans Kreuz, aber machten dabei die Erfahrung: Man kann zwar die Urheber revolutionärer Ideen umbringen, aber nicht die Ideen.

Und so kam Paulus und verbreitete die Idee mit der Freiheit und Gleichheit im ganzen römischen Reich, erhielt dadurch sehr viel Zulauf von Frauen und Sklaven, die jetzt einfach alle mitredeten, so dass dem Paulus angst und bange wurde und er sagte: Das Weib schweige in der Gemeinde, und der Sklave diene weiter seinem Herrn.

Nach Paulus kam die Kirche und antwortete auf die Frage, ob denn die Menschen tatsächlich alle frei und gleich seien: Im Prinzip ja. Aber nur vor Gott, nicht vor dem Kaiser. Und nicht in diesem Leben auf der Erde, sondern erst im nächsten Leben im Himmel. Hienieden im irdischen Jammertal begnüge sich bitte vorläufig ein jeder mit dem Platz, der ihm vom Allerhöchsten zugewiesen wurde, und erarbeite sich seine Planstelle im Himmel. Die Mägde und Knechte dienen also weiter ihren Herren, die Frauen ihren Männern und die Männer dem Papst und ihrem Kaiser.

Damit herrschte rund anderthalb Jahrtausende Ruhe, und wo sie gestört wurde, errichtete die Kirche Scheiterhaufen. Bis Luther kam, mit den Leuten Deutsch sprach und die Bibel ins Deutsche übersetzte, sodass auch die Bauern ihn und die Bibel verstanden. Dann schrieb er ein Buch über die *Freiheit eines Christenmenschen*, das die Bauern noch besser verstanden, besser als es Luther lieb war, denn nun zettelten sie einen Aufstand an gegen die Obrigkeit, und nun war es Luther, dem angst und bange wurde, sodass er sich selbst dementierte mit der neuen Schrift W*ider die mörderischen und räuberischen Rotten der Bauern,* über die er sagte, *[…] man soll sie zerschmeißen, würgen, stechen, heimlich und öffentlich, wer da kann, wie man einen tollen Hund erschlagen muss.* Für die nächsten zweieinhalb Jahrhunderte lautete die Losung daher wieder: *Seid untertan der Obrigkeit.*

Diese ewige Untertänigkeit kam den Franzosen eines Tages so abgeschmackt und überlebt vor, dass sie sich ihrer Obrigkeit mit Hilfe der Guillotine entledigten, auf diese Weise alle gleich machten und mit dem Schlachtruf »Freiheit, Gleichheit, Brüderlichkeit« versuchten, ihre Erfindung in der ganzen Welt zu verbreiten. Dazu brauchten sie Napoleon, der sich selbst die Kaiserkrone aufsetzte, um damit zu dokumentieren, dass er der oberste Freie, Gleiche und Brüderliche unter allen Freien, Gleichen und Brüderlichen sei.

Daraus entwickelte sich die Bourgoisie und eine Hierarchie der Gleichen, und ihrem Entdecker, Karl Marx, fiel auf: Es gibt noch immer, oder schon wieder, Ungleiche, die ausgebeutete Klasse der Arbeiter. Und so haben die Arbeiter angefangen, sich zu Menschen emporzuarbeiten.

Jetzt waren wirklich alle gleich. Fast alle. Genau genommen eigentlich nur der weiße Mann. Frauen waren noch immer keine vollwertigen Menschen. Und die nicht-weißen Menschen in den Kolonien und in Amerika, wurden, wenn sie schwarz waren, versklavt, wenn sie rot waren, abgeknallt, und der Rest wurde ausgebeutet, so lange, bis sie sich dagegen wehrten und sagten: Wir sind auch Menschen, und darum sind wir auch frei und gleich. Und dann wurden sie es auch.

Zuletzt waren es tatsächlich nur noch die Frauen, die als Ungleiche übrig geblieben sind. Ihnen fiel eines Tages auf: Die Männer ziehen jeden Morgen hinaus in die Welt, während die Frauen zu Hause bleiben müssen. Sie sind es, die den Kaffee kochen und das Klo putzen, während ihre Männer draußen von Freiheit und Gleichheit schwadronieren. Weiter fiel ihnen auf: Er ist es, der das Geld hat, dem das Haus gehört, das Auto und die Ferienwohnung am Meer. Ihr gehört nichts. Er hat eine Altersversorgung, sie nicht. Und bei der Heirat muss sie den Namen ihres Mannes annehmen.

Daraufhin begannen die Frauen, sich zu Menschen auszurufen und im selben Atemzug zu entdecken, dass sie ziemlich genau die Hälfte der Menschheit ausmachen, woraus sie die Forderung ableiteten: Die Hälfte der Welt für die Frau. Seitdem kämpft die letzte der unterdrückten Gruppen um ihre Menschwerdung.

In dieser geschichtlichen Phase stecken wir gerade, und sie wird erst beendet sein, wenn in Rom eine schwarze Kardinalin zum Papst gewählt wird.

22 – Was die Bibel uns noch zu sagen hat

Zugegeben: Bei der soeben erzählten kleinen Geschichte der Freiheit handelt es sich um eine extreme journalistische Zuspitzung, eine sehr undifferenzierte, stark verkürzende Wiedergabe dessen, was während der zurückliegenden 3.200 Jahre wirklich geschah.[3] Ich habe dennoch riskiert, den letzten Teil dieses Buches so verkürzt und zugespitzt einzuleiten, weil es jetzt darum geht, zu erzählen, was von der Bibel übrig bleibt, wenn man die Mythen Mythen sein lässt, ohne die Hypothese Gott auszukommen versucht, sich ein religionsloses Christentum vorzustellen und einen agnostischen Glauben zu leben beginnt und was das bringt. Es wird also schwierig jetzt.

Die Frage – was erzählt mir die Bibel, wenn ich Gott und die ganze Mythologie ersatzlos streiche? – habe ich mir ab ungefähr dem Jahr 2001 zu beantworten versucht, nachdem ich im Fernsehen George Bush in der Bomberjacke unter einem US-Emblem mit der Aufschrift »In God we trust« habe sagen hören, dass wir uns jetzt im ersten Krieg des 21. Jahrhunderts befänden. Auf einer medial geschürten Woge des Patriotismus, die an jene Begeisterung erinnerte, mit der einst die Deutschen Kaiser Wilhelm – *ich kenne keine Parteien mehr, ich kenne nur noch Deutsche* – in den Ersten Weltkrieg gefolgt sind, schlitterte Amerika unter Tricks und Lügen in einen Krieg, den Bush brauchte, um sein zweifelhaftes, unter merkwürdigen Umständen zustande gekommenes Wahlergebnis vergessen zu machen. Verkauft wurde uns und der ganzen Welt dieser Krieg von einer Regierung, die täglich betete und öffentlichkeitswirksam in die Kameras hineinfrömmelte, als Verteidigung der westlichen Wertegemeinschaft.

Die Antwort, die ich gefunden zu habe glaube, lautet: Die Bibel erzählt eine Freiheits- und Emanzipationsgeschichte. Sie er-

---

3. Wesentlich differenzierter und ausführlicher habe ich diese 3.200 Jahre in meinen zwei jüngst veröffentlichten Büchern beschrieben (»Die Bibel. Was man wirklich wissen muss«, Berlin 2005, und »Das Christentum. Was man wirklich wissen muss«, Berlin 2007).

zählt außerdem auch eine Aufklärungsgeschichte. Dazu eine Geschichte der Kritik an der Herrschaft von Menschen über Menschen. Schließlich eine Geschichte über den Menschen selbst. Darüber hinaus erzählt sie, wie man die Welt verändern soll: nicht durch Gewalt und Revolution, auch nicht durch Reformen und durch eine Politik der kleinen Schritte, sondern durch radikale Selbstveränderung, Exodus, Auszug aus den bestehenden Verhältnissen und Neugründung und Neuorganisation im Exil, wobei das Exil nicht unbedingt räumlich verstanden werden muss, sondern auch geistig verstanden werden kann. Zu guter Letzt erzählt die Bibel eine Erlösungsgeschichte, die einzige, die ohne die Hypothese Gott nicht mehr verstanden werden kann.

All diese Geschichten beginnen vor circa 3.200 Jahren in Ägypten während des Baus der Städte Ramses und Pitom. Zu jener Zeit haben Israels Vorfahren zum ersten Mal als historisch existente Gruppe die Bühne der Welt betreten – lange vor der Gründung Roms, dennoch vergleichsweise spät, denn zwischen Jordan, Euphrat, Tigris und Nil waren zu diesem Zeitpunkt schon viele Völker und Kulturen aufgestiegen, abgestiegen und wieder verschwunden.

Was die Menschen, aus denen nun das Volk Israel werden soll, in Ägypten sehen und erleben, muss ihnen als versteinerte Wirklichkeit erschienen sein. Der Pharao ist Gottkönig, Sonnengott und Sinnzentrum, das von Anbeginn bis in alle Ewigkeit die Ernährung des gesamten Volkes sichert, den Lauf der Welt bestimmt, den ganzen Kosmos in Bewegung hält und für die Unsterblichkeit aller Ägypter sorgt. Dafür werden alljährlich Zehntausende von Sklaven, Arbeitern und Handwerkern in den Steinbrüchen und Totenstädten der ägyptischen Könige verschlissen, seit über einem Jahrtausend schon, immerzu, auch künftig, Tag für Tag, Jahr für Jahr, Jahrhundert um Jahrhundert.

Als Israel in seine Geschichte eintritt, kündet die größte der Pyramiden Ägyptens, die Cheopspyramide in Giseh, schon seit 1200 Jahren unerschütterlich, monumental und weithin sichtbar von der segenspendenden Herrschaft der ägyptischen Könige, der glorreichen Vergangenheit ihrer Dynastien und vom hohen Entwicklungsstand der ägyptischen Kultur. Seit 1.200 Jahren wird dort gebaut, ohne Pause, ist die Luft in dem Land um den Nil erfüllt vom Geklirr der Meißel, die mit Hämmern in den Stein getrieben werden. Immer neue Pyramiden, Prinzen- und Beamtengräber für die Ewigkeit sind zu errichten. Stelen, Skulpturen, Paläste zur Verherrlichung und Verewigung des Ruhms der Pharaonen werden in Stein gehauen.

Am Hof der Pharaonen strömt die ganze Welt zusammen. Man zollt dem König Tribut, beteuert seine Ergebenheit, wirbt um die königliche Gunst, bewundert die ägyptische Technik und Wissenschaft. Die Ägypter schreiben nicht mehr auf Tontäfelchen wie in Sumer und Babylon, sondern auf Papyrus, beherrschen Mathematik und Astronomie, haben einen präzisen Kalender und verfügen über metallurgische, chemische, medizinische und anatomische Kenntnisse.

Die Masse des Volkes besteht aus Analphabeten. Aber die Oberschicht ist hoch gebildet. Die ägyptischen Priester und Beamten werden in Literatur, Religion und Ethik unterwiesen. Sie kennen und beherrschen die ganze Bandbreite schriftlicher Kultur: Gleichnisse, Metaphern, Alliterationen und Wortspiele, Hymnen an die Götter, mythologische und magische Texte, Erzählungen, didaktische Schriften wie Weisheits- und Schulliteratur, Gedichte, biographische und historische Texte, wissenschaftliche Abhandlungen, Gesetzes-, Verwaltungs- und Handelstexte. Und natürlich auch schon Propaganda, Hofberichterstattung und politische Lügen. Nur die Kritik daran gibt es noch nicht, wird es nie geben in Ägypten.

Der Pharao auf seinem Thron erblickt, wenn er auf sein Reich schaut, gewaltige Totentempel, volle Kornspeicher und Lagerhäuser, große Viehherden, Heerscharen von Priestern, Beamten, Soldaten, Bauern, Fronarbeiter, Sklaven und eine schier endlose Kette von Ahnen, die er über Dutzende von Dynastien und durch Jahrtausende bis weit in eine mythische Vergangenheit benennen kann. Er thront inmitten kolossaler Bauten, genießt seine imperiale Größe, den Glanz und die Glorie seiner Würde und Macht und glaubt mit der Unerschütterlichkeit seiner Megatonnen schweren Gräber, dass dies so sein und auf ewig so bleiben müsse.

Wohl sieht er, dass an seinen Grenzen feindliche Heere und Völker aufeinander einschlagen. Aber das bereitet ihm keine schlaflosen Nächte. Das war schon immer so. Und immer schon ist es seinen Vorgängern gelungen, diese fremden Völker und Heere entweder zu unterwerfen oder wenigstens von den eigenen Grenzen fernzuhalten. Also wird es auch ihm gelingen.

Er kann nicht ahnen, dass auch sein Weltreich, wie alle Weltreiche davor und danach, dem Untergang geweiht ist. Er kann sich nicht vorstellen, dass die Griechen, mit denen man Handel treibt, zu einer Gefahr für Ägypten heranwachsen könnten. Er weiß noch nichts von den Römern, nichts von den barbarischen Germanen, die sich nördlich der Alpen in den Wäldern herumtreiben und selber noch nicht wissen, dass sie einst ein anderes Weltreich liquidieren werden.

Und schon gar nicht vermag er zu erkennen, dass mitten in seinem Imperium ein revolutionäres Volk heranwächst, das Ägypten und alle späteren Imperien überdauern und mit seiner radikal neuen Sicht der Wirklichkeit die ganze Welt bis zum heutigen Tage verändern wird. Der Pharao weiß nur: Der Kult, das Bauen, die Verewigung durch Versteinerung darf nicht aufhören, muss immer weitergehen. Nur so, glaubt er, glauben alle, kann das Reich bestehen.

Reine Sklavenarbeit ist die Fron in den Steinbrüchen, den Ziegelbrennereien und beim Pyramidenbau nicht, denn die zur Arbeit abkommandierten ägyptischen Bauern werden bezahlt. Strenge Aufseher sorgen für maximale Ausbeutung der Arbeitskraft, achten aber auf eine gute Ernährung ihrer Männer. Den königlichen Schriftführern und Chronisten sind sie allerdings keine Zeile wert. Der Einzelne in dieser Masse ist für die gebildete Oberschicht nichts weiter als Arbeitstier und Zugvieh.

Das »Zugvieh« aber begehrt nicht auf, verbindet sein Schicksal mit dem seines Herrn, denn beide leben vom Nil und von der Sonne, von den Kräften des Wachstums und der Fortpflanzung. Die ewige Wiederkehr des Gleichen wird als natürlicher Lauf der Welt empfunden.

Neben den zeitweise, während der Nilüberschwemmungen abkommandierten Bauern gibt es aber noch andere, Nichtägypter, die Habiru (Steineklopfer) genannt werden und sich aus Kriegsgefangenen, Sklaven und tributpflichtigen Untertanen aus den unterworfenen Provinzen zusammensetzen. Diese Leute identifizieren sich nicht mit ihrer Fron, nehmen sie aber schicksalsergeben hin, denn sie wissen: Es gibt kein Entrinnen. Die Supermacht Ägypten ist perfekt organisiert. Niemand kommt ungehindert ins Land hinein, niemand ungehindert hinaus. Flucht wäre Selbstmord.

Auch Nomaden, die in Trockenzeiten mit ihren Herden legal auf ägyptisches Hoheitsgebiet ziehen dürfen, können zwangsrekrutiert werden. Dieses Schicksal war vermutlich den Vorfahren Israels beschieden. Es gibt einen alten Text, in dem ein Grenzbeamter meldet, dass er Beduinenstämme aus Edom ins östliche Delta hineingelassen habe, um sie und ihr Vieh am Leben zu halten. So etwas kam öfter vor, und irgendwann im Verlauf der ägyptischen Geschichte, vielleicht ein paar hundert Jahre vor dem Bau von Ramses und Pitom, muss unter diesen Beduinenstämmen auch eine Gruppe gewesen sein, die von sich behauptete, von Abraham, Isaak und Jakob abzustammen.

Vom Glanz Ägyptens, seiner Kunst, Kultur und Wissenschaft erzählte diese Gruppe, die später diesem System entfloh, nie etwas. Darum erfahren wir auch in der Bibel nichts davon. Ägypten war für die Steineklopfer immer nur »das Sklavenhaus«. Auf ihren Rücken, ihren geschundenen Knochen wurde diese Kultur errichtet. Das ist es, was die Israeliten als Erinnerung aus Ägypten mitnehmen.

Während ihres Aufenthaltes in Ägypten sind sie in dem bunten Gewimmel aus Ägyptern, Nomaden, Fronarbeitern, Sklaven und Kriegsgefangenen nicht weiter aufgefallen. Jedenfalls haben wir so gut wie keine schriftlichen Zeugnisse darüber.

So entging den königlichen Geschichtsschreibern, dass es innerhalb der großen Gruppe der Habiru – ein Wort, aus dem später das Wort Hebräer hervorging – eine kleinere Gruppe gab, deren Mitglieder sich merkwürdige Geschichten von einem Gott Abrahams Isaaks und Jakobs erzählten. Es entging ihnen, dass sich in dieser Gruppe so etwas wie rebellische Kritik an dem gigantischen Unsinn des ägyptischen Totenkults und der Menschenschinderei entzündete. Es entging ihnen, wie einige ihrer Knechte die scheinbar gottgewollte Ordnung von Oben und Unten in Frage zu stellen begannen. Es entging den vornehm-verknöcherten Lakaien der versteinerten Supermacht, wie in ihrem geschlossenen Wahnsystem eine welterschütternde, revolutionär neue Idee geboren wurde: Freiheit!

23 – Freiheit, Gleichheit, Brüderlichkeit

Jene Gruppe der Habiru, die da eine gemeinsame Sehnsucht nach Freiheit und Selbstbestimmung entwickelt und von einem besseren Leben in einem eigenen, fruchtbaren Land geträumt hat, in dem eine ganz andere Ordnung als in Ägypten herrschen sollte, jene Flüchtlings-Gruppe war nun zwar am Schilfmeer vor den ägyptischen Soldaten gerettet, aber noch nicht vor dem Tod. Denn nun befand sie sich in der Wüste, und das hieß: am Tag Hitze, nachts Kälte. Hunger, Durst, Gefahr immerzu. Wie überleben?

Viele starben. Die Überlebenden aber erreichten irgendwann fruchtbares Land, ließen sich dort nieder und führten tatsächlich ein Leben als freie Ackerbauern und Viehzüchter. Auf der Flucht aus Ägypten, später in der Wüste und danach im fruchtbaren Land wurden sie durch die gemachten Erfahrungen zu einer Schicksalsgemeinschaft und damit zur Keimzelle Israels verschmolzen.

Für sie war diese gelungene Flucht das bedeutendste Ereignis ihres Lebens, ein Wunder. Für Ägypten war es eine Lappalie, zwar ärgerlich, aber ohne Bedeutung, nicht der Rede wert. In den Annalen ist nichts davon erwähnt.

Vielleicht haben die Verfolger das Vorkommnis einfach nicht gemeldet, um der Strafe zu entgehen. Vielleicht haben sie es gemeldet, und der Chronist hielt das Ereignis für nicht wichtig genug, um es aufzuschreiben. Lokale Querelen in der Provinz, mag er sich gedacht haben.

Lokale Querelen in der Provinz? Niemand, nicht die Flüchtlinge und noch weniger die Ägypter, hätten sich damals träumen lassen, dass diese Lappalie die Welt verändern würde. Weder die Flüchtlinge noch die Ägypter konnten ahnen, dass die gelungene Flucht einer kleinen Sklaventruppe noch 3.200 Jahre später auf der ganzen Welt gefeiert werden würde und Millionen Juden und Milliarden Christen von Sabbat zu Sabbat und Sonntag zu Sonntag sich das Ereignis immer wieder neu vergegenwärtigen.

Gott hatte sich ein Volk erwählt. So lautete die spätere Deutung der gelungenen Flucht. Die Deutung wurde geglaubt, und damit hat ein Aufruhr begonnen, der den Verlauf der Weltgeschichte im Guten wie im Bösen in vielfältiger Weise entscheidend beeinflusst hat. Exodus, Monotheismus, erste Aufklärung, erste Blasphemien, Provokation der Mächtigen durch die Schwachen, Beschreibung der Welt aus der Sicht von Außenseitern, erster Sklavenaufstand der Weltgeschichte, – das sind die Begriffe, die sich mit diesem Ereignis verbinden.

Gott hätte die Wahl gehabt unter lauter tüchtigen Völkern. Die Ägypter hätte er nehmen können, die Babylonier, Griechen oder Römer. Und wen hat er sich ausgesucht? Eine Handvoll unbedeutender Nomadenstämme, die viel zu spät die über die Welt hereingebrochene Zeitenwende mitbekommen hatten. Die Fortschrittlichen hatten längst aufgehört mit dem Nomadisieren, hatten das Land unter sich aufgeteilt, sich darauf niedergelassen, es bebaut und sind zu Wohlstand gekommen, mächtig geworden, auch kultiviert, gebildet, überlegen.

Die anderen, die zu spät merkten, wohin die Reise geht, hatten das Nachsehen – so eine Art Globalisierungsverlierer. Das fruchtbare Land war verteilt. Für sie blieb nur, was die Cleveren übriggelassen hatten. Wertloses Land. Da konnte man nicht lange weiden, war gezwungen, weiterzuziehen, mal hierhin, mal dorthin. Man war zu Mobilität und Flexibilität verdammt.

Einige versuchten, in die fruchtbaren Zonen des Wohlstands einzusickern. Manchmal wurden sie geduldet, bekamen Asyl, aber meistens wurden sie vertrieben oder gleich an der Grenze abgewiesen. Oder die reichen Völker haben sie, wie in Ägypten, zur Fronarbeit herangezogen.

Diese in Ägypten bunt zusammengewürfelte erste Internationale hatte eines Tages das Trennende untereinander als sekundär erkannt und das Gemeinsame als primär: ihre Fremdbestimmung, ihre Unfreiheit, den gemeinsamen Unterdrücker.

Als diese Unterschiede ihrer Herkunft, ihres Alters und ihres Geschlechts keine Rolle mehr spielten, konnten sie gemeinsam und organisiert handeln, und das taten sie dann auch. Sie fassten sich ein Herz und brachen aus, flohen vor den Ägyptern ans Schilfmeer, wo sie auf wundersame Weise gerettet wurden, in die Wüste entkamen und sich eine gemeinsame bessere Zukunft erträumten. Freiheit, Gleichheit, Brüderlichkeit – diese Begriffe existierten noch nicht, aber die Sache, die sie bezeichnen, die hatte hier, am Schilfmeer und in der Wüste, ihren Anfang.

Das Skandalöse dieser Geschichte ist uns Heutigen gar nicht mehr richtig bewusst. Das war früheren Völkern in früheren Zeiten viel bewusster. Das Skandalöse dieser Geschichte steckt darin, dass es Unterdrückte waren, Sklaven, Außenseiter, ungebildete Verlierer und Versager, welche die Hybris hatten, sich als »erwähltes Volk« zu fühlen. Friedrich Nietzsche hatte noch ein Gefühl für diesen Skandal und deshalb gewütet, damit habe der »Sklavenaufstand in der Moral« begonnen.

Das Volk vom Berg Sinai habe eine folgenschwere Umkehrung der Werte vorgenommen, erkannte Nietzsche mit scharfem Blick. Der aristokratischen Wertgleichung gut = vornehm = mächtig = schön = glücklich = gottgeliebt hätten die Steineklopfer aus Ägypten ihre Sklavenmoral entgegengesetzt: gut = elend = arm = ohnmächtig = niedrig = krank und leidend. In der kämpferischen Parole »black is beautiful« oder »ich bin schwul, und das ist gut so« scheint diese Umwertung bis heute noch durch.

Seit diesem Auszug aus Ägypten sind der Exodus, die Befreiung, die Abschüttelung von Fremdherrschaft und die Hoffnung auf eine bessere Zukunft zu einem Archetypus der Weltgeschichte geworden, der in zahlreichen Aufständen und Befreiungsbewegungen seine Sprengkraft bis weit in die säkularen Jahrhunderte bewahrte. Aber auch die Last der Freiheit und die Verklärung der Unfreiheit durch nostalgische Erinnerungen an die »Fleischtöpfe Ägyptens« gehören zu dieser Ur-Erfahrung ebenso wie die jeder Befreiung folgende Enttäuschung. Und die Erfahrung: Freiheit ist eine Voraussetzung, aber keine Garantie für Glück.

Der Spartakus-Aufstand in Rom, die Revolution in Frankreich, die nationalen Freiheitskämpfe, die amerikanische Verheißung des »Pursuit of Happiness«, die marxistischen Revolutionen, die lateinamerikanischen Befreiungsbewegungen, der Kampf der Afroamerikaner in den USA, die Unabhängigkeitskämpfe der Kolonialvölker, der Kampf gegen die Apartheid, die 68er Studentenbewegung, der Feminismus, die Schwulen- und Lesbenbewegung, die Befreiung der Ostdeutschen und Osteuropäer vom Kommunismus – sie alle haben, oft ohne es zu wissen, ihre tiefsten Wurzeln in jenem identitätsstiftenden Schilf-meer-Erlebnis der kleinen zittrigen Verlierertruppe aus Ägyp-ten.

Der arbeitsfreie Tag, die Institution des Sabbats, geht auf die-sen Tag der Befreiung zurück und wurde von ihren Erfindern mit dem letzten Tag der Schöpfung, dem Ruhetag Gottes, ver-knüpft. Jeder Sabbat ist seitdem ein Tag der Erinnerung an die selbst erkämpfte und zugleich von Gott geschenkte Freiheit. Die Christen haben die Tradition fortgesetzt, in dem sie das Ereignis mit der Auferstehung Jesu verknüpften und sich seitdem von Sonntag zu Sonntag daran erinnern. Passah und Ostern sind die jährlichen Über-Feiertage zum Sabbat und Sonntag, in denen sich die Geschichte, die sich seitdem ereignet hat, wiederkehrend bün-delt, und der 1. Mai ist ein säkularer Ableger davon.

Wer erklären will, wie so ein kleiner Anlass so eine gewaltige Wirkung entfalten kann und dabei den Ehrgeiz hat, ohne die Hypothese Gott auszukommen, wird sich schwertun.

Dass sich Einzelne oder Gruppen in Gefahr begeben, um die eigene Lage zu verbessern, und das unter Mühen und wie durch ein Wunder gelingt, während andere in der Gefahr umkommen, ist an sich noch nichts Besonderes. Das hat es zu allen Zeiten immer und überall gegeben. Erstaunlich daran aber ist, dass ge-rade diese vor so langer Zeit gelungene Flucht von gerade dieser unbedeutenden kleinen Gruppe so wirkmächtig werden konnte, dass daraus drei Weltreligionen und die jüdische, christliche und islamische Kultur hervorgingen.

Es wäre doch, wie in fast allen anderen Fällen auch, eher zu erwarten gewesen, dass die Flüchtlinge im Lauf ihres Lebens zwar immer wieder darauf zu sprechen kommen, aber sich Kinder wie Enkel zunehmend genervt von den immergleichen Geschichten abwenden, die Erinnerung daran schon ab der Urenkel-Genera-tion verblasst und danach ganz vergessen wird. Warum ist es im Fall der ägyptischen Flüchtlinge anders gekommen?

Wir wissen es nicht genau. Wir haben zwar die fünf Bücher Mose, das Buch Josua, das Buch der Richter, zwei Bücher der Könige und auch noch zwei Chroniken, in denen alles drinsteht, aber für alle gilt: Nur wer gar keine Phantasie hat, erzählt eine Geschichte so, wie sie wirklich war. Und an all diesen Büchern hat ein ganzes Volk mitgeschrieben, noch dazu ein phantasiebegabtes.

Wir wissen aber mehr als nichts. Es ist sogar sehr viel, was die theologische Forschung und die Archäologie mittlerweile zusammengetragen haben. Nur lässt sich aus den vielen zutage geförderten, verstreut herumliegenden Wissensbruchstücken noch kein stimmiges Mosaik zusammensetzen. Was aber geht, ist eine erste, grob strukturierte, mit etlichen schwarzen Flecken versehene Skizze des Mosaiks.

Danach ergibt sich in etwa folgendes Bild: Im israelischen Bergland, auf den Hügel Kanaans, lebten um 1200 vor Christus kleine Gruppen von Ackerbauern, Viehzüchtern, Nomaden und Halbnomaden. Jede von ihnen trug ihren eigenen Geschichtenvorrat mit sich herum. Die einen wussten etwas von einem Abraham, die anderen hatten ihre Isaakgeschichten, die dritten behaupteten, von einem Urahn namens Jakob oder dessen zwölf Söhnen abzustammen.

Dann stieß zu diesem Volk eine vierte Gruppe, die Flüchtlinge aus Ägypten, Abkömmlinge von Josef. Sie hatten am meisten erlebt und am meisten zu erzählen und brachten einen reichen Schatz an Mose- und Aaron-Geschichten mit, dazu Wüsten-, Sinai- und Horeb-Geschichten. Vielleicht konnten sie auch besonders gut erzählen, denn ihre Geschichten entfalten im Lauf der Zeit die größte Wucht.

Weil es sich bei diesem Völkchen auf den kanaanäischen Hügeln um kleine, in einem überschaubaren Gebiet lebende Gruppen handelte, die in regem Handels- und Gedankenaustausch miteinander standen, und weil ihre Schicksale und Erfahrungen einander irgendwie ähnelten, machte sich im Lauf der Zeit jede Gruppe die Geschichten der anderen zu eigen. So werden sich also die Hirten und Bauern nachts am Lagerfeuer versammelt haben, und einer hat erzählt:

Mein Vater war ein heimatloser Aramäer, dem Umkommen nahe. Er zog hinab nach Ägypten, war dort ein Fremdling mit wenig Leuten und wurde ein großes, starkes und zahlreiches Volk. Die Ägypter behandelten uns schlecht, bedrückten uns und legten uns einen harten Dienst auf. Da schrieen wir zu Jahwe, dem Gott unserer Väter. Und Jahwe sah unser Elend, unsere Angst und Not und führte uns

aus Ägypten mit mächtiger Hand und ausgerecktem Arm und mit
großem Schrecken, durch Zeichen und Wunder. Er brachte uns an
diese Stätte und gab uns dieses Land, ein Land, in dem Milch und
Honig fließen. (5 Mose 26,5–9)

Hier haben wir den ältesten Kern der Bibel, die Ur-Erfahrung
Israels, formuliert als Ur-Bekenntnis. Um diesen Kern wachsen
im Lauf der Jahrhunderte, wie Jahresringe, weitere Geschichten,
Erfahrungen und Bekenntnisse und verschmelzen zum israelischen Gründungsmythos.

Schon in seiner einfachsten und ältesten Fassung scheint der
Unterschied zu den üblichen Großväter- und Veteranenanekdo-
ten auf. In diesen stellt sich der Erzähler in den Mittelpunkt, prahlt
mit seinen vergangenen Taten, rühmt sich seines Heldenmuts,
und das ist auf Dauer so ermüdend und hat mit dem Leben der
Zuhörer so wenig zu tun, dass sie sich irgendwann genervt abwenden. Dagegen berichten die Erzähler der Abraham- und Mose-
Geschichten von ihrer Unterdrückung, ihrem Versagen, ihrer
Angst, ihren Zweifeln, und sie erzählen es so, dass sich die Zuhörer darin wieder erkennen, obwohl sie nicht in Ägypten waren.
Und außerdem lassen die Geschichten einen anderen Helden
glänzen, einen, der auch die Zuhörer angeht: Gott.

Dieser Held, der die Mose-Leute aus größter Gefahr gerettet
hat und dadurch für deren Leben entscheidend wichtig geworden ist – ist er wirklich auch unser Gott? werden sich die Hirten
und Bauern an den Lagerfeuern immer wieder gefragt haben.
Meint es dieser noch unbekannte, geheimnisvolle Gott der Väter
wirklich gut mit uns?

Die Mose-Leute erzählen so begeistert von ihm, dass sich die
Zuhörer davon anstecken lassen. Sie hören, wie Mose auf dem
Berg Horeb einen Dornbusch sieht, der brennt, aber sich nicht
verzehrt. Aus diesem brennenden Busch gibt sich Gott als der
Gott Abrahams zu erkennen und erteilt Mose den Auftrag, sein
Volk aus der Sklaverei zu führen in das Land, das Abraham ver-
heißen wurde.

Und während die Hörer der Geschichte lauschen und ins Lagerfeuer blicken, erleben sie, wie der Erzähler brennt, der Funke
von ihm auf sie überspringt und sie selbst entzündet, und plötzlich brennen sie alle und gehen in der Überzeugung nach Hause,

dass dieser Gott im brennenden Dornbusch auch für ihr Leben entscheidend wichtig sei. Sie sind von den Geschichten infiziert worden, haben sich mit ihnen identifiziert und sind überzeugt: Es ist derselbe Gott, von dem die Abraham-, Isaak-, Jakob und Mose-Leute sprechen, unserer. Dieser Gott brannte sich ihnen ein und versah sie alle mit demselben Brandmal.

So verschieden die Menschen auch waren, die da einander ihre Geschichten erzählten, so unterschiedlich ihre Herkunft, ihr Alter, ihre Berufe, ihre Erlebnisse, in einer gemeinsam gemachten Erfahrung trafen sich alle, erkannten sich alle wieder: in der Erfahrung, unterdrückt, versklavt gewesen zu sein. Auch diejenigen, die nicht aus Ägypten gekommen waren, wussten, wovon die Mose-Leute sprachen, denn die Abraham-, Isaak- und Jakobleute auf den Hügeln hatten zuvor im Tal gelebt, wo sie als Bauern unter der Fuchtel kanaanäischer Stadtkönige standen, unter der Zinsknechtschaft litten und so ausgebeutet wurden, dass ihnen kaum noch etwas zum Leben blieb. Darum sind auch sie abgehauen und in die Berge geflohen, um dort als freie Menschen ihr Glück zu versuchen.

Und so, im Bewusstsein der gemeinsamen Ablehnung eines Lebens in Sklaverei, für das der Name Ägypten stand, erhob sich allmählich eine egalitäre »Tradition des Lagerfeuers« gegen die zentralistische »Tradition der Pyramide« (Martin Buber). So entstand Israel.

Eine Art Eidgenossenschaft bildet sich jetzt, ein Gegenmodell zu Ägypten und den kanaanäischen Königsdiktaturen. Es entsteht, zumindest als Idealvorstellung, eine neue Welt, in der gilt: Hier herrscht kein orientalischer Despot, sondern Gott. Wir haben keinen König, brauchen keinen König, keinen Staat und keinen Führer, weil Gott unser Führer ist. Wir leben als freie Stämme friedlich zusammen, helfen und unterstützen uns gegenseitig bei Unwetter, Gefahr und Katastrophen und beschließen gemeinsam, was zu beschließen ist. Eine bis dato unhinterfragte, als natürlich und zugleich göttlich geltende Notwendigkeit wird erstmals kritisiert und infrage gestellt: die Notwendigkeit von Herrschaft und die sich daraus ableitende Gesellschaftsordnung der Pyramide mit einem Herrscher an der Spitze, Soldaten und Beamten in der Mitte und Bauern und Sklaven am unteren Ende.

Dass Unfreiheit, Fron und Knechtschaft nicht, wie es damals von der ganzen Welt geglaubt wurde, etwas sind, was einen von den Göttern auferlegt ist und man daher schicksalsergeben hinzunehmen hat, das haben erstmals jene ägyptischen Steineklopfer gefühlt, die von den Pharaonen als Lastesel und Zugvieh für die Pflege ihres gigantischen Totenkults benutzt wurden. Das war ein revolutionär neuer Gedanke. Wie konnte dieser göttliche Funke die Gehirne einfacher Fronarbeiter entzünden? Wenn kein Gott dahintersteckte – ist dann diese ganze Geschichte nicht umso wundersamer?

Neu ist auch die Dauerreflexion, die jetzt einsetzt, die Frage, was hat dieses und jenes Ereignis zu bedeuten? Was will uns unser Gott damit sagen? Ständig blicken die Priester des Volkes zurück auf das Geschehene, um es zu deuten und in einen Gesamtzusammenhang einzuordnen. Rückwärts blickend schreiten sie vorwärts, beschreiben alles, was sie erleben, als Erfahrungen mit ihrem Gott und müssen im Licht neu gemachter Erfahrungen die Geschichte von Zeit zu Zeit umschreiben und neu deuten. So wächst das Alte Testament, so kommt eine neue welterschütternde Idee zur anderen und mündet schließlich in den Monotheismus.

Aber ich greife vor. So weit ist es noch nicht. Vom Monotheismus sind die paar Stämme – erst später wird es heißen, es seien zwölf gewesen – in den israelischen Bergen noch weit entfernt. Sie haben jetzt zwar ihren eigenen Gott gefunden, aber sie halten ihn für einen unter vielen. Sie zweifeln nicht daran, dass die Götter der anderen Völker ebenfalls existieren. Und das Bild, das sie sich von ihrem Gott machen, ist noch nicht sehr verschieden von den Götterbildern der anderen.

Aber im Verlauf von Jahrhunderten koppelt es sich immer mehr ab von den konventionellen Gottesvorstellungen der anderen und unterscheidet sich schon bald so signifikant von allen bisher existierenden Gottesbildern, dass man sich fragt, worüber man sich mehr wundern soll, über das völlig neue Gottesbild, das da in den Himmel projiziert wird, oder über die Menschen, deren Köpfen dieses Bild entspringt?

Ein unerhörter Anspruch lastet auf dem kleinen jungen Volk, der Anspruch, von Gott auserwählt worden zu sein. Warum? Wozu braucht Gott ein Volk? Auch die Antwort auf diese Frage kennt das Volk nicht, wie es die Mythen der Bibel suggerieren, von Anfang an, sondern diese Antwort muss erst erarbeitet werden, aber dann, als die Antwort klar ist, handelt es sich auch dabei wieder um einen revolutionär neuen Gedanken: Gott braucht ein Volk, damit es der ganzen Welt zeige, wie man leben muss, damit das Leben aller Menschen auf diesem Planeten gelingt. Wo steht geschrieben, dass ausnahmslos jedem Menschen sein Plätzchen an der Sonne zusteht? Seit wann haben Sklaven dieselben Rechte anzumelden wie Herren? Ist das nicht wider die Natur und die geheiligte Ordnung der Väter und aller Völker?

Nirgends stand das bisher geschrieben. Die ägyptischen Flüchtlinge haben das geschrieben. Sie waren die Ersten. Sie haben es der Welt so tief eingraviert, dass uns heute dieser unerhörte Gedanke als selbstverständlich erscheint.

Seine Auserwähltheit erfährt das Volk nicht als Lust, sondern als Last, denn der göttliche Wille, den es auf der Welt realisieren soll, kommt regelmäßig den eigenen vitalen Interessen und Glücksvorstellungen in die Quere. Als Stärkerer den Schwächeren nicht zu übervorteilen, nicht auszunutzen und nicht zu unterdrücken, ist tatsächlich wider die angeborene Natur des Menschen.

Während andere Völker ihren Göttern gerne dienen, dient Israel seinem Gott stets nur widerwillig und unter beständigem Murren. Andere Völker haben sich ihre Götter dienstbar gemacht, Israel ist von einem Gott in Dienst genommen worden, von dem es bald erfahren sollte, dass er der wahre und einzige sei.

Aber Gott zwingt sein Volk nicht in diesen Dienst, will, dass es freiwillig ja sagt zu der ihm zugedachten Aufgabe. Nur durch ein Volk, das freiwillig in den Bund mit Gott einwilligt, kann er in der Welt handeln. Mit dieser Freiwilligkeit hapert es. Das Volk murrt, sperrt sich gegen die göttliche Inanspruchnahme, versagt vor dem hohen göttlichen Anspruch. Alle Geschichten handeln, von Beginn an, schon vor der Flucht aus Ägypten, während der Flucht, und danach, immer und immer wieder vom Versagen des ganzen Volkes vor dem fremden, fordernden, den eigenen Interessen und natürlichen Regungen und Trieben widersprechenden Willen Gottes. Letztlich, so suggerieren es die letzten Kapitel des

Alten Testaments, lag es an der Widerspenstigkeit des Volkes, dass Israel geteilt, besetzt, unterjocht, deportiert und in alle Winde zerstreut wurde.

Sie wollten ihr Leben herrschaftsfrei gestalten, ohne einen König auskommen, dann aber wollten sie doch sein wie die anderen Völker und von einem König regiert werden. Sie bekamen ihren König, wurden wie die anderen, und das heißt: Sie wurden eine Klassengesellschaft mit Fronarbeit, Zinsknechtschaft und Sklaverei. Ihre größten Könige, David und Salomo, nahmen sich Rechte heraus, die sie niemand anderem zugestanden. Ihre intellektuellen Höflinge und Priester rechtfertigten die neue Herrschaft vor dem Volk, um am Wohlstand und Glanz des Königshofs teilzuhaben.

Fast wäre Israel zu einem ganz normalen, sich durch nichts von anderen unterscheidendem Volk geworden, wenn da nicht eine weitere Neuerung in die Welt gekommen wäre: der Prophet. Er ätzte, er spottete, kritisierte, polemisierte, hielt den Mächtigen und dem Volk den Spiegel vor, erinnerte an den ursprünglichen Zweck des Gottesvolks, beschrieb den fremden, lästigen, unbequemen Willen Gottes und fragte, ob das Volk denke, dass Gott es aus Ägypten geführt und ihm ein Land gegeben habe, damit es dort ein Klein-Ägypten errichte.

Natürlich wurden die Propheten gehasst, verachtet, verspottet, auch verfolgt und totgeschwiegen, aber eines passierte nicht: Sie wurden nicht, wie es an anderen Königshöfen üblich gewesen wäre, geköpft. Im Gegenteil. Ein kluger König, wie David es war, schätzte den Seltenheitswert von Menschen, die einem König nicht nach dem Munde redeten, richtig ein, und machte den Propheten Nathan zu seinem Berater, nachdem dieser ihm wegen einer Frauenangelegenheit ins Gesicht gesagt hatte, was für ein Schuft der König sei.

Kritik am Herrscher, öffentliche Kritik an Missständen, sogar erwünschte Kritik, also Presse-, Meinungs- und Redefreiheit – wie unerhört modern das war und wie lange es dauern würde, bis auch diese Neuerung allgemein akzeptiert werden würde, hätten sich damals die ersten Dissidenten der Weltgeschichte wohl niemals träumen lassen.

Die Geschichte Israels endet katastrophal, aber nicht hoffnungslos. Die letzten Kapitel des Alten Testaments, die das katastrophale Ende Israels als Strafe Gottes für die Widerspenstigkeit des Volkes beschreibt, handeln von der Treue Gottes zu seinem Volk, der trotz fortgesetzter Enttäuschungen nicht ablässt von seinem Volk, nicht aufgibt, zwar zürnt, straft, vernichtet, aber nie resigniert, immer zu Hilfe kommt, es immer wieder neu versucht.

Die Geschichte von der Zerstreuung des Volkes endet mit einer großen Verheißung. Es wird der Tag kommen, an dem Gott sein Volk neu sammeln wird. Dann wird es nicht mehr nein sagen zu Gottes Auftrag. Dann wird es den Auftrag annehmen, und dann wird sich eine Welt entwickeln, wie es sie noch nie gegeben hat, denn dann wird das Leben der Menschen gelingen, endgültig und für immer.

Täler sollen erhöht werden und alle Berge und Hügel sollen erniedrigt werden, und was ungleich ist, soll eben, und was höckericht ist, soll schlicht werden. Da wird der Wolf bei dem Lämmlein wohnen, der Leopard bei dem Böcklein niederliegen. Das Kalb, der junge Löwe und das Mastvieh werden beieinander sein, also dass ein kleiner Knabe sie treiben wird. Die Kuh und die Bärin werden miteinander weiden und ihre Jungen zusammen lagern. Der Löwe wird Stroh fressen wie das Rindvieh. Der Säugling wird spielen am Loch der Otter und der Entwöhnte seine Hand nach der Höhle des Basilisken ausstrecken.

Da werden sie ihre Schwerter zu Pflugscharen und ihre Spieße zu Sicheln machen. Denn es wird kein Volk gegen das andere ein Schwert aufheben und werden hinfort nicht mehr kriegen lernen. Ein Jeglicher wird unter seinem Weinstock und Feigenbaum wohnen ohne Scheu. Und es wird der Herr der Heerscharen auf diesem Berge allen Völkern ein Mahl bereiten, ein Mahl von fetten, markigen Speisen und alten geläuterten Weinen. Den Tod wird er auf ewig verschlingen und die Tränen von allen Angesichtern abwischen. Denn siehe, ich will einen neuen Himmel und eine neue Erde schaffen.

Das ist nachzulesen bei den Propheten Jesaja und Micha, die Verheißung, von der die jüdische Religion lebt bis auf den heutigen Tag.

24 – Die Sozialordnung Gottes

Die Exodusgeschichten sind das Zentralmassiv der Bibel. Sie bergen den Ursprung der Idee, dass ein gerechter, gütiger Gott, der es gut mit den Menschen meint, in die Geschichte eingreift, sich ein Volk erwählt und fortan durch dieses Volk in der Welt handelt. Das Zentralmassiv hat zwei Spitzen, zwei Lehrstücke, die untrennbar zusammengehören: Das erste Lehrstück, der Exodus aus Ägypten, handelt von der Emanzipation, der Befreiung aus aufgezwungener Knechtschaft, aber das zweite Lehrstück sagt: In bloßer Emanzipation kann man nicht verharren. Bindungslos kann man nicht durchs Leben gehen. Bindungslosigkeit führt zur Orientierungslosigkeit. Der Befreiung muss notwendig eine neue, selbstgewählte, freiwillig eingegangene, lebenslange Bindung folgen. Davon erzählt die Geschichte vom Bund am Sinai.

Erzählt wird natürlich in der Sprache der Mythen, mit einer ungeheuren Bildkraft. Es blitzt und donnert und kracht, die Erde bebt, Vulkane rauchen, und der Himmel verfinstert sich, es geht um Leben und Tod, Angst und Gefahr, Versuchung und Bewährung, und natürlich ist der Held der Geschichte Gott, der immer hilft, *mit mächtiger Hand und ausgerecktem Arm und mit großem Schrecken, durch Zeichen und Wunder*, und seinem Volk vorauszieht, am Tag in einer Wolkensäule, nachts in einer Feuersäule, und der nun, nachdem er bisher immer nur Mose erschienen war, dem ganzen Volk erscheinen will, um ihm den Eid abzunehmen, es für immer an sich zu binden.

Das Volk versammelt sich am Fuß des Berges Sinai – die erste Gemeindeversammlung der Welt. Gottes Erscheinen kündigt sich an mit Donnern und Blitzen. Eine dicke Wolke senkt sich auf den Berg, und zu hören ist der Ton einer starken Posaune. Rauch steigt auf. Feuer dringt durch die Wolke. *Der Posaune Ton ward immer stärker.* (2 Mose 19,18) Der Berg zittert, die Erde bebt. Oben, am Gipfel, ist Gott angekommen.

Gott ruft Mose. Der steigt hinauf.

Als Mose wieder hinabsteigt zu seinem Volk, mit zwei Tafeln in der Hand, ist die Welt eine andere.

Zu Recht zittern ab jetzt die Herrscher dieser Welt, zu Recht fürchten sie Versammlungen des Volkes, zu Recht lassen sie das Volk bespitzeln, damit sie »Zusammenrottungen« schon im Vorfeld zerschlagen können, denn was Mose da in seinen Händen hält, diese zwei Tafeln, von Gott selbst geschrieben, stürzt alles um, was bisher galt.

Bisher galt das Rudel- und Urhordenprinzip. Es hatte sich als für das Überleben vorteilhaft erwiesen, eine Hierarchie auszubilden, mit einem Rudelführer an der Spitze und einem Underdog und Sündenbock am unteren Ende. Rudelführer wird, wer die größte Beute macht.

Nach diesem natürlichen Prinzip haben auch die ersten menschlichen Urhorden funktioniert, und später, als man sesshaft geworden war, Ackerbau und Viehzucht betrieb, Lesen und Schreiben lernte, wurde das Prinzip nicht abgeschafft, sondern fortentwickelt, verbessert, kultiviert und perfektioniert. Priester verliehen jetzt dem Prinzip die religiöse Weihe, beschrieben das Natürliche als göttlich. So bildeten sich ab etwa dem fünften Jahrtausend vor Christus die ersten Hochkulturen in Mesopotamien, Ägypten, Indien und China. Aus ihnen entstanden die ersten Weltreiche. Sie wurden wieder zerstört und gingen unter, wenn in der Nachbarschaft ein besserer Rudelführer heranwuchs, der sich beim Beutemachen raffinierterer Herrschaftstechniken bediente, klügerer Taktik, intelligenterer Strategien und modernerer Waffen.

Nachdem Gott diesem gegenseitigen Sich-Bekriegen und Erobern und Vernichten ein paar Jahrtausende lang zugeschaut hatte, sagte er: Ich will mir ein Volk erwählen, das der Welt zeigt, dass es eine intelligentere Lösung gibt.

Diese Lösung trug Mose mit seinen zwei Tafeln vom Berg herunter. Man muss, um heute noch ermessen zu können, was das damals bedeutet hat und heute noch bedeutet, die biblischen Texte frei in unsere Sprache übersetzen. Und in dieser Sprache hat Mose den ehemaligen Sklaven sinngemäß gesagt: Ihr seid freie Wesen. Ihr könnt wählen, ob ihr eurer inneren Natur gehorchen wollt, ob ihr euch von euren Genen und euren Wünschen nach Geld, Macht und Sex versklaven lassen wollt, oder ob ihr dem Pharao in euch den Gehorsam aufkündigt. Ihr seid in der Lage, euch frei zwischen zwei grundverschiedenen Prinzipien zu entscheiden. Ihr könnt dem Ruf der Urhode und euren Trieben folgen oder euch aus freiem Entschluss an andere Ziele binden, an Gerechtigkeit beispielsweise, Gleichheit oder Achtung und Respekt vor dem anderen. In dieser Wahlfreiheit liegt der Unterschied zwischen Mensch und Tier. Und die Möglichkeit von Würde. Jetzt entscheidet.

Und Israel entschied sich. Gegen den Zwang der Natur. Für die Freiheit Gottes. Zum ersten Mal in der Geschichte gab es Freiheitskämpfer, die nicht deshalb rebellieren, damit sie sich nach erfolgreicher Rebellion selber zu Herren über die anderen aufschwingen, sondern damit dieses ewige übereinander Herrschenwollen ein für alle mal aufhört. Dies ist gemeint, wenn vom *Gesetz*, der *Tora*, die Rede ist.

Wir haben uns angewöhnt, unter Gesetz die zehn Gebote zu verstehen und die vielen Rechts- und Kultvorschriften, aus denen das Alte Testament besteht. Wir vermögen in diesen Geboten kaum etwas anderes zu erkennen als die israelische Variante des auch in anderen Völkern gemachten Versuchs, die Regeln für das Zusammenleben der Menschen auf eine vernünftige Basis zu stellen.

Das ist zunächst auch so. Und doch ist es darüber hinaus noch ganz anders. Was uns heute als Israels Gesetz in der Bibel vorliegt, ist natürlich nicht im zwölften Jahrhundert vor Christus gleich nach der Flucht aus Ägypten Mose von Gott am Berg Sinai auf zwei Tafeln überreicht worden. Das Gesetz ist auch kein Produkt der Flüchtlinge, das sie in der Wüste und danach fertig konzipiert haben. Diese ganze Sinai-Geschichte ist schon wieder Mythos, eine spätere Konstruktion. Es wurde ja schon gesagt, dass die Tora in einem langen, über Jahrhunderte sich erstreckenden Prozess aus zuerst mündlichen Überlieferungen entstanden und dann zwischen dem zehnten und vierten vorchristlichen Jahrhundert schriftlich fixiert worden.

Und natürlich hat Israel dabei nicht bei Null angefangen. Schon in den ersten mündlichen Überlieferungen stecken außerisraelische Einflüsse, Erfahrungen der anderen Völker, Weisheiten älterer Kulturen. Das junge Israel bedient sich aus dem Vorhandenen, prüft es, übernimmt, was es für gut hält, scheidet aus, was es nicht brauchen kann, ergänzt den Rest durch immer mehr Eigenes, lässt sich dabei traumwandlerisch sicher von den Ägypten- und Wüstenerfahrungen leiten und formt daraus sein spezifisch israelisches Gesetz, das sich am Ende dann doch signifikant von den Regeln der anderen unterscheidet.

Und in diesem Unterschied liegt die Pointe, um derentwillen man vielleicht doch lieber Christ als Buddhist oder Hinduist ist. Am Ende wird da nämlich in Stein gemeißelt: Die Herrschaft von Menschen über Menschen muss ein Ende haben. Gott soll über alle herrschen, nur er allein. Er allein soll verehrt werden, kein König, kein Priester, kein Götze soll ihm Konkurrenz machen dürfen. Alle sind gleich. Es darf keine Armen geben. Gerechtigkeit soll herrschen. Dieser Gedanke ist so neu und unerhört und so folgenreich, dass der Bundesschluss unter Donner, Rauch, Blitz und ein vulkanisches Beben tatsächlich das angemessene Bild für diesen Vorgang ist.

Die neue Ordnung, an der das Volk seit dem Zug durch die Wüste arbeitet, schält sich im Lauf der Zeit immer mehr als Gegenmodell zu Ägypten und den kanaanäischen Königsdiktaturen heraus. Alles, was sich dieses Volk als neue Regel setzt, läuft in der Begründung regelmäßig auf die Erinnerung an Ägypten hinaus nach dem Schema: In Ägypten war es so, und darum machen wir jetzt in Israel das Gegenteil.

Ich bin Jahwe, dein Gott, der dich aus Ägypten herausgeführt hat aus dem Sklavenstaat (5 Mose 5,6), so werden die zehn Gebote eingeleitet, und schon dadurch bekommen diese Gebote einen anderen Charakter und haben eine andere Intention als ähnliche Gebote in anderen Kulturen.

»Wenn dich morgen dein Sohn fragt: Warum haltet ihr euch an die Satzungen, Gesetze und Rechtsbestimmungen, unter die der Herr, unser Gott, euch gestellt hat?«, dann sollst du deinem Sohn antworten: »Wir waren Sklaven des Pharao in Ägypten, und es war der Herr, der uns mit starker Hand aus Ägypten geführt hat.« (5 Mose 6,20–21) So, sagt Gott, sollt ihr eure Kinder lehren, und diese sollen es ihren Kindern weitersagen. Und so wird es seit drei Jahrtausenden gemacht bis auf den heutigen Tag.

Das einst versklavte Volk hatte erkannt: Die Herrschaft der Starken über die Schwachen ist eine Folge der natürlichen Ungleichheit zwischen den Menschen. Es wird immer Menschen geben, die intelligenter, fleißiger, größer, schöner als die anderen sind und ihren Platz an der Sonne haben, während die anderen im Dunkeln stehen. Aber vor Gott sind alle gleich. Daraus leitet sich die unerhörte, zu allen Zeiten als widernatürlich diffamierte Forderung ab: Für jeden muss es einen Platz an der Sonne geben. Die Behauptung, der Platz reiche nicht für alle, wird als propagandistische Lüge derer entlarvt, die möglichst viel davon für sich allein beanspruchen.

In Ägypten fühlten sie sich wehrlos, schwach und fremd. Dort hatten sie erfahren, dass sich die Menschheit in zwei Klassen teilt: in jene, die die Peitsche schwingt, und in jene, über die sie geschwungen wird. Treten oder Getretenwerden, Gewinnen oder Verlieren, Hammer oder Amboss sein – gegen diese scheinbar natürliche Ordnung der Welt setzte Israel sein großes »Hier nicht!« Darum gilt jetzt das Gesetz: *Den Fremdling sollst du nicht bedrängen noch bedrücken; denn ihr seid auch Fremdlinge gewesen im Land Ägypten.* (2 Mose 22,20) Und: *Ihr sollt keine Witwen und Waisen bedrücken.* (2 Mose 22,21) Wenn ein Schuldner dem Gläubiger das einzige Obergewand als Pfand gegeben hatte, so musste der Gläubiger das Pfand vor Sonnenuntergang wieder zurückbringen, damit der Schuldner in der Nacht nicht friere. Tags darauf durfte das Gewand vom Gläubiger wieder zurückgefordert werden, bis zum nächsten Sonnenuntergang.

Es darf keine Armen, keine Unterdrückten und keine Benachteiligten mehr geben in der neuen Welt, die jetzt entsteht. Der Wüste, dem Normalzustand, will dieses Volk eine Oase abtrotzen, deren Regel der Ausnahmezustand sein wird. Dazu erfand Israel das »Sabbatjahr«, ein sensationelles Instrument der Sozialpolitik. Alle sieben Jahre musste den Schuldnern die Schuld erlassen und die Verteilung des Ackerlandes neu verlost werden. Danach konnte das Monopoly von neuem beginnen, aber nach sieben Jahren erhielt der Verarmte zurück, was er an den Reichen verloren hatte. So bekämpfte Israel die Macht des Schicksals.

Wer heute die Praktizierung dieser Methode vorschlüge, liefe Gefahr, in die Psychiatrie eingeliefert zu werden. Man stelle sich nur einmal vor, jemand würde fordern, am Starnberger See sollten alle sieben Jahre die Seegrundstücke neu verteilt werden. Oder wenigstens, die Erben sollten den Platz am Ufer der Allgemeinheit zurückgeben.

Was damals vor 3.000 Jahren Gesetz war, gilt heute unter Marktscholastikern, Bankern, Topmanagern und sogenannten Realpolitikern als lächerliche Sozialromantik. Dieser gut gemeinte religiöse Schmonzes sei die sicherste Garantie für Misserfolg, höhnen die Realisten dieser Welt und haben sich dafür das Niedermach-Wort »Gutmensch« ausgedacht, um damit jede utopische Vorstellung von einer anderen Welt niederzuknüppeln und die Menschheit auf ewig ans Diktat ihrer Gene und ihrer Herkunft aus der steinzeitlichen Urhorde zu ketten. Wer Erfolg haben will, muss die Erfolgsgesetze beachten, und diese belohnen den Stärkeren, Schnelleren, Skrupelloseren, Trickreicheren und Ellenbogen-Einsatz Beherrschenden, glauben die sogenannten Realisten.

Aber was ist Erfolg? Kann vielleicht irgendeiner der spöttisch grinsenden Realpolitiker oder Marktscholastiker auf ein Unternehmen verweisen, das seit seiner Gründung nach den jeweils gültigen Weisheiten der Realisten geführt wird und, wie das jüdisch-christliche Unternehmen, seit 3.200 Jahren besteht? Dieses Unternehmen hat Erdbeben, Vulkanausbrüche, Päpste, Kaiser, Könige, Weltkriege, Inflationen, Revolutionen, Seuchen, Diktaturen, Börsenzusammenbrüche, Staatsbankrotte und Untergänge überstanden. Wie hoch ist denn die Halbwertzeit der betriebswirtschaftlich geführten Welt-Unternehmen, wie alt sind die ältesten existierenden Staaten, Völker und Nationen, wie alt die ältesten existierenden Kulturen?

In der 3.200 Jahre alten, von Anfang an verhöhnten und verspotteten altisraelischen Sozialordnung muss ein Überlebenscode stecken, der allem Hohn und Spott getrotzt hat. Wenn die Menschheit auf diesem Planeten ohne größere Katastrophen überleben will, wird sie diesen Code nicht ignorieren können.

Aus ihrem alten Leben in Ägypten kannten die israelischen Rebellen die bewunderungswürdigen Kulturleistungen der alten Völker, sie kannten aber auch den Preis: Es war ihr Schweiß, ihr Blut, ihre Gesundheit, ihr Leben, das für den Bau dieser großartigen Kultur verbraucht wurde. Kultur war immer nur möglich auf der Basis einer ausgebeuteten, selber von Kultur ausgeschlossenen Masse. Noch Friedrich Nietzsche hielt das für eine Art Naturgesetz. Kultur ist für ihn an Aristokraten gebunden, die über freie Zeit, Muße, Geld und Macht verfügen. Kultur erfordert Bildung und Geschmack. Diener, Lakaien, Sklaven haben das nicht, und darum brauche man sie mit sozialen Wohltaten nicht zu behelligen, meinte Nietzsche.

Schon jene ehemaligen Sklaven haben, als sie sich ihrer Fesseln entledigten, darüber nachgedacht, ob das stimmt. Und ihre Antwort war der Sabbat. *Sechs Tage sollst du arbeiten und alle deine Werke tun. Aber am siebenten Tag ist der Sabbat des Herrn, deines Gottes. Da sollst du keine Arbeit tun, auch nicht dein Sohn, deine Tochter, dein Knecht, deine Magd, dein Rind, dein Esel, all dein Vieh, auch nicht der Fremdling.* Und wieder geht es nicht ohne die stereotype Erinnerung: *Denn du sollst daran denken, dass auch du Knecht in Ägyptenland warst und der Herr, dein Gott, dich von dort herausgeführt hat mit mächtiger Hand und ausgerecktem Arm.* (5 Mose 5,13–15)

Sechs Tage in der Woche arbeitete Israel. Ganz Israel. Es gab keine Oberschicht, die der Arbeit enthoben war. Sechs Tage in der Woche gehörte ganz Israel zur Unterschicht. Aber am siebten Tag gehörte ganz Israel zur Oberschicht, war jeder und jede ein Herr und eine Herrin, sogar der Knecht und die Magd, ja sogar die Tiere.

Am Sabbat erinnerte sich ganz Israel seiner Geschichte. Man erzählte einander, las in alten Texten, versammelte sich öffentlich. Keiner wurde ausgeschlossen. Bildung für alle war nie ein erklärtes Ziel, sondern eine Nebenwirkung der gemeinsamen Sabbatheiligung. Durch sie lernte das ganze Volk, dass es sich Voraussetzungen verdankt, die es selbst nicht geschaffen hat und selbst niemals schaffen kann.

Darum stehen der Sabbat und der Sonntag stellvertretend für alles Humane, alles Soziale, alles Recht, das der von Natur aus barbarischen Wirklichkeit seit dem Exodus abgetrotzt wurde und immer wieder neu abgetrotzt werden muss. Im jüdischen Sabbat und im christlichen Sonntag steckt der Überlebenscode, und wer den Sonntag abschafft, weil er dessen Sinn nicht mehr versteht, ihn daher als Wettbewerbshindernis betrachtet und als verlorenen Arbeitstag verrechnet, verrechnet sich fundamental und bringt sich um seine Zukunft.

Die aus dem Machtbereich der kanaanäischen Stadtkönige geflohenen Gruppen, die als unterdrückte Bauern unter der Knute der Zinsknechtschaft gelebt und sich daraus befreit hatten, lassen ihre Erfahrungen in ein Zinsverbot einfließen: *Wenn dein Bruder verarmt neben dir und sich nicht mehr halten kann, so sollst du ihm Hilfe leisten, er sei ein Fremdling oder Beisasse, damit er bei dir leben kann. Du sollst ihm dein Geld nicht auf Zins geben noch deine Nahrungsmittel um einen Wucherpreis.* (5 Mose 29,10–11)

Sogar das Recht auf Unverletzlichkeit der Wohnung war bei diesem eigenwilligen Volk schon eingeführt, und zwar schärfer, als wir es kennen. Gerichtsvollzieher hätten in Israel keine Chance gehabt, ins Haus zu kommen: *Wenn du deinem Nächsten irgendein Darlehen gewährst, so sollst du nicht in sein Haus gehen, um ihm ein Pfand abzunehmen, sondern draußen stehen bleiben. Der, dem du borgst, soll das Pfand zu dir herausbringen.*

Durch manche Vorschriften der Tora schimmert noch heute eine unüberbietbare Menschlichkeit: Ein Mann, der gerade erst geheiratet hat, darf nicht zum Wehrdienst eingezogen werden, weil der Dienst an seiner Familie wichtiger ist und er seine Frau erfreuen soll.

Dass zu den Opfermahlzeiten die Armen, Fremden, Witwen und Waisen eingeladen werden mussten, war eine unerhörte Neuerung, deren Bedeutung wir satten Wohlstandsbürger gar nicht mehr richtig ermessen können. Sogar die besser gestellten Handwerker und Bauern konnten sich gebratenes und gekochtes Fleisch nur zu besonderen Anlässen leisten, die ärmeren überhaupt nicht. Aber bei den Schlachtopfern, bei denen ein kleinerer Teil verbrannt und der größere Teil gegessen wurde, kamen die Armen in den Genuss von Fleisch und machten dadurch die Erfahrung, dass Gott tatsächlich alle satt macht und die Feste zu Ehren Gottes wirklich mit Genuss und Freude verbunden sind.

Der Sinn des Sabbats lag nicht nur im Ausruhen, nicht nur in der Erinnerung an die Befreiung aus Ägypten und nicht nur in der regelmäßigen Selbstvergewisserung Israels als Volk Gottes, sondern vor allem in dessen Alleinverehrung. *Du sollst dich nicht vor anderen Göttern niederwerfen und dich nicht verpflichten, ihnen zu dienen.* (2 Mose 20,5) Das ist das erste Gebot, die zentrale Dienstvorschrift des Volkes Gottes, um die herum die Tora wuchs.

Das ist nicht bloß ideell oder spirituell gemeint, sondern ganz materialistisch. Den Gegensatz zwischen Sonntagsreden und Alltagshandeln gibt es hier nicht. Was am Sabbat gesagt wird, muss werktags gemacht werden. Eine zweigeteilte Wirklichkeit, wie sie bei uns heute üblich ist – zu Hause in der Familie und in der Freizeit bin ich Christ und diene Gott, draußen in der Welt und im Job stehe ich unter einem anderen Gesetz, bin Profi und Heide und diene meinem renditeorientierten Unternehmen –, war in Israel undenkbar. Man kann nicht zwei Herren gleichzeitig dienen. Weil das nicht sein darf, muss auch das Unternehmen dienstverpflichtet und Gott unterstellt werden, und dieses wäre dann etwas völlig anderes als der Betrieb, den wir Marktwirtschaft oder Kapitalismus nennen und dem zu dienen die meisten von uns verpflichtet sind. Darum handelt es sich bei der jüdisch-christlichen Botschaft auch heute noch um eine höchst subversive Botschaft. Unsere heutige Art des Wirtschaftens hat vor dieser Botschaft keinen Bestand.

Ein Leben unter Gott darf keinen Bereich der Wirklichkeit aussparen. Es geht ganz materiell und diesseitig zur Sache. Der Bund mit Gott ist keine Angelegenheit des bloß Geistigen, Innerlichen, das sich ins Jenseits hinüberspiritualisiert oder sich in Herz und Gewissen hinein verflüchtigt. Er ist keine Angelegenheit eines ethisch hochstehenden Bewusstseins und einer skrupulös-moralischen Lebensführung und auch keine der bloßen Ästhetik. Vielmehr muss dieser Bund sich in der Welt in materiell wahrnehmbaren Strukturen manifestieren. Eine schöne Liturgie und eine künstlerisch anspruchsvolle Messe, die das Herz des Ästheten höher schlagen lässt, mag eine hübsche Sache sein, aber wenn ihr keinerlei Realität entspricht, wenn die Welt da draußen eine ganz andere ist als die Welt, die da drinnen in der Kathedrale zelebriert wird, ist die schönste Messe wertlos, kann man das Singen und Beten und Weihrauchschwenken auch bleiben lassen und bildet das formlos-armselige Geklampfe eines protestantischen Allerwelts-Gottesdienstes die Realität ehrlicher und realistischer ab als der Pomp und das strenge Zeremoniell einer lateinischen Messe.

Es geht um den Aufbau einer neuen Weltordnung, nicht um die Befriedigung religiöser Gefühlchen, kultureller Bedürfnisse oder ästhetischer Ansprüche blasiert-intellektueller Traditiona-listen. Was Gott von bloßer Religionsausübung, heiligen Festen, Wallfahrten, Pilgerreisen, Kirchgängen, Prozessionen, Reliquien, Kulthandlungen, Gesängen und dem liturgisch perfekten Herunterbeten frommer Litaneien hält, wenn es im Alltag der Frommen nicht stimmt, hatte schon der Prophet Amos vor 2.250 Jahren formuliert: *Ich hasse, ich verachte eure Feste und mag eure Festversammlungen nicht riechen! Wenn ihr mir gleich euer Brandopfer und Speisopfer darbringt, so habe ich kein Wohlgefallen daran, und eure Dankopfer von Mastkälbern schaue ich gar nicht an. Tue nur weg von mir das Geplärr deiner Lieder, und dein Harfenspiel mag ich gar nicht hören! Es soll aber das Recht daherfluten wie Wasser und die Gerechtigkeit wie ein unversiegbarer Strom!* (Amos 5,21–24)

Kümmert euch zuerst um eine gerechte Weltordnung, und danach berauscht euch meinetwegen an schönen Messen, sagt Amos, der viele seiner Zeitgenossen in tiefster Armut leben sieht, während die Reichen sich auf *elfenbeinverzierten Polsterbetten* räkeln, das zarte *Fleisch von Lämmern und Mastkälbern essen* und *den Wein kübelweise trinken* (Amos 6,3–6). Er spricht auch aus, dass dieser Reichtum nicht in jedem Fall ehrlich erworben wurde, sondern durch Betrug – Fälschung der Waage, Verringerung des Maßes, Beimischung von Spreu unter den Weizen – zustande gekommen ist.

Darum besteht die Tora nicht nur aus Kult-, sondern auch aus Alltagsvorschriften. Die Steuern, die Gerichtsbarkeit, das Erbrecht, die soziale Fürsorge und die kommunale Organisation sind ebenso ein Thema wie die Behandlung des Viehs, der Bau von Dachterrassen, die Rasur, der Haarschnitt, die Zubereitung von Speisen, das gerechte Wiegen oder eine Verordnung über Vogelnester. Israel muss wissen, was von morgens bis abends zu tun ist, um das große Ziel zu erreichen, und eben dafür gibt es die Tora, das neue Gesetz.

Es ist kaum vorstellbar, dass dieses Gesetz so entstanden ist, wie es in der Bibel erzählt wird. Es ist nicht sehr wahrscheinlich, dass Mose von einem Berg heruntergekommen ist, mit zwei Tafeln in der Hand, und dem Volk gesagt hat: Hier steht das Gesetz Gottes, und jetzt will er von euch wissen, ob ihr es annehmt. Es ist nicht einmal gewiss, ob Mose überhaupt jemals wirklich existiert hat. Daher ist es eigentlich auch ausgeschlossen, dass ein ganzes Volk sagt: Wir sind ein demokratischer und sozialer Rechtsstaat.

Und doch steht genau dies im Grundgesetz der Bundesrepublik Deutschland und in zahlreichen anderen Verfassungen demokratischer Länder. Es hat eine Weile gedauert, bis die Sinaigesetze bei uns angekommen sind und ihnen Geltung verschafft wurde. Aber jetzt existieren sie wirklich, obwohl wir nicht genau sagen können, wie es dazu gekommen ist.

Könnte es nicht doch daran liegen, dass ein Gott seine Hand im Spiel gehabt hat? Wenn nicht, ist es eigentlich ein Wunder.

25 – Israels erste Intellektuelle und ihre große Erzählung

Im fünften vorchristlichen Jahrhundert haben sich ein paar jüdische Intellektuelle zusammengesetzt und die Weltgeschichte umgeschrieben. Das Ergebnis war eine erste Aufklärung.

Sie begannen mit dem Satz: *Am Anfang schuf Gott den Himmel und die Erde.*

Und sie fuhren fort: *Die Erde aber war wüst und leer, Finsternis lag über dem Urmeer und der Geist Gottes schwebte über dem Wasser. Da sprach Gott: Es werde Licht, und es ward Licht.* In diesem Duktus schrieben sie weiter, bis zum siebten Tag, dem göttlichen Ruhetag. Und auf der Erde wurde es hell.

Wir wissen nicht, wer diese Intellektuellen waren, sehr wahrscheinlich waren es Priester und Schriftgelehrte, die das gesamte bis dahin zur Verfügung stehende Material ihrer Kultur gesichtet, geordnet, redigiert, einer Revision unterzogen und zu einem großen Ganzen zusammengefügt haben, zur Geschichte ihres Volkes von den Anfängen der Welt bis in ihre Gegenwart.

Einen Schöpfungsmythos hatten sie schon. Sie hielten es für notwendig, einen neuen zu schreiben und diesen dem alten voranzustellen. Daher haben wir zwei Schöpfungsberichte in der Bibel. Der neue Bericht erzählt die Geschichte sachlicher, systematischer, näher am tatsächlichen Geschehen. Zuerst werden die Voraussetzungen des Lebens erschaffen, Licht und Finsternis, Tag und Nacht, Wasser und Land, Sonne, Mond und Sterne, dann erst das Leben, die Pflanzen, das Gras, die Tiere des Wassers, der Erde und der Luft, ganz zuletzt Adam und Eva.

In die Weltgeschichte hat das eingeschlagen wie eine Bombe. Warum das so war, warum es sich bei diesem für uns altbekannten, heute kaum noch jemand vom Hocker reißenden Text überhaupt um eine Bombe handelte, kann man nur ermessen, wenn man die Vorgeschichte kennt und sich die Zeit vergegenwärtigt, in der das geschrieben wurde.

Schöpfungsmythen gab es schon lange. Sie erzählten alle irgendwie dasselbe und haben sich vermutlich aus einer – von heute aus gerechnet – 3.900 Jahre alten Urform, dem babylonischen »Enuma elisch« entwickelt. Nach dieser viele Seiten verschlingenden feierlichen Dichtung entstand die Welt durch ein kosmisches Drama, in dem plötzlich ein Götterpaar aus dem Nichts auftaucht, sich vermählt und weitere Götter und Göttinnen zeugt, die mit jeweils einer das Sein konstituierenden Macht oder Wesenheit identisch sind – die Erde, der Himmel, die Unterwelt, das Land, die Schönheit, der Krieg, die Rache, der Sturm, die Sonne, das Meer, der Blitz, der Eros, der Thanatos.

Die Götter ähneln den Menschen, lieben sich, hassen sich, verbünden sich, entzweien sich, trachten einander nach dem Leben, freien, morden, rächen sich, pflanzen sich fort, kämpfen um Macht und Einfluss, verwandeln sich in Furien, Drachen und Dämonen, lassen es blitzen, donnern, krachen und stürmen, erscheinen mit Gefolgen aus Hunden, Löwen, Sphinxen und Zentauren, und aus diesem göttlichen Treiben entsteht, wie nebenbei, die Welt.

Im babylonischen Mythos zieht ein Gott namens Marduk in den Krieg gegen seine Feindin Tiamat, spaltet ihren Schädel, durchschneidet ihre Adern, schlägt am Ende den Leichnam entzwei und macht aus der einen Hälfte den Himmel und aus der anderen die Erde. Seine göttlichen Mitstreiter belohnt er mit Himmelspalästen, weist jedem eine Aufgabe zu und macht sich schließlich daran, die Menschen zu erschaffen, damit sie den Göttern dienen. Aber dazu braucht er einen weiteren Feind, Kingu, »seine Adern durchschnitt er, aus seinem Blute schuf er die Menschheit«.

Dieses Urmodell eines Schöpfungsmythos wird in seinen verschiedenen Ausformungen noch lange das Weltbild der antiken Menschen bestimmen, auch das griechische. Rund ein Jahrtausend nach der ersten Niederschrift des »Enuma Elisch« schreibt der Dichter Hesiod die griechische Variante. Die Götter heißen anders, ihre Zahl ist größer, ihr Treiben bunter, aber was immer auch über sie erzählt wird, es bleibt im Schema des babylonischen Mythos.

Nach diesem Schema sind Mensch und Welt das Ergebnis gewaltiger Zeugungsorgien und bluttriefender Götterausschweifungen. Einen Plan für die Welt und ein Ziel für die Menschen haben die Götter nicht. Allenfalls als Sklaven dürfen die Menschen den Göttern dienen. So etwas wie Zuneigung oder gar Liebe zu den Menschen ist von den Göttern nicht zu haben. Sie sind stets nur mit sich selbst beschäftigt, das menschliche Treiben interessiert sie nur am Rande.

Man kann davon ausgehen, dass den jüdischen Priestern diese Mythen bekannt waren. Ihnen setzen sie ihren eigenen Mythos entgegen, den großen Widerspruch eines kleinen, jungen Volkes gegen alles, was den alten, mächtigen, sie umgebenden Völkern seit Jahrtausenden heilig ist. Es ist eine Provokation, liest sich wie das Manifest einer revolutionären Künstlertruppe, die sich vorgenommen hat, ein neues Zeitalter einzuläuten. Den anderen muss es als Blasphemie erscheinen, und die priesterliche Intellektuellentruppe weiß das. Gerade deshalb, in dem vollen Bewusstsein, allen Autoritäten und geheiligten Traditionen zu widersprechen, schreiben diese ersten jüdischen Intellektuellen ihren Gegenmythos.

Schon seine Form ist anders: Prosa statt Poesie. Eine schöne, gewiss auch feierliche Prosa, aber alles andere als ein Gedicht oder Gesang. Knapp und nüchtern wird gesagt, was zu sagen ist. Kein kosmisches Drama entfaltet sich, keine Göttersippen trachten einander nach dem Leben.

Drachen, Halbgötter, Dämonen oder Kopfgeburten müssen nicht mehr die Erzählung in Gang halten. Götter, Sphinxe, Zentauren, Stürme, Donner, Blitz, das ganze mythologische Personal samt zugehörigem Fundus ist wie altes Gerümpel auf dem Müllhaufen der Geschichte gelandet. Der Götterhimmel ist leer. Da oben thront nur noch einer, der wirkliche, der wahre Gott. Er, dem niemand dreinreden kann, erschafft die Welt nach seinem Plan. Er muss nicht zeugen und gebären oder, wie der altägyptische Gott Re-Atum-Chepri, masturbieren oder spucken, um aus sich selbst weitere Götter zu generieren. Der neue Gott ist ein wirklicher Souverän, der durchs bloße Wort regiert. Was er will, spricht er aus. Was er spricht, geschieht. Niemand kann es ihm verwehren. Und außerdem ist er den Menschen herzlich zugetan.

Himmel und Erde, Sonne, Mond und Sterne, Wasser und Meer, die Naturgewalten und die Schicksalsmächte – in den alten Mythen stets heilig und unantastbar, weil identisch mit den jeweiligen Göttern, die eifersüchtig wie Ressortleiter ihr jeweiliges Revier hüten – sind entgöttlicht und entweiht. Die Erde ist die Erde und nicht zugleich auch noch die Göttin Gaia, vor der man sich fürchten muss. Die Sonne ist die Sonne und nicht zugleich auch noch der Sonnengott Re, den man anbeten muss. Die Sterne sind keine Götter, denen man opfern muss, sondern Lampen, die einem gefälligst zu leuchten haben.

Welt und Natur sind weltlich. Göttlich ist allein Gott. Die Nutzung der Natur für menschliche Zwecke ist freigegeben, der Grundstein für die planmäßige Erforschung der Welt gelegt. Ihre Beherrschung kann beginnen und ist kein Frevel, sondern göttliches Gebot.

Eine gewisse Arroganz derer, die das schrieben, ist nicht zu übersehen. Als kleiner unbedeutender Newcomer unter großen alten Völkern einfach deren heilige Texte zu negieren und kurzerhand die ganze Weltgeschichte umzuschreiben, dazu braucht es ein großes Selbstbewusstsein. War es das Selbstbewusstsein junger Rebellen, die sich darin gefielen, Hohn und Spott auszugießen über jene altehrwürdigen Geschichten, die bei den mächtigen alten Völkern ringsum immer wieder feierlich verkündet werden? Haben die jungen Rebellen gotteslästerliche Reden geführt, als sie die Geschichte neu schrieben? Haben sie sich dabei genossen?

Ich würde es mir, nicht ungern, so vorstellen, wenn ich nicht wüsste, dass es anders war. Die Schreiber wurden nicht von Übermut getrieben. Ihnen war nicht nach Spott zumute. Überheblichkeit war das Letzte, was sie zur Feder greifen ließ. Es ging, wieder einmal, ums Überleben, als sie aufzuschreiben begannen, was ihnen als wahr erschien. Es ging um den Fortbestand ihrer Kultur.

Seit David und Salomo befand sich Israel als politische Macht auf dem absteigenden Ast. Das Reich war zerfallen in die zwei Teilstaaten Israel und Juda. Einer der beiden, Israel, wurde 722 von den Assyrern erobert. Diese deportierten die Oberschicht ins assyrische Großreich, bemächtigten sich des israelischen Landes, brachen den Widerstand der dort Verbliebenen, förderten deren Vermischung mit anderen Völkern. Israel verschwindet aus der Geschichte. Übrig blieb Juda, das im Spiel der Großmächte geschickter taktierte und daher vom Schicksal Israels – zunächst – verschont wurde.

Um das Jahr 600 v. Chr. ändern sich die politischen Machtverhältnisse im judäischen Umfeld. Die Assyrer steigen ab, Ägypten zerfällt, Babylon mit seinem König Nebukadnezar steigt auf. Er wird Juda ausradieren. Im Jahr 597 überfällt er raubend und plündernd das Land, nimmt Jerusalem ein, deportiert den König, den Adel, die Priester, Handwerker und die Soldaten. Über die Restbevölkerung setzt er einen judäischen Vasallen, Zedekia, ein, der jedoch eine Verschwörung gegen Nebukadnezar anzettelt, und daraufhin zieht dieser mit seinem Heer 587 v. Chr. nach Jerusalem, belagert es und fällt schließlich mordend und brandschatzend in die Stadt ein. Er zerstört den Königspalast und den Tempel, entführt weitere Teile der judäischen Bevölkerung nach Babel, hält Judas letzten König Jojachin gefangen, foltert ihn, blendet Zedekia und tötet dessen Söhne. Vierhundert Jahre judäischer Geschichte enden in Feuer, Tod und Zerstörung.

Normalerweise hätte hier die Geschichte der ehemaligen ägyptischen Sklaven enden müssen. Normalerweise bedeutet eine solche Verheerung eines Landes und des zugehörigen Volkes dessen Untergang. Normalerweise hätte der Auslöschung Israels nun die Auslöschung Judas folgen müssen.

Aber etwas ganz anderes geschieht. Das Volk, und das ist einmalig in der Weltgeschichte, überlebt seinen eigenen Untergang und geht erneuert daraus hervor. Sowohl die im Land verbliebenen, unter babylonischer Besatzung lebenden Judäer als auch die Exil-Judäer halten fest an ihrem Gott, vermischen sich nicht mit den Babyloniern und anderen Völkern, bleiben zusammen, erhalten sich ihre Identität, üben ihre Religion aus, aber lesen ihre alten Texte neu, überarbeiten sie, zermartern sich ihre Köpfe und kommen nach jahrzehntelanger geistiger Schwerstarbeit zu ganz neuen Schlussfolgerungen, und dadurch überleben sie.

Zwischendurch, ein halbes Jahrhundert nach der Zerstörung Jerusalems, dürfen die Deportierten wieder in ihre Heimat zurückkehren, denn auch Babylon ging unter, wurde von Persien erobert. Dessen König »erbt« die jüdischen Exilanten, benötigt diese nicht in Babel und lässt sie in ihre Heimat zurückkehren, erlaubt ihnen überdies, den Tempel wieder aufzubauen. Unter den Persern wird das ehemalige Königreich Juda zu einer selbstverwalteten Provinz unter dem Namen Jehud – und seine Bewohner heißen Jehudim, Juden.

Dieses Volk, das jetzt auf dem angestammten Territorium, wenn auch unter fremder Herrschaft, wieder zusammenleben darf, ist natürlich nicht mehr das Volk, das es ein halbes Jahrhundert zuvor gewesen ist. Geschlagen und tief deprimiert hat die Daheimgebliebenen und die Exilierten während dieses halben Jahrhunderts vor allem eine Frage gequält: Warum? Wie konnte uns das passieren? Ein Land voll Milch und Honig war uns verheißen, aus ägyptischer Knechtschaft sind wir befreit worden, unser Gott hatte Großes mit uns vor, und nun sind wir wieder Knechte, ohne Land, ohne König, ohne Tempel. Ergibt das einen Sinn?

Während dieser Jahrzehnte und erst recht danach, als die beiden Gruppen wieder zusammen waren, hat es in der jüdischen Volksseele tief rumort, haben die Gehirne der Priester und Schriftgelehrten fieberhaft gearbeitet, denn sie mussten eine Antwort finden auf diese Frage.

Lange werden sie gestritten haben über die verschiedenen Antwort-Möglichkeiten: Hat Gott sich von uns abgewandt? Wenn ja, warum? Wenn nein, warum dann diese Katastrophe? Oder war es ein falscher Gott, dem wir anhingen? Ein schwacher Gott? Die Babylonier haben seine Wohnung zerstört, den Tempel, unser Sinnzentrum. Konnte sich unser Gott der Babylonier nicht erwehren? Sind Babylons Götter stärker? Unser Gott hatte einen Bund mit uns geschlossen. Hat er ihn gebrochen? Was bindet uns noch an ihn? Warum laufen wir nicht zu Babylons Göttern über?

Sich an die Götter zu halten, die sich als stärker erwiesen haben, wäre eigentlich naheliegend gewesen. Die Kultur der Sieger zu übernehmen, sich deren Weltsicht zu eigen zu machen, von Siegern siegen zu lernen, ist das Übliche in der Geschichte.

Die jüdischen Intellektuellen verabscheuen das Übliche, verweigern sich dem Naheliegenden. Irgendwann zwischen 587 und 440 schält sich für sie eine andere Antwort heraus, eine Antwort, deren Tragweite sie in dem Moment, in dem sie gefunden war, sehr wahrscheinlich noch nicht übersehen haben.

Sie sagen: Nicht Gott hat den Bund gebrochen, wir haben ihn gebrochen. Und dafür haben wir nun die Quittung bekommen. Unser Schicksal ist selbst verschuldet.

Hatte es nicht geheißen, Gott soll unser König sein? Wir aber haben Menschen über uns gesetzt. Hatte es nicht geheißen, es dürfe keinen Armen unter uns geben? Wir aber haben die Zinsknechtschaft zugelassen, die Fron, die Unterdrückung und Ausbeutung der Schwachen. Wir wollten sein wie die anderen Völker und sind es geworden. Zu einer ganz gewöhnlichen Sklavenhaltergesellschaft sind wir geworden. Gott wollte, dass die anderen von uns lernen. Aber von uns war nichts zu lernen. Wir haben von den anderen gelernt. Gott wollte, dass wir allein ihn anbeten, aber wir sind immer wieder von ihm abgefallen und anderen Göttern nachgelaufen.

So, unter dem Blickwinkel dieser Argumentation, wird jetzt die ganze bisherige Geschichte neu reflektiert, werden die alten Texte noch einmal ganz neu gelesen, überarbeitet und neu komponiert. Jetzt erst nimmt das Alte Testament in seinen wesentlichen Teilen seine endgültige Form an, und jetzt erst vollzieht sich die Wende eines ganzen Volkes zum Monotheismus.

Und darüber wird das Alte Testament jetzt machtkritisch und königskritisch. Das frühe Bündnis von Thron und Altar wird als Ursünde identifiziert, die angebliche Blütezeit Israels unter David und Salomo nicht mehr gefeiert, sondern kritisch erzählt. Darum liest man jetzt von fast jedem König, egal ob in Juda oder Israel: *Und der König tat, was dem Herrn missfiel.*

Dann werden die gefundenen Antworten konsequent zu Ende gedacht – und münden in einen Donnerschlag der Weltgeschichte. Wenn die Zerstörung unseres Landes durch den babylonischen König Nebukadnezar die Strafe unseres Gottes für unser Versagen war, dann, so folgern Judas Priester, musste Nebukadnezar ein Werkzeug in der Hand unseres Gottes gewesen sein. Und zuvor schon musste er Herr über die Assyrer gewesen sein, und noch früher, als er uns aus Ägypten holte, auch Herr über Ägypten.

Wenn das aber so ist, dann drängt sich ein atemberaubender Gedanke auf: Dann gibt es überhaupt nur einen Gott, unseren. Die Götter der anderen existieren überhaupt nicht. Unser Gott ist der Herr über die Welt und die Geschichte, und dann muss er auch deren Schöpfer sein.

Genau das wird dem Volk nun richtiggehend eingehämmert. Das Buch Jesaja, besonders in den Kapiteln 40 bis 48, stellt Jahwe, den Gott Abrahams, Isaaks und Jakobs, als den einzigen absoluten Weltenherrscher vor, als König über alle Völker und Lenker der Geschichte. Allein im Kapitel 45 wird es innerhalb von vier Versen dreimal hintereinander allen eingebläut: *Ich bin der Herr und sonst ist keiner! … Außer mir ist keiner. … denn ich bin Gott und keiner sonst!* (Jesaja 45,18–22)

Götter heißen jetzt nicht länger Götter, sondern Götzen. Die Figuren, vor denen die anderen niederknien und beten, sind überhaupt keine Götter, sondern totes Holz, gebrannter Ton, hohles Blech, erkennen die Juden. Geradezu lustvoll geben die frischgebackenen Monotheisten die Götzenfiguren aus Holz oder Ton der Lächerlichkeit preis, polemisieren respektlos gegen die menschlichen Machwerke, die so nutzlos sind, dass man sie getrost in den Jordan werfen kann. Ganz aufklärerisch unterscheiden die jüdischen Monotheisten nun zwischen Glauben und Aberglauben, wahr und falsch, und sie ergehen sich darin, mit fast blasphemischer Häme über die Wirkungslosigkeit und Armseligkeit der selbstgeschnitzten Götter zu lästern.

Denn ein Holz ist's, das man im Walde gehauen und das der Künstler mit dem Beile zurichtet. Er ziert es mit Silber und Gold und befestigt es mit Hämmern und Nägeln, damit es nicht wackelt. Gedrechselten Palmbäumen gleich sind solche Götzen; sie können nicht reden; man muss sie tragen, denn sie können nicht gehen. Fürchtet euch nicht vor ihnen, denn sie können nicht schaden, und Gutes zu tun steht nicht in ihrer Macht. (Jeremia 10,3–6)

Unter dieser befreienden Sicht der Dinge wird jetzt die gesamte Weltgeschichte als ein einziger Handlungsstrang von der Erschaffung der Welt bis zur jüdischen Gegenwart im vierten Jahrhundert erzählt und als permanentes Handeln Gottes gedeutet. Alles, was geschah, geschah nach seinem Willen. Alles, was noch geschehen wird, wird nach seinem Willen geschehen – es sei denn, der Mensch pfuscht Gott ins Handwerk.

Von Anfang an wollte Gott im Menschen einen ebenbürtigen Partner haben. Nach seinem Bilde hat Gott den Menschen geschaffen. In seinem Sinne, aber in freier Entscheidung, sollte der Mensch sich die Erde untertan machen. Daher kommt seine Würde, daher die Idee, dass jeder Mensch gleich viel, nämlich unendlich viel, wert sei. So groß war noch nie vom Menschen gedacht worden. Vor zweieinhalb Jahrtausenden ist dieser Gedanke erstmals gedacht und für uns aufgeschrieben worden. Wie lange es doch gedauert hat, bis damit begonnen wurde, ihn zu realisieren! Und wie lange es wohl noch dauern wird, bis er auf jeden Menschen angewendet werden wird?

Ein Leben im Paradies hatte Gott für den Menschen vorgesehen. Aber auch ein Leben in Freiheit. Ihr habt die Wahl, in meinem Sinne zu handeln und euch dadurch dieses Paradies zu erhalten oder nach eurem eigenen Willen zu leben und euch dadurch das Paradies zu vermasseln, hatte Gott zu Adam und Eva gesagt.

Sie haben es sich – und uns – vermasselt.

Alles war gut, als Gott sich sein Schöpfungswerk besah. Dann entließ er sein wichtigstes Geschöpf, den Menschen, in die Freiheit. Und alles wurde schlecht.

So erzählen es jene jüdischen Intellektuellen, die damals versucht haben, in einer Geschichte, die sich ihnen als unendliche Folge von Verhängnissen und Katastrophen darstellte, einen Sinn zu sehen. Der erste Abschnitt ihrer großen Erzählung ist eine Verfallsgeschichte.

Adam und Eva bekommen zwei Brüder, Kain und Abel. Einer erschlägt den anderen. Und so geht es nun immer weiter. Gewalttat reiht sich an Gewalttat, und Gott bereut seine Schöpfung, will sie zurücknehmen, das Leben auf der Erde ausradieren, um noch einmal von vorn zu beginnen. Aber einen Gerechten gibt es, Noah. Ihn rettet er vor der Sintflut. Mit ihm will Gott von vorn beginnen und weiß doch schon: Es wird nicht besser. Es wird so weitergehen, wie es aufgehört hat. Der Mensch will nicht, wie Gott will, und richtet sich dadurch selbst, führt stets selbst sein eigenes Unglück herbei, verstrickt sich immer tiefer in Schuld und belastet damit die nachfolgenden Generationen, die für die Sünden ihrer Väter und Großväter büßen. Die Sache endet mit dem Turmbau zu Babel. Vorhang zu, erster Akt vorbei.

Zweiter Akt: Gott hat eine neue Idee.

Gott spricht zu sich selbst: Ich brauche eine Handvoll Menschen, die mir ganz gehören, mir ganz gehorchen. Ich brauche eine kleine Truppe, die lebt, wie man leben muss, damit ihr Leben gelingt. Ich brauche eine kleine Minderheit, die der Mehrheit zeigt, wie's geht. Ich brauche ein Volk. Es muss nicht groß sein. Nur über ein paar besondere Qualitäten muss es verfügen. Dieses kleine, besondere Volk soll die anderen Völker durchsäuern wie ein Sauerteig, die Suppe namens Menschheit würzen wie eine Prise Salz, im Finstern leuchten wie eine Kerze, auf seine Umgebung ausstrahlen und die Menschen anziehen und faszinieren wie eine weithin sichtbare goldene Stadt auf einem Berg. Wenn ich so ein Volk hätte, dann könnte doch noch alles gut werden mit den Menschen.

Aber woher nehmen? Wo suchen? Wie wissen, wer sich dafür eignet? Diese Truppe müsste einmütig handeln. Jeder müsste von sich selbst und seinen eigenen Interessen absehen und statt dessen an die der anderen denken. Jeder Einzelne von ihnen müsste der Versuchung widerstehen, sich über die anderen zu erheben, mehr haben zu wollen als die anderen, sich von seinen Lüsten und Leidenschaften treiben zu lassen. Jeder müsste sich selbst beschneiden, sich von seinem übergroßen Ego trennen.

Solche Menschen gibt es nicht, nirgends. Sie sind konstitutionell unfähig dazu. Sie schaffen es noch nicht einmal gegenüber den Menschen, die sie lieben, sich zurückzunehmen, nicht einmal in der Ehe und Familie. Wie sollen sie es da schaffen, sich für andere zurückzunehmen, für Fremde, für Konkurrenten, gar Feinde? Der Einzelne könnte seine Unfähigkeit zu lieben nur überwinden in einer Gruppe von Menschen, die diese Unfähigkeit bereits überwunden haben. Weil es aber keiner kann, kommt es nie zur Bildung solch einer Gruppe.

Was tun?

Ich muss es mit einem Einzelnen probieren, einem Erstling, ihm beibringen, wie's geht, auf dass er das Gelernte an die anderen und an seine Kinder weitergibt, sagt sich Gott. Anders geht es wohl nicht. Nur so geht's.

Und Gott berief Abraham. *Und der Herr sprach zu Abraham: Gehe aus deinem Vaterlande und von deiner Freundschaft und aus deines Vaters Hause in ein Land, das ich dir zeigen will. Und ich will dich zum großen Volk machen und will dich segnen und dir einen großen Namen machen, und du sollst ein Segen sein. Ich will segnen, die dich segnen, und verfluchen, die dich verfluchen; und in dir sollen gesegnet werden alle Geschlechter auf Erden.*

Und Abraham gehorcht. Zieht aus aus dem System. Der erste Exodus. An einem Punkt der Erde, mit einem einzigen Menschen, beginnt die Weltveränderung. So klein hat Gott angefangen.

Viele Generationen später landen Abrahams Nachkommen als Sklaven in Ägypten. Das musste sein. Diese Erfahrung brauchte es.

Herren, die Nutznießer von Ausbeutungs- und Sklavenhaltergesellschaften, haben kein Interesse an der Änderung der Welt. Dass auch sie in Wahrheit gar keine Herren sind, wenn sie sich von der Ausbeutung und Unterdrückung anderer abhängig machen, kapieren sie nicht. Die Dialektik von Herr und Knecht zu verstehen, dafür sind die Herren der Welt regelmäßig zu blöd.

Darum waren für Gottes Plan Sklaven nötig. Nur Menschen, die am eigenen Leib und auch an Seele und Geist erfahren haben, was es heißt, Sklave zu sein, Objekt einer blutsaugerischen, ausbeuterischen, unterdrückenden, lügenden Herrenkaste zu sein, sind offen für die Idee der Abschaffung des Kasten- und Sklavenwesens und entfalten genügend Energie, um damit auch Ernst zu machen.

Am Ende hatte die Energie dann doch nicht ganz gereicht. Fünfzehnhundert Jahre nach Abraham, siebenhundert Jahre nach Mose bekennen die Nachfahren: Auftrag nicht erfüllt. Wir haben versagt.

Zugleich sagen sie: Lasst uns wenigstens jetzt damit Ernst machen. Lasst es uns noch mal versuchen. Mit der Hilfe unseres Gottes wird es uns gelingen. Seine Verheißung gilt weiter. Lasst uns tun, was er sagt, und Himmel und Erde und überhaupt alles werden neu werden.

Weitere fünfhundert Jahre später kommt einer und sagt: So wird es nie was.

Jesus heißt der Mann, der das sagt. Der dritte Akt kann beginnen.

D

Neue Heimat

26 – Jesus

Zwölfhundert Jahre nach Mose spricht Jesus aus, was offensichtlich ist: Von der alten Utopie – Freiheit, Gleichheit, Brüderlichkeit, Wohlstand für alle, es darf keinen Armen geben, keine Herrschaft über Menschen, keine Ausbeutung, keine Unterdrückung – ist sein Volk so weit entfernt wie eh und je. Es gibt wenige Reiche und viele Arme. Zu den Reichen gehörten das herodianische Königshaus, die wohlhabenden Priesterfamilien in Jerusalem und wenige Großgrundbesitzer, die ihr Land an arme Kleinbauern verpachteten und diesen einen hohen Anteil am Ertrag abpressten. Zu den vielen Armen gehörten neben den abhängigen Pächtern und Kleinbauern die Winzer, Fischer, Schaf- und Ziegenhirten, kleine Handwerker, schließlich Tagelöhner und Bettler. Besonders verachtet von ihren jüdischen Landsleuten waren die Zöllner, weil sie im Dienst der verhassten römischen Besatzungsmacht standen, für diese Steuern, Abgaben, Zölle eintrieben und einen Teil für sich selbst abzweigten.

Zwölfhundert Jahre hat Israel Zeit gehabt, Gottes Plan zu erfüllen, aber hat ihn nicht erfüllt. Warum nicht? Seit zwölfhundert Jahren ruft Gott, lockt, hofft, liebt, zürnt, und ein kleines Volk hört das Rufen, folgt den Rufen zögerlich, bleibt stehen, enttäuscht den Rufer, fürchtet dessen Zorn, flieht ihn, nähert sich ihm wieder, aber den alles entscheidenden letzten Schritt in sein Reich, in die ganz andere Welt, wagt es nicht. Davor hat es Angst. Warum?

Seit mindestens einem halben Jahrhundert kennt das Volk sein Gesetz, weiß, was zu tun ist, tut es auch, aber nur bis zu einer gewissen Grenze. Überall dort, wo die eigenen vitalen Interessen tangiert sind, weicht es aus und befolgt dafür mit um so mehr Eifer jene religiösen Vorschriften, die nicht so weh tun. Auch die Priester und Schriftgelehrten weichen aus, entziehen sich dem Geist des Gesetzes, verfangen sich in seinen Buchstaben, und um das zu vertuschen, ersinnen sie im Lauf der Jahrhunderte ein gigantisches Paragrafengeflecht. So entsteht eine komplexe Religionsbürokratie mit einer stetig wachsenden Kasuistik, in welcher der ursprüngliche Geist und die ursprünglich einfache Botschaft des Gesetzes unter einer Flut von Wörtern, Theologengezänk, Lehrmeinungen und inflationär wachsenden Hervorbringungen verschiedenster Rabbinerschulen begraben wird und erstickt.

Jesus spricht das aus. Er legt die Axt an diesen religiösen Wildwuchs, legt die verschüttete Botschaft frei, verschafft dem Geist des Gesetzes wieder Gehör, lehrt sein Volk: Gesetzesgehorsam genügt nicht.

Ich will mehr von euch, sagt Gott, sagt Jesus, sagten schon die Propheten. Wenn Gott der Meinung gewesen wäre, dass es genüge, nicht zu stehlen, nicht zu lügen, nicht zu betrügen, nicht die Ehe zu brechen und nicht zu morden, hätte er aufs erste Gebot verzichten können. Hat er aber nicht. Und ihr alle wisst es, aber ihr habt euch diesem Wissen entzogen. Gott will mehr. Von Anfang an zielte Gottes ganzes Sinnen und Trachten auf das menschliche Herz, auf den ganzen Menschen.

Nicht um eine bloß äußerliche Änderung des Verhaltens geht es, sondern um eine prinzipielle Änderung der Haltung. Das ist gemeint, wenn Jesus in der berühmtesten seiner Reden, der Bergpredigt, sagt: *Ihr habt gehört, dass zu den Alten gesagt ist: Du sollst nicht töten; wer aber tötet, der wird dem Gericht verfallen sein. Ich aber sage euch: Jeder, der seinem Bruder zürnt, wird dem Gericht verfallen sein.* (Matthäus 5,21–22) Oder: *Ihr habt gehört, dass zu den Alten gesagt ist: Du sollst nicht ehebrechen. Ich aber sage euch: Wer ein Weib ansieht, ihrer zu begehren, der hat in seinem Herzen schon Ehebruch mit ihr begangen.* (Matthäus 5,27)

Das Volk Gottes sollte eine Haltung entwickeln, die jedes Gesetz, jede Ausführungsbestimmung und jede Auslegung überflüssig macht. Aus freien Stücken sollte das Volk so leben, dass Gesetze, Polizei, Richter, Staaten und Regierungen überflüssig werden. Eine Kontrastgesellschaft sollte Israel werden, eine Gegenwelt, die sich für alle sichtbar von der normalen Welt unterscheidet. Man sollte sehen, schmecken, hören und riechen können, was das Reich Gottes ist.

Darum, sagt Jesus, muss jetzt dem Exodus Abrahams aus der Welt der falschen Götter und dem Exodus Moses und dessen Volk aus dem von Grund auf falschen System Ägyptens der Exodus jedes Einzelnen aus seinem von Grund auf verkehrten Leben folgen. *Das Land, das ich dir zeigen will,* heißt jetzt *Reich Gottes.* Die Einbürgerung erfolgt nicht mehr automatisch qua Geburt und der richtigen Volkszugehörigkeit, sondern erfordert die bewusste Entscheidung jedes Einzelnen. Und der Weg zur neuen Staatsbürgerschaft führt über Umkehr und Buße. Das ist gemeint mit Exodus. Umkehr und Buße sind nötig, erst dann kann es das gute, das richtige Leben geben, erst dann kann das Reich Gottes anbrechen in dieser Welt.

Buße, dieses altmodische, verbrauchte, den modernen Menschen kaum noch verständliche Wort, bedeutet etwas sehr Einfaches, was aber dennoch jedem Menschen schwerfällt, gerade dem modernen. Buße verlangt vom Menschen, die hohe Meinung, die er irrigerweise von sich selbst hat, abzulegen. Das gelingt ihm ziemlich mühelos, wenn es um die Mitmenschen geht. Nur sich selbst so zu sehen, wie man wirklich ist, fällt unendlich schwer, weil jeder instinktiv fühlt: Man würde vor sich selbst erschrecken. Man müsste sich eingestehen: Die Welt ist, wie sie ist, weil ich so bin, wie ich bin.

Buße bedeutet die schockierende Einsicht, dass man es günstigen Einflüssen und Umständen, der bloßen Angst vor Strafe oder einem Mangel an Gelegenheit zu verdanken hat, wenn man nicht zum Lügner, Betrüger, Mörder oder Dieb geworden ist. Buße bedeutet, zu verstehen, dass man keinen Grund hat, auf den Zöllner, die Hure, den Opportunisten, die Heuschrecke, den korrupten Politiker, den Stasispitzel oder den bestechlichen Beamten verächtlich herabzublicken, denn möglicherweise wurde man nur durch ein günstiges Schicksal davor bewahrt, selber Mitglied dieser verachteten Gruppen geworden zu sein. Erst dann, wenn man verzweifelt in seine eigenen Abgründe geblickt hat, ist man in der Lage, Mördern, Spitzeln oder gar KZ-Aufsehern zu vergeben. Und nur die Vergebung, nicht die Verachtung, kann den Mörder verwandeln. Den verwandelten, bereuenden Mörder aber können wir wieder annehmen, achten und vielleicht sogar lieben.

Buße verlangt nach Umkehr. Sie ist der Exodus aus der eigenen Natürlichkeit und den bisherigen Verhältnissen, sie ist der Bruch mit der eigenen Herkunft und Vergangenheit und jene innere Kehrtwende des ganzen Menschen, die nicht nur dessen Verhalten radikal ändert, sondern zuvörderst dessen Haltung.

Jesus wusste nichts von der Evolution, aber er spricht die ganze Zeit so, als ob er etwas davon wüsste, denn sinngemäß predigt er den Menschen: Ihr, die siegreichen Nachkommen von Siegern über Sieger, die ihr nach einem Jahrmillionen währenden Ausscheidungswettbewerb zu den stärksten und raffiniertesten Siegern herangewachsen seid und nun über eine Kampfausstattung verfügt, die euch unbesiegbar gemacht hat, sollt diese Rüstung jetzt ablegen, denn ihr braucht sie nicht mehr. Längst habt ihr in eurer evolutionären Entwicklung einen Punkt erreicht, an dem eine weitere Steigerung eurer Kampfkraft keine weitere Steigerung eures Überlebensvorteils mehr darstellt, sondern in ihr Gegenteil umschlägt. Darum müsst ihr raus aus dieser Rüstungsspirale der Evolution. Abrüsten ist angesagt. Und was ihr jetzt braucht, ist etwas ganz anderes: Liebe. Sehende Liebe. Erkennende Liebe. Eine Verwandlung des Menschen bis ins Unbewusste hinein.

Vielleicht, sagt Jesus, war das Gebot der Gottesliebe zu abstrakt für euch. Darum sage ich euch jetzt, was es konkret bedeutet: Gott zu lieben heißt, seinen Nächsten zu lieben wie sich selbst. Schärfer noch: *Liebet eure Feinde; tut denen wohl, die euch hassen; segnet die, so euch verfluchen und bittet für die, so euch beleidigen. Und wer dich schlägt auf einen Backen, dem biete den anderen auch dar; und wer dir den Mantel nimmt, dem wehre nicht auch den Rock. Wer dich bittet, dem gib; und wer dir das deine nimmt, da fordere es nicht wieder. Und wie ihr wollt, dass euch die Leute tun sollen, also tut ihnen gleich auch ihr.* (Lukas 6,27–31)

Es ist eine radikale, unzumutbare, unerfüllbare Überforderung, mit der Jesus die Menschen da konfrontiert. Gottes ungeheuerlicher Total-Anspruch an den Menschen in heutigen Worten lautet: Riskiere den Exodus aus deiner Natur. Befreie dich aus der Sklaverei deiner Gene. Streife die Fesseln deiner Herkunft aus der Urhorde von dir ab. Höre auf, für deine Vitalinteressen zu kämpfen und beginne, für die Vitalinteressen deines Nächsten zu kämpfen. Zerstöre das Produkt der Evolution in dir. Lösche jene genetische Information in dir, die dazu geführt hat, dass sich die Kette deiner Ahnen durchsetzen und zuletzt dich hervorbringen konnte.

Vernichte das Programm, dem du deine Existenz verdankst. Töte den alten Menschen in dir.

Das Sterben des alten, sündigen Menschen, symbolisiert durch die Taufe beim Untertauchen ins Wasser, ist also nicht nur symbolisch gemeint, sondern ganz real. Und das Wort für dieses Sterben lautet: Umkehr.

In dem Anspruch steckt auch ein Zuspruch: Du bist zwar ein Naturwesen, aber das musst du nicht bleiben. Du kannst, wenn du nur willst, gottebenbildlich werden. Du kannst umkehren und ein neuer, wiedergeborener Mensch werden.

Dort, wo die Menschen diese totale Kehrtwendung vollziehen und miteinander leben, entsteht das Reich Gottes, ein Reich mitten in der Welt, aber nicht von dieser Welt, kein nationalstaatliches Gebilde, sondern eine Exklave, in der andere Gesetze gelten als in der Welt. Und nur in dieser Exklave ist es möglich, nach den Regeln der *Bergpredigt* zu leben. In der normalen Welt wäre das völliger Unsinn. Wer dort nach der Bergpredigt zu leben versuchte, würde nur ausgenutzt, bis aufs Hemd ausgezogen, obendrein noch lächerlich gemacht und heimlich oder offen verspottet.

Die Bergpredigt ist auch nicht auf die Politik und den Staat übertragbar, denn der Staat kann ja nur drei Dinge: Geld verteilen, Gesetze machen und deren Einhaltung durchsetzen. Die Bergpredigt taugt daher nicht als Anleitung für einen christlichen Etat, und in Gesetze gießen lässt sie sich schon deshalb nicht, weil sie doch die Überwindung aller Gesetze bedeutet, auch die Überwindung des Staates.

Das Liebesgebot mitten in der Welt erfüllen zu wollen, wäre ebenfalls Unsinn. Das kann niemand aus eigener Kraft, und wer es dennoch versucht, weil er den Ehrgeiz hat, ein Heiliger werden zu wollen, wird meist nur ein unangenehmer, überheblicher, herrschsüchtiger Zeitgenosse, der seine Umgebung durch Sanftheit, Aufopferung und Altruismus zu terrorisieren versucht.

Die Kraft zur Liebe muss man sich schenken lassen. Sie wächst einem zu durch den Glauben, aber nicht zu Hause im stillen Kämmerlein, nicht im Büro und nicht draußen in der normalen Welt, sondern nur in jener Exklave namens Reich Gottes, das sich nach dem Willen Jesu in der Gemeinde manifestieren soll. Klappen kann das aber nur, wenn es dort tatsächlich liebende Menschen gibt. Liebe, die Realisierbarkeit der Bergpredigt, hängt an der Existenz neutestamentlich verfasster Gemeinden. Die Liebe und die Gemeinde sind zwei Seiten derselben Medaille, die eine bedingt die andere, aber nur dort, wo die Gemeinde wahrhaftig ist. Gemeinden, in denen lediglich Vereinsmeierei betrieben wird, sind nicht Teil dieser Exklave, sondern ein religiös getünchter Teil der normalen Welt.

Das bedeutet nicht, dass Kirchen und Gemeinden als Christenvereine überflüssig sind. Es kann dort viel Gutes geschehen. Funktionierende Kirchengemeinden sind in einer orientierungslosen, zerfallenden Gesellschaft nötiger denn je. Sie können zahlreiche Nöte lindern, gesellschaftliche Schäden reparieren, politisch darauf Einfluss nehmen, dass die Ärmsten der Armen nicht ganz dem Vergessen anheimfallen. Vor allem aber sind Kirchen und Gemeinden als Institutionen und Körperschaften des öffentlichen Rechts nötig, um die alten Texte der Bibel durch die Zeiten zu tragen. Solange sie gelesen werden, so lange erhält sich die Sehnsucht nach dem wirklichen Reich Gottes, in dem Nöte nicht gelindert, sondern für alle Zeiten beseitigt werden. So lange es die christliche Vereinsmeierei gibt, so lange besteht die Chance, dass immer wieder Menschen nachwachsen, die den Exodus riskieren und sich mit ihrer ganzen Existenz auf jenes Wagnis einlassen, das Jesus als Reich Gottes bezeichnete.

In jenem Reich konnten die Jünger Jesu einander lieben, weil sie zuerst von Jesus geliebt wurden. Nach seinem Tod konnten sie die Liebe weitergeben an andere, und dabei machten alle miteinander die beglückende Erfahrung, wie revolutionär schön das Leben ist, wenn jeder seine Rüstung fallen lässt. Dann muss plötzlich keiner mehr fürchten, übervorteilt zu werden. Man muss nicht mehr um seine Stellung kämpfen, nicht mehr permanent darauf achten, dass einem jemand die Butter vom Brot nimmt, und nicht mehr an seinen eigenen Vorteil denken, weil die anderen daran denken. Die ganze Kraft, die man draußen in der Welt braucht, um sich gegen die anderen zu behaupten, die ganze Energie, die wir für den permanenten Konkurrenzkampf verheizen, steht jetzt zur Verfügung für den Aufbau einer anderen Welt. Dort werden dann tatsächlich Kranke gesund und Gesunde erst gar nicht krank, die Blinden erlangen ihr Augenlicht zurück, die Verstummten ihre Sprache, und die Traurigen werden wieder froh.

Diese Erfahrung verwandelt den Menschen von Grund auf, bis ins Unbewusste hinein, ermöglicht jene sehende, erkennende Liebe, die nichts mit Eros, Sex, Ehe oder Elternliebe zu tun hat. Es ist Nächstenliebe, Agape, die höchst entwickelte Form der Liebe, von der Paulus sagt: Sie *ist langmütig und gütig, beneidet nicht, prahlt nicht, bläht sich nicht auf, sucht nicht das Ihre, lässt sich nicht erbittern, rechnet das Böse nicht zu, freut sich nicht über die Ungerechtigkeit, freut sich aber der Wahrheit, erträgt alles, glaubt alles, hofft alles, duldet alles, und hört nimmer auf.* (1 Korinther 13,4–8) Es ist jene Liebe, die den Menschen sieht, wie er wirklich ist, ihn trotzdem annimmt und ihn dadurch so von Grund auf verwandelt, dass er plötzlich annehmbar, ja liebenswert ist.

So eine Verwandlung des Menschen geschieht nicht über Nacht. Die vielen Glieder, die ihr Leben miteinander teilen und einen Leib Christi bilden, müssen wirklich vorhanden und in der Lage sein, den neuen Staatsbürger in das Leben im Reich Gottes einzuführen, denn das muss erst erlernt werden, meist unter Mühen. Man muss bereit sein, sich von den anderen korrigieren zu lassen. Das fällt den Menschen unendlich schwer. Daran sind schon viele Aufbrüche gescheitert.

Die Umkehr, die dabei verlangt wird, hat nichts mit moralischem Gutsein zu tun. Moralische Hochleister behindern den Betrieb im Reich Gottes eher, als dass sie ihn befördern. Daher tut sich Jesus mit Zöllnern, Ehebrechern und kleinen Ganoven stets leichter als mit jenen hochanständigen Pharisäern, deren über jeden Zweifel erhabene moralische Qualität Respekt abnötigt, aber eben darum meistens auch mit hochmütigem Tugendstolz gravitätisch einherschreitet. Umkehr ist etwas viel Radikaleres als moralische Selbstvervollkommnung. Umkehr ist die radikale Entwertung alles dessen, was einem im Leben als wertvoll erschien. Das alles muss drangegeben werden für das einzig Wertvolle.

Danach, wenn *alles* für die einzige Perle oder den Schatz im Acker geopfert wurde, kann man auch wieder die zuvor verworfenen Werte – die Liebe zur Musik, zur Kunst, zur Literatur, zu seinen Eltern, seinen Kindern, seiner Konfession, seiner politischen Überzeugung – in sein Leben zurückholen, aber die Priorität der Werte wird jetzt eine andere sein, und auch die Beziehung dazu wird sich verwandelt haben.

27 – Abraham für Agnostiker – ein Glaubensbekenntnis*

Ich glaube, dass der christliche Glaube keine Wundergläubigkeit verlangt, keine intellektuellen Opfer, keine Erfüllung religiöser Pflichten, keine Askese, keine Riten, keine kultischen Handlungen, keine Befolgung irgendwelcher Fasten- oder Speisegebote und noch nicht einmal die Einhaltung moralischer Standards – all das ist nur Religion. Vielmehr fürchte ich, dass der christliche Glaube viel anspruchsvoller ist und darum etwas ganz anderes verlangt, viel mehr als nur religiöse Betätigung: das eigene Leben. Schlimmer noch: das Leben der eigenen Kinder, des Ehepartners, der ganzen Familie.

Schon in der allerersten Glaubensgeschichte der Bibel wird es erzählt: Abraham soll seinen Sohn Isaak opfern, und wir fragen uns unwillkürlich: Was ist das für ein Gott, der solches verlangt? Was ist das für ein Sohn, der offenbar bereit war, sich widerstandslos von seinem Vater abstechen zu lassen? Was ist das für ein Vater, der seine grundsätzliche Bereitschaft bekundet, seinen Sohn umzubringen, wenn eine höhere Autorität es verlangt? Begegnet uns hier nicht der erste verblendete Fundamentalist, die Geisteshaltung des islamischen Selbstmordattentäters? Wenn das christlicher und jüdischer Glaube sein soll, wie können wir dann verrückt gewordene Sektierer von jüdischem und christlichem – auch islamischem – Glauben unterscheiden?

---

* Dieses Kapitel habe ich, unwesentlich verändert, aus meinem Buch »Das Christentum. Was man wirklich wissen muss« übernommen. Es zu übernehmen, war unvermeidlich, denn nachdem ich hier beschrieben habe, was alles zu glauben mir nicht mehr möglich erscheint, muss dieses Buch damit enden, was zu glauben mir denn noch möglich erscheint, und warum ich das als »agnostisch« oder »atheistisch an Gott glauben« nenne. Eben das erzählt das vorliegende Kapitel. An dieser Stelle sei hinzugefügt: Generell war es unvermeidlich, in diesem Buch immer mal wieder auch Formulierungen und Gedanken zu verwenden, die aus jüngeren und älteren Büchern von mir stammen, denn wer erzählt, wie sich sein Glaube und Unglaube im Laufe eines Lebens entwickelt hat, kommt an dem, was er früher gedacht hat, nicht vorbei.

Immanuel Kant argumentierte gegen Abrahams absoluten Gehorsam, selbst wenn Gott wirklich zum Menschen spräche, so könnte dieser dennoch niemals sicher sein, dass das, was er hört oder zu hören glaubt, Gottes Stimme sei. Wenn aber diese Stimme etwas verlange, das gegen das moralische Gesetz verstoße, dann könne der Mensch gewiss sein, dass die Stimme nicht zu Gott gehöre. »Abraham«, so fügte Kant hinzu, »hätte auf diese vermeinte göttliche Stimme antworten müssen: ›Daß ich meinen guten Sohn nicht tödten solle, ist ganz gewiß; daß aber du, der du mir erscheinst, Gott sei, davon bin ich nicht gewiß und kann es auch nicht werden‹, wenn sie auch vom (sichtbaren) Himmel herabschallte.«

Die meisten modernen Menschen, selbst tief gläubige Christen denken und empfinden heute so und würden diese Szene am liebsten aus dem biblischen Kanon streichen. Da das nicht geht, färben sie diese Geschichte schön, verharmlosen sie zu einem akzeptablen Fortschrittsgeschichtchen, deuten die Szene als Protest gegen Menschenopfer, als die Aufforderung, Menschen- durch Tieropfer zu ersetzen.

Aber als Isaak und Abraham aufbrechen, sagt Letzterer, er wolle Gott ein Brandopfer bringen, und auf dem Weg zu dem Berg, auf dem das grausame Ritual stattfinden soll, fragt Isaak, wo denn das Lämmlein sei, das geopfert werden solle. Wie kann Isaak so selbstverständlich nach dem Opfertier fragen? Isaaks Frage setzt die Existenz des Tieropfers doch bereits voraus, und daher ist uns der Fluchtweg in die Verharmlosung versperrt.

Auch die zweite, gern genommene christliche Ausrede, es handle sich hier um das überwundene Gottesbild des Alten Testaments, funktioniert nicht. Jesus hat keinen neuen Gott gelehrt, auch nie gegen diese Geschichte von Abraham und Isaak polemisiert. Sein Gott war der Gott des Alten Testaments. Er ist auch der Gott der Christen, der sich nicht selbst dementiert. Im Gegenteil: Der neutestamentliche Gott überbietet Abraham sogar. Diesem bleibt das Sohnesopfer im letzten Moment erspart. Als Gott sieht, dass Abraham grundsätzlich bereit dazu ist, ist Gott zufrieden und lässt einen Engel ausrichten, es genüge. Gott will das Opfer nicht wirklich, sondern nur den Gehorsam, den ganzen Menschen Abraham.

Seinen eigenen Sohn aber, Jesus, rettet Gott nicht vor dem Kreuz. Im Mittelpunkt des christlichen Glaubens steht ein göttliches Opfer.

Darum ist die Geschichte von Abraham und Isaak tödlich ernst gemeint. Es handelt sich um eine Prüfung des Glaubens. Gott will wissen, wie ernst es Abraham mit seinem Gottesgehorsam ist.

Abraham besteht die Prüfung und wird gerade deshalb zum Stammvater des Glaubens. Dieser absolute Gehorsam unterscheidet den Glaubenden von den normalen Menschen. Abraham folgt Gott selbst noch dorthin, wo jeder vernünftige Mensch, wie Kant, sagen würde: Bis hierher und nicht weiter. Das, was uns diesen Mann als so monströs erscheinen lässt, wird zum Qualifikationsmerkmal der göttlichen Erwählung – eine größere Provokation für moderne Menschen ist kaum denkbar.

Opferbereitschaft und blinder Gehorsam, Kadavergehorsam, das allein scheint diesen Gott mehr zu interessieren als Vernunft, Selbstbestimmung, Verantwortung, Vaterliebe. In solch einem Gott meinen wir geradezu das Gegenteil dessen zu erkennen, was einen guten, liebenden, barmherzigen Vater und eine aufgeklärte, vernünftige Religion ausmacht. Der molochartige Kult ums religiöse Opfer erscheint uns modernen Menschen zutiefst fremd, archaisch, falsch, abstoßend und lebensfeindlich. Wir denken dabei eher an den Missbrauch von Religion, Fanatismus, Sektierertum, Islamismus und religiösen Wahn als an die Botschaft der Liebe. Abraham erscheint uns als ein Mensch aus prähistorischer Zeit, der uns nichts mehr zu sagen hat.

Archaisch? Prähistorisch?

In den Jahren 1813/14, ein Jahrzehnt nach Kants Tod, wurde in Deutschland zum ersten Mal in den so genannten Befreiungskriegen gegen Napoleons Herrschaft der Soldatentod auf dem »Feld der Ehre« gepriesen. Noch im Zweiten Weltkrieg galt es als süß, fürs Vaterland zu sterben. Erst heute scheint die Zeit der Verherrlichung des Opfers fürs Vaterland auf dem »Feld der Ehre« vorbei zu sein, zumindest in Europa.

Aber der Opferkult geht munter weiter in modernen Gewändern. Manager treiben Raubbau an ihrer Gesundheit, opfern sich selbst und ihre Mitarbeiter im Krieg um Marktanteile, opfern auch ihre Familie und ihre Freunde, wenn sie sich mit Haut und Haar ihrem Unternehmen und ihrer Karriere verschrieben haben. Leistungssportler opfern ihre Jugend, manchmal die Kindheit, oft ihre Gesundheit – für eine Goldmedaille bei Olympischen Spielen, für Werbeverträge und materiellen Reichtum. Und nicht selten sind es die ehrgeizigen Eltern, die ihr Kind Monat für Monat ins krankmachende mörderische Training treiben, um sich einen vagen Traum von Ruhm und Geld zu erfüllen und die eigenen unerfüllten Sehnsüchte zu befriedigen. Wir opfern die Umwelt für unseren Wohlstand und neuerdings sogar unsere Zukunft: Weil uns der Kampf um Wettbewerbsfähigkeit rund um die Uhr so auf Trab hält, dass wir keine Zeit mehr zum Kinderkriegen und Erziehen haben, sterben wir aus. So bringen wir uns selbst als Opfer auf dem Altar des globalen Wettbewerbs dar. Wir beten Götter an, die unentwegt Opfer fordern.

Diese Hinweise auf die modernen Opfer, die wir heute zu bringen bereit sind, lösen das Rätsel des abrahamitischen Glaubens noch nicht, holen uns aber von jenem Ross, auf dem wir Aufgeklärte zu sitzen meinen. Es scheint allemal vernünftiger, dem »archaischen« Gott Abrahams Tribut zu zollen als den modernen Götzen des Wettbewerbs.

Die Geschichte von Abraham und Isaak ist natürlich ein Mythos, erzählt keine wirkliche Begebenheit, sondern malt ein Bild, das uns vor Augen führt, was Glaube an Gott heißt, welch Konsequenzen er hat und in welche Einsamkeit der Glaubende in Grenzsituationen geraten kann. Die Geschichte zeichnet jenen erschreckend radikalen Unbedingtheitsanspruch Gottes, wie er uns in der Bergpredigt wieder begegnet. Diese sagt uns: Gott will von den Angehörigen seines Volkes keine Abgaben, sondern alles, nicht allein ihre Freizeit, sondern ihre ganze Zeit, nicht nur den religiösen Teil ihrer Persönlichkeit, sondern den ganzen Menschen.

Aber das alles ist noch nicht scharf genug formuliert. Die letzte Schärfe stellt sich ein, wenn man die Bergpredigt und die Abrahamsgeschichte zusammendenkt. Dann wird nämlich klar, dass Gott etwas von uns verlangt, was uns aufgeklärten Menschen am Kostbarsten erscheint: unsere Autonomie. Er fordert, dass der Mensch darauf verzichtet, sein Schicksal selbst zu bestimmen.

Preisgabe der Autonomie wird verlangt. Bereitschaft zur Fremdbestimmung. Gläubige Unterordnung unter Gottes fremden und nicht selten befremdenden Willen aus Freiheit – das ist die Crux des Glaubens, die sich von Anfang an im Symbol der Beschneidung manifestiert. Die von Gott angeordnete Beschneidung des Symbols der Fruchtbarkeit und der Macht, das Zeichen des Bundes zwischen Gott und seinem Volk, bedeutet: Ich, Gott, bin der Herr über deine Fruchtbarkeit, deine Triebe und überhaupt alles in der Welt. Deine Rechte sind beschnitten, dein Wille hat sich dem meinigen unterzuordnen.

Gehorsam, Unterordnung, Fremdbestimmung, Unterwerfung – es sind schreckliche Wörter. Sie klingen uns schrill in den Ohren, auch verdächtig, zum Missbrauch verführend, zur Rechtfertigung grausamster Taten einladend, und all das hat es im Verlauf der weiteren Geschichte tatsächlich zur Genüge gegeben. Deshalb, und aus anderen vernünftigen Gründen, wehren wir uns heute gegen Fremdbestimmung und Unterwerfung, auch gegen den Gehorsam vor Gott, weil es ja doch letztlich fehlbare Menschen – Päpste, Bischöfe, Professoren, Priester und sonstige Autoritäten – sind, die vorgeben, den Willen Gottes zu kennen und unsere Bereitschaft zur Unterordnung nur für eigene Zwecke missbrauchen.

Jedoch: Die gesamte Bibel redet davon, dass die Erfahrung des Glaubens eine andere ist. Wer sich ganz an Gott bindet, steht der Welt wahrhaftig frei gegenüber. Wer Gott fürchtet, muss sich vor nichts mehr fürchten, ist stärker als alle Armeen dieser Welt zusammen und wird Tod und Teufel trotzen. Wer sich allein unter Gottes Willen stellt, dem hat kein irdischer Wille mehr irgendetwas zu befehlen, und mag sich dieser Wille noch so mächtig und toll gebärden. Er zerschellt am Glaubenden. Wer sein Herz an Gott hängt, braucht es nicht an mindere Güter zu hängen. Und dort, wo sich ein Gottesfürchtiger mit anderen Gottesfürchtigen zusammentut, um Gottes Willen auf Erden Geltung zu verschaffen, wird die Welt auf den Kopf gestellt, werden die Kranken gesund, die Blinden sehend, die Hungrigen satt, die Traurigen fröhlich, die Schwachen stark. Aber diese Erfahrung macht eben nur der, der das Wagnis des Glaubens riskiert und sich ehrlich und ernsthaft darauf einlässt.

Totale Unterwerfung unter die Herrschaft Gottes, diese erschreckende Forderung endet in der Erfahrung, dass gerade aus diesem Verzicht auf Selbstbestimmung die größtmögliche Freiheit erwächst und sich die Welt unter Gottes Willen zu etwas fügt, das kein menschlicher Wille besser hätte fügen können. Der jüdisch-christliche Reich-Gottes-Totalitarismus ist, recht verstanden, das einzig wirksame Rezept gegen die irdisch-menschlichen Totalitarismen auf der Welt. Deshalb muss Gott so radikal sein.

Nur wenn er genügend Freiwillige hat, die sich auf seine ungeheure Forderung einlassen, kann sein Plan gelingen. Weil aber diese Forderung so groß ist und die menschliche Bereitschaft, ihr zu entsprechen, so klein, harrt Gottes Plan bis heute seiner Erfüllung. Der Mensch glaubt nicht, dass er das Leben gewinnt, wenn er's drangibt. Daran scheitert Gottes Utopie.

Schlimmer noch: Weil wir nicht nur das große Opfer verweigern, sondern schon die geringsten Opfer – ein bisschen Mut hier, ein Fitzelchen Zivilcourage da, eine kleine Anstrengung des Denkens dort – leben wir immer näher an der Hölle als am Himmel, und manchmal geraten wir mit dieser Haltung richtig in die Hölle hinein, so zum Beispiel zwischen den Jahren 1933 und 1945.

Hitler wäre nie an die Macht gekommen, wenn zwischen den Jahren 1918 und 1933 nur zehn Prozent der Christen entschlossen und energisch gegen Nationalismus, Militarismus und Antisemitismus protestiert hätten. Dabei hätte es nicht des geringsten Mutes bedurft, bloßer Anstand und ein bisschen Denken hätten genügt. Niemand hätte um seine Karriere fürchten müssen oder wäre ins Gefängnis gekommen, wenn ein Zehntel der deutschen Christenheit zusammengehalten und geschlossen Widerstand geleistet hätte. Sie haben es nicht getan, und Hitler kam an die Macht. Noch immer wäre Widerstand möglich und vielleicht sogar erfolgreich gewesen, wenngleich jetzt schon mit größeren Opfern. Jetzt brauchte es Mut und die Bereitschaft, sich Ärger, Karrierenachteile, vielleicht sogar Schikanen, Prügel und Gefängnis einzuhandeln.

An diesem Mut fehlte es. Darum konnte Hitler das ganze Volk gleichschalten. Opposition war jetzt lebensgefährlich. Kein Wunder, dass Hitler kaum noch auf Widerstand traf. So konnte er seinen Krieg führen. So konnte er sein Vorhaben, den Genozid an den Juden zu betreiben, fast wahrmachen. Weil die Christen nicht bereit waren, ein kleines Opfer zu bringen, als dies noch weitgehend gefahrlos möglich gewesen war, trieben die Verhältnisse auf einen Zustand hin, der dann 55 Millionen Opfer verschlang. Das sind nur die Todesopfer. Die vielen anderen Opfer sind in dieser Zahl noch gar nicht enthalten: die Verletzten an Leib und Seele, die Vergewaltigten, die Heimatvertriebenen, die Ausgebombten, die politischen Gefangenen.

Und dann gab es noch jene Minderheit, die sich selbst zum Opfer brachte, die Widerstandskämpfer. Etliche zehntausend Personen, Christen wie Juden, Kommunisten, Sozialdemokraten, Gewerkschaftler, Liberale und Nationalkonservative einte die Überzeugung, dass es so etwas wie ein absolutes, göttliches oder moralisches Gesetz gibt, das unbedingt gelten muss, und koste es das Leben. Und dann kostete es sie das Leben. Sie bewiesen den Gehorsam Abrahams, aber im Gegensatz zu ihm mussten sie ihr Opfer tatsächlich bringen, weil es für den normalen Gehorsam, der Gott schon gereicht hätte, längst zu spät war. Denn darin besteht die eigentliche Pointe der Geschichte von Abraham und Isaak: Dort, wo Menschen prinzipiell bereit sind, Gott sich selbst und ihr Liebstes zu opfern, dort kommt es gar nicht erst so weit, dass Opfer tatsächlich nötig sind.

Die Geschichte zeigt auch, worin der Unterschied besteht zwischen fundamentalistischem Kadavergehorsam und Abrahams Gehorsam gegen Gott: Das eine ist ein Hass, der andere mit in den Tod reißt, das andere ist ein aufmerksames Horchen, Hören und Wahrnehmen und die Bereitschaft, dem Gehörten auch dann zu folgen, wenn die eigenen Interessen, ja, das eigene Leben und das der Angehörigen, bedroht sind.

Es steht also alles schon im Alten Testament. Gottes Anspruch an den Menschen ist von Anfang an so total, wie es sich in der Abrahamsgeschichte und im ersten Gebot ausdrückt: *Ich bin der Herr dein Gott, du sollst keine anderen Götter haben neben mir.* (2 Mose 20,3) Und Jesus nimmt nichts davon zurück, sondern bekräftigt diesen Anspruch, wenn er sagt: *Niemand kann zwei Herren dienen: entweder er wird den einen hassen und den andern lieben, oder er wird dem einen anhangen und den andern verachten.*

Ihr könnt nicht Gott dienen und dem Mammon. (Matthäus 6,24) Gott duldet keine Aufspaltung des Menschen in zwei verschiedene Personen, von denen die eine werktags als Profi in der Bank den Gesetzen des Marktes gehorcht und die andere sonntags als Freizeitchrist zu Hause in der Familie und in der Kirchgemeinde ein bisschen seinem Gott dient.

Da kann man nun fragen: Wie soll das denn gehen? Was soll ein Banker, ein Unternehmer oder ein Vorstandsvorsitzender denn machen, wenn das Konkurrenzunternehmen Leute rausschmeißt, um die Rendite zu erhöhen? Die Antwort ist einfach: Sie müssen mitziehen, müssen ebenfalls Leute rausschmeißen, denn wenn sie's nicht tun, werden sie entweder gefeuert, oder das ganze Unternehmen wird über kurz oder lang aufgekauft oder vom Markt verschwinden. So ist nun mal das Gesetz, unter dem man in der normalen Welt da draußen steht.

Eben deshalb sagt Gott: Ich habe für euch ein anderes Gesetz, etwas Besseres als diese Konkurrenzgesellschaft, die beständig mehr Verlierer als Gewinner produziert und die Kluft zwischen Arm und Reich kontinuierlich vertieft. Ich will eine ganz andere Gesellschaft, aber eben dazu brauche ich jeden Menschen ganz. Mit Teil- und Freizeitchristen, die durch ihren Job im Alltag immer wieder genötigt sind, mir ins Handwerk zu pfuschen, kann ich diese andere Gesellschaft nicht aufbauen. Mit Viertel-, Halb- und Bruchstückchristen lassen sich allenfalls die Kollateralschäden der Konkurrenzgesellschaft reduzieren oder reparieren. Nur sonntags von einer anderen Welt träumen, in der andere Gesetze gelten, das reicht nicht. Man muss aufwachen und werktags anfangen, den Traum zu realisieren.

Wer das Reich Gottes auf Erden errichten will, muss sich Gott also ganz unterstellen. Es geht nicht anders. Immer wieder werden wir bei der Lektüre der Evangelien mit der Nase darauf gestoßen: Er (Jesus) *sah aber auf und schaute die Reichen, wie sie ihre Opfer einlegten in den Gotteskasten. Er sah aber auch eine arme Witwe, die legte zwei Scherflein ein. Und er sprach: Wahrlich, ich sage euch: Diese arme Witwe hat mehr denn sie alle eingelegt. Denn diese alle haben aus ihrem Überfluss eingelegt zu dem Opfer Gottes; sie aber hat von ihrer Armut alle ihre Nahrung, die sie hatte, eingelegt.* (Lukas 21,1–4)

Gott will vom Menschen alles, egal, ob er viel oder wenig zu bieten hat. Die Vorsichtigen, die nur etwas von ihrem Überfluss abgeben, kann er so wenig gebrauchen wie die Teilzeitchristen, denn *wer sein Leben findet, der wird's verlieren; und wer sein Leben verliert um meinetwillen, der wird's finden.* (Matthäus 10,39) Darum: *Trachtet am ersten nach dem Reich Gottes und nach seiner Gerechtigkeit, so wird euch solches alles zufallen.* (Matthäus 6,33)

Es führt kein Weg daran vorbei, die Bergpredigt ist so gemeint, wie sie in der Bibel steht. Hier ist der Text ausnahmsweise einmal ganz wörtlich zu nehmen und nicht zu deuten. Es ist ja auch ein durch und durch profaner Text. Da gibt es nichts zu entmythologisieren oder zu spiritualisieren. Es gilt, was dasteht: Christ sein heißt, alles auf eine Karte zu setzen.

Es ist ein Wagnis, ein Abenteuer, es ist nichts für Vorsichtige, nichts für Leute mit schwachen Nerven, nichts für Ängstliche, nichts für Bequeme – mit einem Wort: Es ist nichts für die Masse, und damit sind wir bei einer jüdisch-christlichen Eigentümlichkeit, die in unseren Volkskirchen in Vergessenheit geraten ist und nicht weiter ernst genommen wird: das Gesetz der kleinen Zahl. Es gibt zwei Milliarden Christen auf der Welt, aber eigentlich ist das Christentum ein Minderheitenprogramm, und obwohl es dem Glauben um egalitäre Verhältnisse geht, ist er elitär. Auch das zieht sich als roter Faden durchs Neue Testament: *Gehet ein durch die enge Pforte. Denn die Pforte ist weit, und der Weg ist breit, der zur Verdammnis abführt; und ihrer sind viele, die darauf wandeln. Und die Pforte ist eng, und der Weg ist schmal, der zum Leben führt; und wenige sind ihrer, die ihn finden.* (Matthäus 7,13–14)

Seinen Jüngern sagt Jesus: *Ihr seid das Salz der Erde.* (Matthäus 5,13) Salz, nicht Zucker. Implizit meint das: Eine Prise genügt. Zu viel wäre gar nicht so gut. Wenige nur braucht Gott. Eine kleine Elite genügt ihm, ein kleines feines Trüppchen, dem Gott sagen kann*: Ihr seid das Licht der Welt.* (Matthäus 5,14)

Das klingt zunächst verblüffend. Will Gott denn nicht alle in seinem Reich versammeln? Legt er auf die große Masse gar keinen Wert? Doch. Alle sollen gerettet werden. Aber dafür ist es nicht nötig, dass alle sich bei dem Versuch überfordern, der Radikalität der Bergpredigt gerecht zu werden.

Jesus predigte das Evangelium vom Reich Gottes und sprach: *Die Zeit ist erfüllet, und das Reich Gottes ist herbeigekommen. Tut Buße und glaubt an das Evangelium.* (Markus 1,14–15) Jesus sagte nirgends: Folgt mir nach und werdet meine Jünger.

Das hat er nur den zwölf gesagt, die er berief. Von ihnen verlangt er das Ganze, alles, die radikale Nachfolge. Von der Ehebrecherin dagegen verlangt er nur, dass sie hinfort nicht mehr sündige. Auch vom Zöllner Zachäus verlangt er keine Nachfolge, sondern zeigt sich einverstanden mit dessen Vorschlag, in Zukunft die Hälfte seines Vermögens den Armen zu geben und zu Unrecht eingetriebenes Geld vierfach zurückzuerstatten. Aber Zachäus kann seinen Beruf weiter ausüben. Seinen Jüngern hat Jesus das verwehrt, die mussten ihre Berufe aufgeben. Den toten Lazarus erweckt Jesus zu neuem Leben. Wenn einer Grund gehabt hätte, alles stehen und liegen zu lassen und Jesus ganz nachzufolgen, dann Lazarus. Aber Jesus verlangt es nicht, und Lazarus tut es nicht.

Gott weiß, dass die Menschen verschieden sind und dass er daher nicht von allen dasselbe verlangen kann. Er verlangt Verschiedenes, aber immer Entschiedenheit. Die Vielen, denen Jesus geholfen hat, die ihm regelmäßig zuhören oder sonstwie mit ihm zu tun hatten, stehen entschieden zu ihm, fühlen sich ihm eng verbunden. Sie sympathisieren mit ihm, unterstützen ihn, laden ihn in ihre Häuser ein, bieten ihm Übernachtungsmöglichkeiten, richten ihr Leben an seinen Maßstäben aus, denken in seinem Sinne, aber bleiben zu Hause. Nur wenn er gerade zufällig vorbeikommt und irgendwo predigt, verlassen sie ihre Häuser und hören ihm zu. Oft heißt es, wenn er mit seinen Jüngern irgendwo aufkreuzte: Eine große Volksmenge folgte ihnen.

Es gibt also Jesus und die zwölf, und es gibt »die Volksmenge« und Einzelne unter ihnen, die aus der Menge hervortreten und ihn fragen, mit ihm diskutieren oder sich – meistens – von ihm helfen lassen. Das heißt: Es genügt, dass wenige vorangehen.

Die Wenigen strahlen auf ihre Umgebung aus wie ein Licht im Dunkeln. Eine Kerze vertreibt nicht die Finsternis, und doch leuchtet sie weit in die Dunkelheit hinein und liefert allen, die im Dunkeln leben, einen Punkt, an dem sie sich orientieren können. Eine Stadt auf einem Berg besitzt nur eine geringe Ausdehnung, und doch ist sie weithin sichtbar und strahlt auf ihre Umgebung ab, verändert sie so, wie ein bisschen Salz den Geschmack der ganzen Suppe verbessert.

Die Kerze, die Stadt, die Würze der Suppe, das sind Bilder für die weltverändernde Kraft kleiner Minderheiten. Diese Minderheiten ziehen viele Menschen an, machen sie neugierig, und etliche bleiben hängen. Mit den zwölfen ist ein Anfang gemacht. Dabei soll es natürlich nicht bleiben. Der Kreis der zwölf soll wachsen, muss wachsen, damit einer wachsenden Volksmenge geholfen werden kann.

Bald schon werden mehrere Lichter leuchten, wo bisher nur eine Kerze brannte. Bald schon werden auf anderen Bergen Städte gebaut und auf ihre Umgebung ausstrahlen. Bald schon wird mehr Salz zur Verfügung stehen, um größere Mengen von Suppe zu würzen. Die Sache, die klein wie ein Senfkorn angefangen hat, wird sich zu einer großen Staude auswachsen, Samen treiben und sich vermehren. Die Finsternis wird weichen. Die Welt wird anders. *Das Himmelreich ist gleich einem Sauerteig, den ein Weib nahm und unter drei Scheffel Mehl vermengte, bis es ganz durchsäuert ward.* (Matthäus 13,33) Eine geringe Menge genügt, um das Ganze zu verändern.

28 – Zu guter Letzt: ein Sündenbekenntnis und ein Bericht aus einer anderen Welt

Die zwölf hatten Jesus – wir haben nur die Kirche und den Papst. Die zwölf haben mit Jesus zusammengelebt, seinen Alltag geteilt und konnten deshalb Vertrauen zu ihm entwickeln. Wir können nicht mit der Kirche zusammenleben, nicht unseren Alltag mit dem Papst oder auch nur einem Bischof teilen. Wie sollen wir Vertrauen zu Kirche und Papst entwickeln?

Die Jünger hatten eine Person, wir haben nur eine Institution. Wie aber soll man unter den Bedingungen einer Institution Gott ganz gehören? Sich Gott ganz zu unterstellen, auf seine eigene Autonomie zu verzichten – wie soll das denn gehen unter zwei Milliarden Christen, die in einfachsten Glaubensfragen tief zerstritten sind? Wer sagt dem Einzelnen, was Gott will? Und warum kommen die Einzelnen, die behaupten, sie wüssten, was Gott will, zu so vielen einander widersprechenden Antworten? Sagt Gott jedem was anderes?

Die Protestanten glauben, das persönliche Gewissen sage einem, was Gott wolle. Wer genau in sich hineinhöre und sich von keinen fremden Einflüsterungen täuschen oder irritieren lasse, der könne seiner inneren Stimme trauen, und der könne darauf bauen, dass Gott es selber sei, der da spreche.

Das glaube ich nicht. Was wir »innere Stimme« nennen oder »Gewissen«, mag in mehr oder wenigen Fällen manchmal als Gottes Stimme durchgehen. Dass Dietrich Bonhoeffer diese Stimme hörte, als er sich zum Widerstand gegen Hitler entschloss und auch noch auf diese Stimme hörte, als man ihn aufs Schafott führte, daran zweifle ich nicht.

Dass wir es bei jenen, denen eine innere Stimme befiehlt, den Feind zu töten, mit Irren zu tun haben, daran gibt es ebenfalls keinen Zweifel, auch nicht bei jenen von religiösem Wahn Besessenen, die sich in allerlei obskuren Sekten tummeln.

Aber was ist mit den vielen Gewissen, die sich für gewöhnlich in der Grauzone bewegen? Jene »Lebensschützer« aus der fundamental-evangelikalen Szene, die sich in den USA vor Abtreibungskliniken aufstellen und den Frauen und Ärzten zurufen »Mörder, Mörder«, fühlen sich von ihren Gewissen aufgerufen, das zu tun – spricht wirklich Gott aus ihnen?

George W. Bush hat den Irak in der sicheren Überzeugung bombardiert, dass dies in Übereinstimmung mit Gottes Willen geschehe. Ich hingegen bin der sicheren Überzeugung, dass nicht Gott, sondern Bushs verquere religiöse Sozialisation, das politische Klima Amerikas, die veröffentlichte Meinung und nicht zuletzt eine Bush unbewusste Mixtur aus unentwirrbar miteinander verknäuelten persönlichen Überzeugungen, wirtschaftlichen Interessen, politischen Überlegungen, Machtgelüsten, Selbstüberschätzung und ideologischer Verblendung in sein Irak-Desaster getrieben haben. Bush würde mir natürlich heftig widersprechen. Welche Instanz eignete sich in diesem Fall als Schiedsrichter? Der Papst?

Das ist tatsächlich die katholische Lösung. Wo sich zwei oder mehr nicht einigen können, auch bei Gewissensentscheidungen, bestimmt der Papst, was richtig ist, und erwartet Gehorsam. Das erscheint Protestanten und erst recht jedem modernen, jeder Kirche fernstehenden Menschen als so absurd und lächerlich, dass sie sich damit gar nicht erst auseinandersetzen.

Im Prinzip denke ich auch so, aber zugleich muss ich zugeben, dass ich gegen eines der katholischen Argumente für die letztinstanzliche Zuständigkeit des Papstes in Glaubens- und Gewissensfragen kein Argument habe: Das Unbewusste des Menschen ist eine so raffinierte, für ihn selbst kaum durchschaubare, mit allen Wassern gewaschene Einrichtung, dass man nie sicher sein kann, ob das, was einem als die Stimme des eigenen, gründlich erforschten Gewissens erscheint, tatsächlich das Gewissen oder gar Gottes Stimme ist oder nur etwas, was einem durch das trickreiche, vor einem selbst verborgene Wirken aller möglichen Triebe, Instinkte und Begierden als Gewissen vorgegaukelt wird.

Dieses katholische Misstrauen gegen das, was wir so Gewissen nennen, leuchtet mir ein. Einleuchtend klingt auch der katholische Ausweg: In der Versammlung der Gemeinde, wo in freier Rede alle geichberechtigt um den richtigen Weg ringen, nach einer richtigen Auslegung der Bibel suchen und gemeinsam versuchen, den Willen Gottes zu erkennen, dort, so formuliert es auch der evangelische Glaube, wirke der Heilige Geist, führe die

Einmütigkeit aller Mitglieder herbei und weise auf geheimnisvolle Weise dem Schiff, das sich Gemeinde nennt, den richtigen Kurs.

Das würde man gerne glauben, wenn da nicht eine zweitausendjährige Kirchengeschichte erhebliche Zweifel an dieser Lösung nährte. Das Bündnis von Thron und Altar eine gottgewollte Entwicklung? Scheiterhaufen, Ketzerfolter, Hexenverbrennung und Inquisition eine Wirkung des Heiligen Geistes? Fürstbischöfe, die in Saus und Braus leben, Leibeigenschaft gutheißen, ihre Bauern bis auf den letzten Blutstropfen auspressen, öffentlich Wasser predigen und heimlich Wein trinken, Kriege und Kreuzzüge im Namen der Kirche, Bekehrung der Heiden mit Feuer und Schwert, Kolonialismus und Sklaverei in Begleitung christlicher Mönche, Imperialismus und Unterjochung fremder Völker unter kirchlicher Duldung, die Segnung der Kanonen vor jedem Krieg, die Deutschen Christen im Bund mit Adolf Hitler, das päpstliche Verbot der Pille und des Kondoms in Zeiten von Aids und Übervölkerung, der Ausschluss der Frau vom Priesteramt, McKinsey als Coach für Bischöfe – da soll man an das segensreiche Wirken des Heiligen Geistes in Landeskirchenämtern, Synoden, Bistumsversammlungen, Kardinalskollegien und vatikanischen Glaubenskongregationen glauben?

Da ist man eher versucht zu sagen: Die Kirche hat ihre Zeit gehabt, sie nicht genutzt, und darum wäre es für sie an der Zeit, endlich abzutreten.

Als ich schon fast so weit war, genau dies zu denken und zu sagen, habe ich an einer Münchner Schule einen renommierten Theologieprofessor mit einem Feudel in der Hand durch eine Tür kommen sehen. Er hatte gerade das Klo geputzt. In der ganzen Schule habe ich Ärzte, Geisteswissenschaftler, Naturwissenschaftler und Lehrer Böden schrubben, Treppen fegen und Fenster putzen sehen. Ich habe dort Theologen und andere Akademiker kennen gelernt, die ihre akademischen Beruf an den Nagel gehängt und ein Handwerk – Maurer, Schreiner, Koch – erlernt haben. Ein Atomphysiker wurde Verkäufer, ein Jesuit Banker. In einer Gaststätte am Walchensee bin ich von einem vermögenden Rechtsanwalt bedient worden, ein Arztehepaar hat mich in ihr Haus aufgenommen.

In der ersten Hälfte der achtziger Jahre war ich durch Zufall in eine andere Welt geraten. Ich hatte davon gehört oder gelesen, glaubte es nicht, fuhr hin, um mich zu überzeugen, lebte dort eine Zeit lang, und mehr als einmal am Tag hatte ich zu mir gesagt: Das ist es. Hier geschieht's. Die Utopie Gottes, hier wird sie real. Wenn irgendwo auf der Welt Gott am Werk ist, dann hier. Mitten in München hatte ich Gott bei seiner Arbeit zuschauen dürfen.

Nein, ich erzähle nicht von einem Traum, sondern von einem Ort in Raum und Zeit, und dieser Ort und diese Menschen haben einen Namen. Integrierte Gemeinde lautet der Name, etwas sperrig, nicht sehr sexy, aber das Wort bezeichnet die Sache, die es meint, schon richtig. Hier ist zusammengewachsen, was zusammengehört.

Hier wurde wieder integriert, was ursprünglich einmal zusammen war, den einen Leib Christi bildete, dann auseinanderflog und heute, in der normalen Volkskirche in tausend Teile zersplittert ist. Diese Integrierte Gemeinde fand ich in München. Man lebt dort in über die Stadt verstreuten Wohngemeinschaften zusammen. Zehn bis 20 Wohngemeinschaften, ein paar hundert Leute bilden eine Gemeinde. Wenn es mehr werden, teilt man sich und bildet die nächste Gemeinde, denn man muss einander persönlich kennen, das Gemeindeleben muss in einem überschaubaren Rahmen bleiben. So entsteht ein Netzwerk von Gemeinden, die aber alle nach den gleichen Prinzipien leben.

Gottes Lösung für die Probleme dieser Welt ist die christliche Gemeinde. Nicht die normale Gemeinde der normalen Volkskirche. Nicht jene juristische Person, jener Verein zur Pflege religiösen Brauchtums und christlicher Zeremonien, in dem Pfarrer, Vikare, Kapläne, eine Handvoll haupt- und nebenamtlicher Mitarbeiter und etliche Kirchgänger versuchen, so etwas wie Gemeinde zu praktizieren, so etwas wie ein »kirchliches Angebot« zu schaffen für das schweigende, passive, mäßig oder gar nicht interessierte und überwiegend abwesende Kirchenvolk. Ich will damit die Volkskirche nicht abwerten, ich bleibe weiterhin gern ihr Mitglied, denn wenn sie auch Gottes radikale, schwer erfüllbare Ansprüche nicht erfüllt, so bewahrt sie doch zumindest die Erinnerung daran und verweist gelegentlich noch selbst auf die Differenz zwischen Anspruch und Wirklichkeit.

Die Erfüllung aber, die Realisierung des schier unrealisierbaren Anspruchs, die habe ich in der Integrierten Gemeinde erlebt. Dort verbinden die Gemeindemitglieder ihre Leben miteinander, so eng und fast so intim wie in einer ehelichen Beziehung. So ähnlich wie im Kloster. Aber nicht in dessen Abgeschiedenheit, sondern mitten in der Welt. Nicht in monastischer Absonderung, sondern in prinzipieller Offenheit für Männer, Frauen, Paare und Familien. So eine Gemeinde ist die Integrierte Gemeinde.

Vom Kleinkind bis zum Greis ist alles da. Familien, Singles, Studenten, Lehrlinge, Facharbeiter, Akademiker, Kranke, Schwarze aus Tansania, ehemalige Obdachlose und Strafgefangene leben miteinander unter einem Dach. Mehrere solcher Gemeinden, in München, Wolfesing, am Walchensee, im Allgäu, in Hagen, in der Nähe von Rom, in Mikese in Tansania und an weiteren Orten bilden die »Integrierte Gemeinde«, eine Gliederung innerhalb der katholischen Kirche, die lange mit dem Sektenvorwurf leben musste, aber dann vom damaligen Münchner Kardinal Ratzinger persönlich anerkannt wurde.

Man ist zusammen, um sich von Gott als Werkzeug benutzen zu lassen. Gott hat sich in seinem Handeln ganz an die Menschen gebunden. Nur durch sie kann er handeln. Nur, wenn sie es geschehen lassen, kann er handeln. Daher ist die Frage, »wo war Gott in Auschwitz« falsch. Wo waren die Christen in Auschwitz, muss die Frage lauten.

Auf diese Frage haben nach dem Krieg eine Handvoll Leute um das Münchner Ehepaar Traudl und Herbert Wallbrecher eine Antwort zu geben versucht. Daraus entstand, nach vielen Gesprächen, vielen Treffen über Jahre hinweg die Integrierte Gemeinde. Mit dem kommunitären Leben in Wohngemeinschaften hat diese Gemeinde schon angefangen, als noch niemand von Wohngemeinschaft redete, das Kürzel WG eine unbekannte Buchstabenkombination war, die Genossen Dutschke, Langhans und Teufel noch keine Genossen und noch keine Kommunarden waren, sondern brav studierten. Die Gemeindemitglieder, diese eigensinnigen Christen, die meinten, Kirche habe mehr zu sein als nur eine Lobby oder ein Verein zur Pflege religiösen Brauchtums, fingen damals, in den sechziger Jahren, in München an, Mehrfamilienhäuser zu mieten oder zu kaufen und für ihre Zwecke umzubauen, vom eigenen, selbst erarbeiteten oder geerbten Geld.

Wo zuvor bürgerliche Kleinfamilien wohnten, zogen sie zu acht, zu zehnt oder auch mal zu zwölft ein, und oft war ein gesellschaftlicher Außenseiter dabei, der nichts beisteuern konnte, ein Kranker, Behinderter oder Obdachloser. Als die Studenten der 68er Generation anfingen, Marx zu entdecken, hatten die Mitglieder der Integrierten Gemeinde schon unzählige Diskussionen und Entscheidungen über Eigentums- und Machtverhältnisse hinter sich. Die Fragen, die man diskutierte und entschied, kamen nicht aus Theorie-Seminaren, sondern ergaben sich fast täglich aus dem Zusammenleben zahlreicher, komplizierter, höchst unterschiedlicher Menschen. Man entschied sich übrigens fürs Privateigentum. Dieses hat aber dem Gemeinwohl, also der Gemeinde, zu dienen. Wer die Gemeinde wieder verlässt, kann mitnehmen, was er eingebracht hat. Und man entschied sich übrigens auch gegen demokratische Mehrheitsbeschlüsse und für die Einmütigkeit in der Gemeindeversammlung, in der ein Beschluss erst gültig ist, wenn er von allen, und nicht nur von einer Mehrheit, einmütig getragen wird.

Ein paar Jahre später, als die Außerparlamentarische Opposition den Unternehmer als Ausbeuter entlarvte und das Bild des Unternehmers in der Öffentlichkeit so nachhaltig beschädigte, dass über Jahrzehnte kaum ein intelligenter, kritischer junger Mensch Unternehmer werden wollte, sondern bevorzugt in den öffentlichen Dienst strebte, und unternehmerisches Denken und Handeln in Deutschland völlig erlahmte, in dieser Zeit gründeten die ersten Mitglieder der Integrierten Gemeinde ihre ersten Unternehmen, eine Pumpenfabrik, eine Schreinerei, ein Bauunternehmen, ein Ingenieurbüro, ein Anwaltsbüro, einen Bauernhof, eine Druckerei. Sogar eine Genossenschafts-Bank, eine Schule und ein Gymnasium wurden aus dem Boden gestampft. Ärzte und Apotheker gründeten einen kleinen Gesundheitsdienst aus Arztpraxen, Apotheken und Krankenstation, alles aus eigener Tasche.

Diese Unternehmen hatten und haben, wie in der normalen Wirtschaft auch, einen einzigen Zweck: Sie sollen Kohle in die Scheuer bringen. Aber die Kohle wird nicht, wie in der normalen

Wirtschaft, bei einigen wenigen Unternehmern angehäuft, um deren Wohlstand und Lebensstil auf das unternehmerübliche Niveau zu hieven, diese Kohle wird verfeuert, um die Gemeinde weiter aufzubauen und voranzubringen. Man verfügt ja nicht über Kirchensteuereinnahmen.

Im Gegenteil, man zahlt Kirchensteuern. Man zahlt natürlich auch die normalen Lohn-, Einkommens- und Unternehmenssteuern, obwohl man doch auch für den Staat kostenlose, gemeinnützige Sozialarbeit leistet dadurch, dass in der Gemeinde eine nicht geringe Zahl von Leuten mitlebt, die ihren eigenen Lebensunterhalt nicht, noch nicht oder nicht mehr verdienen kann. Für diese Leute muss das Geld mitverdient werden. Damit Frauen, die lieber einem Beruf nachgehen, als Familien- und Hausfrauenarbeit zu leisten, dies tun können, müssen Hauswirtschafterinnen und Erzieherinnen bezahlt werden, und eine gewisse Infrastruktur – Autos, Versammlungsräume, Gemeindezentren, Verwaltungen – braucht man auch.

Als die Jugend begann, von einem alternativen Lebensstil zu träumen, hatte die Integrierte Gemeinde bereits mehr als ein Jahrzehnt Erfahrung mit der Alternative zum bürgerlichen Lebensstil. Sie verstand darunter aber nicht ein Leben zwischen Jaffa-Kisten und Sperrmüll-Möbeln in romantisch verklärter Ärmlichkeit, sondern ein Leben in Schönheit und Wohlstand, was durchaus im Einklang mit der Bibel ist, denn »ein Land, darin Milch und Honig fließen« wurde den ägyptischen Flüchtlingen verheißen und nicht ein Land von Hartz-IV-Empfängern. Aber, und darauf kommt es an: Milch und Honig für alle.

Die Häuser der Integrierten Gemeinde sind darum vom Keller bis zum Dachboden, innen wie außen, nicht gestylt, aber gestaltet. Künstler, Architekten und Innenarchitekten sorgen dafür, dass auch der einfache Arbeiter wohnt, als wäre er reich. Das geht, weil man hat, als hätte man nicht.

Wo Gemeinde aufgebaut wird, wird gebaut und umgebaut. Da braucht man Maurer, Schreiner, Zimmerleute, Installateure, Elektriker, Maler, Tapezierer. Man hatte aber überwiegend nur die üblichen »Gogen und Logen«, also Theologen, Philosophen, Pädagogen, Psychologen, Sozialpädagogen und Lehrer. Also haben zahlreiche Geisteswissenschaftler und andere Akademiker ihren

Job an den Nagel gehängt und ein Handwerk erlernt. Auch für Atomphysiker und Mönche hatte man keine Verwendung, also wurde der Physiker Kaufmann, ein Mönch Koch, der andere Mönch Banker.

Akademische Grade, Karrieren, Berufslaufbahnen, Herkunft, sozialer Status interessieren nicht, zählen nicht viel in der Gemeinde. Handarbeit wird genauso geschätzt wie Geistesarbeit, darum ist es auch für niemanden ein Problem, vom Lehrer zum Maurer und vom Physiker zum Kaufmann umzuschulen. Und das muss auch nicht für den Rest des Lebens so bleiben. Der Maurer kann durchaus wieder in die gemeindeeigene Schule zurückkehren, und von dort kann ein Lehrer, dem es an der Schule zu viel wird, auf den Bauernhof wechseln. An der Lebensweise, der materiellen Versorgung oder dem Ansehen in der Gemeinde ändert sich dadurch nichts. So etwas wie sozialen Auf- oder Abstieg gibt es nicht in der Gemeinde.

Darum ist es auch kein Problem, wenn ein Betrieb der Gemeinde rationalisieren und Menschen entlassen muss. Es gibt immer genügend andere Arbeit. Dann macht man halt die. Arbeit dient ja nicht primär der eigenen Existenzsicherung, der Selbstverwirklichung, der Eroberung einer hohen gesellschaftlichen Stellung oder einer Machtposition, sondern dem Gemeindeaufbau. Daher ist jeder, der sich daran beteiligt, gleich wertvoll, egal, wie seine Beteiligung konkret aussieht.

Die Mitglieder sind überwiegend Katholiken, aber auch Protestanten, Juden oder konfessionslos, kommen überwiegend aus Deutschland, aber auch Österreich, Ungarn, der Schweiz und auch aus Tansania. Sie sind ledig, verheiratet, verwitwet oder geschieden, volksschul- oder hochschulgebildet, und sie wählen CDU, CSU, SPD, FDP oder auch Grüne – na gut, in Bayern wählen sie wohl überwiegend CSU und außerhalb CDU, leider, aber daran würde der liebe Gott auch noch ganz gern arbeiten, wenn es ihm die Frei-, Sozial- und grünen Demokraten ein wenig leichter machten.

Der Student steht in der Früh um sechs auf, um mit dem Arbeiter zu frühstücken, manche Bäuerin hat mehr zu sagen als mancher Theologe, in der Gemeindeversammlung zählt das Wort der Hausfrau so viel wie das des Atomphysikers, und die Krankenschwester weiß manchmal besser, was gut ist für einen Patienten, als der Arzt. Der Banker putzt manchmal die Schule, der Professor das Klo, der Leiter der Pumpenfabrik hilft beim Umzug eines Mitarbeiters. Die Verfassung der Gemeindemitglieder ist die Bibel. Altes und Neues Testament nehmen sie nicht wörtlich, sondern ernst, ernster als viele Frömmler, ernster auch als viele Theologen, die nur Gott und die Welt verschieden interpretieren, aber die Welt nicht verändern.

Hinter der Theologie der Gemeinde steht die alltägliche Erfahrung des gemeinsamen Lebens, die Erfahrung, dass Gottes Wahrheit erkennt, wer seinen Willen tut. Plötzlich stellen die Mitglieder so etwas wie Strukturkongruenz fest zwischen ihrem Leben und den Geschichten, die sie in der Bibel lesen. Plötzlich versteht man vieles wieder ganz neu, und vieles, was bisher einfach unverständlich war, wird wieder verstehbar.

Da werden dann tatsächlich Kranke wieder gesund, kaputte Ehen heil und zerbrochene Kinder wieder ganz. Vor allem aber sorgen die heilsamen Strukturen der Gemeinde dafür, dass Gesunde gar nicht erst krank werden, funktionierende Ehen nicht in die Krise geraten, Erziehung gelingt und Arbeitslosigkeit das unbekannte Problem eines fernen Planeten ist, von dem man schon mal was gehört hat.

Dabei macht man dann auch die Erfahrung, dass es tatsächlich die Preisgabe der Autonomie ist, die hilft. Erst wenn sich zwei zerstrittene Ehepartner, ein überforderter Lehrer oder Erzieher oder ein mit seinem Leben nicht zurechtkommender Chaot ganz der Gemeinde anvertraut und sich von bestimmten Gemeindemitgliedern führen lässt, können die Probleme des Betreffenden gelöst werden.

Die Gemeinde verfügt über mehrere Schulen, an die überwiegend Kinder aus der normalen Welt gehen, oft solche, die an anderen Schulen scheiterten, und ganz schwere Fälle, die schon von allen Schulen geflogen sind. Diese Kinder kommen in den Schulen der Gemeinde zur Ruhe.

Ein afrikanisches Sprichwort sagt: Für die Erziehung eines Kindes braucht es ein ganzes Dorf. Kinder in der Gemeinde haben diese Dorf- und Biotopstrukturen, auch wenn sie in der Großstadt wohnen. Erziehung in der Gemeinde ist darum wesentlich unproblematischer als draußen in der Welt der sich auflösenden sozialen Milieus und der zerstörten Kinder-Biotope. Die Erziehung ist auch einfacher, weil überall die gleichen Maßstäbe gelten und weil die Kinder nicht isoliert, anonym irgendwo in einer Klein- oder Restfamilie aufwachsen, sondern in einer Art Dorf und darum den Erwachsenen bekannt und auch untereinander bekannt sind. Weil sie in der Gemeinde genügend Spielkameraden finden, brauchen sie kein Fernsehen, keinen Gameboy und keine Computerspiele.

Ökologischer als die normale Welt ist die Gemeinde auch. Eine WG nutzt Auto, Waschmaschine, Geschirrspüler und die ganze Infrastruktur effizienter als die Kleinfamilie. Selten sieht man in der Gemeinde ein Auto fahren, in dem nur eine einzige Person sitzt. Wegwerfprodukte gibt es nicht. Man kauft Designermöbel oder Antiquitäten, und was man hat, wird gepflegt, geputzt, gewartet und instandgesetzt.

Man kann in dieser Gemeinde seine Panzer und Schutzhüllen abwerfen, man braucht sie nicht mehr, muss nicht mehr an sich selber denken, weil die anderen an einen denken. Wenn in der Gemeinde jemand jemanden kritisiert, kann der Kritisierte sicher sein, dass der Kritiker das nicht tut, um den Kritisierten bloßzustellen, ihn infrage zu stellen oder an dessen Stuhl zu sägen, sondern dass der Kritiker ihm helfen möchte, dass es sich um eine liebende Zuwendung handelt.

Die Energie, die man draußen in der normalen Welt aufwenden muss, um sich dort täglich selbst zu behaupten und gegen andere durchzusetzen, wird hier frei und kann in den Aufbau von Gemeinde umgeleitet werden. Daraus wächst Wohlstand für alle, und das Wunder, das eigentliche Wunder, besteht darin, dass so etwas gelingt und sich so etwas über die Zeit erhält. Dieses, so glauben die Gemeindemitglieder, ist nicht selbst gemacht, sondern von Gott geschenkt. Ohne Gottes Zutun würde es nicht funktionieren. Wer immer noch meint, von einem besseren Leben für alle träumen zu müssen, der sollte sich diese Integrierte Gemeinde ansehen.

Tausend solcher Gemeinden in Deutschland, und Deutschland wäre ein anderes Land, zehntausend in Europa, und Europa wäre anders.

Ich habe in dieser Gemeinde vor mehr als zwanzig Jahren ungefähr ein halbes Jahr mitgelebt, dann bin ich wieder raus, und seitdem vergeht kaum ein Tag, an dem ich nicht an diese Gemeinde denke.

Warum bin ich wieder raus? Weil mir das Leben in dieser Gemeinde zu schwer war. Man ist ja drin, um Gott zu dienen, um sich von ihm verwenden zu lassen. Das heißt, man gibt seine Autonomie auf wie der Mönch im Kloster. Das schafft man nur, wenn man einen starken Glauben hat. Den hatte ich nicht. Darum erlebte ich das Leben in dieser Gemeinde als eine einzige Anstrengung.

Darum verließ ich diese Gemeinde wieder. Ich lief weg. Ich lief davon. Ich wusste, wenn man an Gott glaubt, muss man eigentlich so leben, wie die Menschen in dieser Gemeinde. Weder konnte ich an Gott glauben, noch schaffte ich es, so zu leben wie die, die ich verließ. Also lief ich weg.

Die Nacht, in der ich beschloss, davonzulaufen, war schlaflos. Ich ging in Gedanken mein ganzes Leben durch, und dabei nahm ein jahrzehntelanger Trip – die Suche nach Gott und die Suche nach mir selbst – ein Ende. Gott hatte ich nicht gefunden. Aber mich. Und was ich da fand, war eine ziemliche Enttäuschung. Was ich fand, hat mich auf erschreckende Weise aufgeklärt über mich und über die Welt. Ich hatte plötzlich erfahren, dass zumindest die negative Botschaft der Bibel stimmt, die Botschaft: Wir sind allzumal Sünder. Wenn ich etwas in meinem Leben erfahren habe, dann dies, dass es stimmt, was die Bibel sagt, das Dichten und Trachten des menschlichen Herzens ist böse von Jugend auf. Wir sind allzumal Sünder. Ich, meine Mitmenschen, unsere Bischöfe, die Politiker, wir können gar nicht anders, als uns immer wieder aneinander zu versündigen.

Es war ein religiöses Erlebnis, eine Erschütterung, während der man innerhalb weniger Sekunden eine Wahrheit erfasst, die so groß ist, dass, wenn man sie aufschreiben wollte, ein Buch gefüllt würde. Unter vielem anderen hatte ich schlagartig kapiert, dass es für alles, was einer tut, so gut wie immer drei Motive gibt: ein edles, das man wie eine Monstranz öffentlich vor sich herträgt. Der Arzt ist Arzt, weil er den Menschen helfen will. Ein zweites Motiv, das nicht ganz so edel ist, das man deshalb lieber für sich behält, aber ahnt, dass es das stärkere und wahre ist. Der Arzt ist Arzt, weil er sich ein hohes Einkommen davon verspricht. Heute gelingt das zwar nicht mehr so leicht, aber in den 70er und 80er Jahren musste einer nur sein Firmenschild an die Tür nageln, und ein paar Jahre später war er reich.

Und dann gibt es noch ein drittes Motiv, von dem man lieber nichts wissen möchte, von dem auch die anderen nichts wissen sollen, wegen dem man lieber blind gehasst als durchschaut werden möchte, und darum verdrängt man es, schiebt es ab tief in eine Ecke, so tief, dass man am Ende wirklich selber nichts mehr davon weiss. Der Arzt ist Arzt, um seine Machtphantasien auszuleben. Man ist Helfer nicht nur, um zu helfen, sondern auch, um zu herrschen und zu beherrschen.

Auch bei mir selber entdeckte ich diese drei Motive. Als ich mich in den 70er Jahren freiwillig zur Bundeswehr verpflichtete, wurde ich von meinen linken Freunden als reaktionäres Arschloch und potentieller Mörder beschimpft. Ich antwortete ihnen: Dafür, dass ihr mich ungestraft als Mörder bezeichnen dürft, dafür bin ich bereit, in den Krieg zu ziehen. Für diese eure Freiheit bin ich bereit, mein Leben aufs Spiel zu setzen.

Ich kam mir sehr großartig vor mit diesem Spruch. Er war nicht einmal gelogen, er stimmte schon irgendwie, aber es war halt nicht die ganze Wahrheit, sondern nur ein Drittel. Das zweite Drittel bestand darin, dass ich unbedingt studieren wollte, von meinen Eltern nichts zu erwarten hatte, Bafög gab's damals noch nicht, meinen Eltern auf der Tasche liegen wollte ich auch nicht, also ging ich zur Bundeswehr. Dort konnte man studieren und bekam noch ein Offiziersgehalt dafür. Das war also das zweite Motiv. Und das dritte? Man hat Macht über andere als junger Leutnant, sogar über ältere Feldwebel, die meine Väter hätten sein können. Das genoss ich. Ich genoss es, befehlen zu dürfen. Ich fühlte mich bedeutend, weil die anderen vor mir strammstehen mussten.

Warum hatte ich mich als Jugendlicher in der kirchlichen Jugendarbeit engagiert, warum sang ich in der Kirche, warum wurde ich politisch aktiv bei den Jungsozialisten? Aus reinem Geltungstrieb. Ich hörte mich gerne singen in der Kirche, ich genoss mich, ich sang mehr zu meinem eigenen Lob als zum Lobe Gottes. Ich war eine Führungsfigur in der Jugendarbeit. Das hob mein Ansehen im Dorf und machte mich für die Mädchen interessant. Und in der Politik konnte man in nächtelangen Diskussionen einander mächtig imponieren mit den gerade angelesenen Marx- und Hegel- und Adornozitaten. Und mein Hass auf die Unternehmer, die Ausbeuter, war stets viel grösser als meine abstrakte Liebe zu den ausgebeuteten Arbeitern.

Plötzlich, in jener Nacht, wusste ich: Beim Milgram-Experiment, bei dem man einem anderen auf Geheiß eines Versuchsleiters Stromstösse verpassen muss, hätte ich mit hoher Wahrscheinlichkeit genauso gehorcht wie die übergroße Mehrheit der anderen. Im Dritten Reich wäre ich wahrscheinlich Nazi gewesen, in der DDR wahrscheinlich SED-Mitglied und Stasispitzel. Ich halte es nicht aus, Außenseiter zu sein. Ich will immer von allen geliebt werden. Ich habe verstanden: Die Welt ist, wie sie ist, weil ich so bin, wie ich bin. Und die anderen auch. Das kommt ja noch hinzu, dass alle anderen ganz genauso funktionieren.

Mit dieser Erkenntnis verlor ich jegliches Vertrauen, sowohl das Vertrauen in mich selbst, als auch das in die anderen. Das machte mich tödlich einsam. Ich verkroch mich vier Wochen in eine Studentenbude, sprach mit keinem Menschen ein Wort, verließ das Haus nur, um mich zu versorgen, zog mich ganz in mich selbst zurück und hatte Selbstmordgedanken.

Was hat mich da wieder herausgeholt? Ich sagte es schon in einem früheren Kapitel: ein Job, eine liebende Frau und Kinder. Aber auch die in der Kindheit gehörten biblischen Geschichten wirkten nach. Und die Erfahrung der Integrierten Gemeinde wirkte nach. Im Lauf der Zeit wurde aus mir wieder, ohne dass ich es merkte, ein fröhlicher Mensch, der sich und die anderen wieder annehmen konnte, obwohl er ist, wie er ist, und die anderen sind, wie sie sind.

Ob es einen Gott gibt, weiß ich immer noch nicht. Aber ich weiß, dass es diese Gemeinde gibt. Dreißig Jahre lang habe ich sie nur aus der Ferne beobachtet, ohne persönlichen Kontakt. Obwohl ich aus purer Neugier gern miterlebt hätte, wie sie sich weiter entwickelt, hat eine große Scheu mich zurückgehalten, diese Neugier zu stillen.

Dann, um die Jahrtausendwende, nach dem Buch »Kirche, wo bist du?«, in dem ich erstmals von dieser Gemeinde erzählte, stellte sie selbst den Kontakt zu mir her. Seitdem kommt es zu einer Wiederannäherung, seitdem befreunden wir uns – ein beglückendes Erlebnis, am beglückendsten vielleicht die Erkenntnis: Meine Flucht war ein selbst produziertes Missverständnis, vielleicht eine Nachwirkung des evangelikalen »Sei entweder ganz Sein oder lass es ganz sein«: Ich hatte die Gemeinde verlassen in dem Bewusstsein, nicht zu den Zwölfen zu gehören, kein Berufener zu sein, sondern nur ein gewöhnlicher Teil der »Menge«.

Unbewusst hatte ich eine Aufspaltung der Kirche in Vollkommene und weniger Vollkommene angenommen. Aber so ist es ja gar nicht, wie mir Gerhard Lohfink heute auseinandersetzt: Das Ganz ist bei jedem verschieden. »Es kann für den einen heißen, alles zu verlassen. Es kann für den anderen heißen, zu Hause zu bleiben und sein Haus den Jesusboten zur Verfügung zu stellen. Vielleicht heißt es für einen dritten sogar nur, den Jüngern, wenn sie vorbeiziehen, einen Trunk frischen Wassers zu reichen.« Es gibt ganz unterschiedliche »Berufungen«, und wichtig daran ist das »Hingeordnetsein all seiner Glieder auf dieselbe Sache« (Lohfink).

So lebe ich nun als Freund der Gemeinde in dem Bewusstsein: Auf eine geheimnisvolle Weise trägt sie mich durchs Leben.